海洋强国·海洋装备关键技术与理论丛书

国家出版基金项目
NATIONAL PUBLICATION FOUNDATION

水下超空泡航行体纵向运动模型及控制

赵新华　白　涛　韩云涛　著

哈尔滨工程大学出版社
Harbin Engineering University Press

内容简介

本书共7章，系统地介绍了水下超空泡航行体相关的空泡稳定性、航行体动力学模型，以及航行体稳定控制的基本理论和方法。书中囊括了超空泡技术的研究现状、空化的基本概念、通气超空泡的稳定性分析、超空泡航行体多种动力学模型的建立方法、超空泡航行体姿态稳定控制的常用方法，以及超空泡航行体射弹实验的基础知识。

本书内容较丰富，可供鱼雷、水雷、水下航行器等专业的研究生及相关科技人员参考阅读。

图书在版编目(CIP)数据

水下超空泡航行体纵向运动模型及控制 / 赵新华，白涛，韩云涛著. —哈尔滨：哈尔滨工程大学出版社，2024. 2

ISBN 978-7-5661-4318-1

Ⅰ. ①水… Ⅱ. ①赵… ②白… ③韩… Ⅲ. ①空泡螺旋桨-可潜器-运动控制 Ⅳ. ①U674. 941

中国国家版本馆 CIP 数据核字(2024)第 060504 号

水下超空泡航行体纵向运动模型及控制
SHUIXIA CHAOKONGPAO HANGXINGTI ZONGXIANG YUNDONG MOXING JI KONGZHI

选题策划 张林峰
责任编辑 宗盼盼　姜　珊
封面设计 李海波

出版发行 哈尔滨工程大学出版社
社　　址 哈尔滨市南岗区南通大街 145 号
邮政编码 150001
发行电话 0451-82519328
传　　真 0451-82519699
经　　销 新华书店
印　　刷 哈尔滨午阳印刷有限公司
开　　本 787 mm×1 092 mm　1/16
印　　张 10. 25
字　　数 250 千字
版　　次 2024 年 2 月第 1 版
印　　次 2024 年 2 月第 1 次印刷
书　　号 ISBN 978-7-5661-4318-1
定　　价 58. 00 元

http://www. hrbeupress. com
E-mail:heupress@ hrbeu. edu. cn

前　　言

超空泡航行体是一种较新型的水下航行体。1994 年,俄罗斯向公众展示的航速为 200 kn 的“暴风雪”超空泡鱼雷,掀起了世界范围内对超空泡航行体的研究浪潮。本书关于超空泡技术的研究内容涵盖空化现象、空泡动力学、航行体结构、航行体动力学及航行体控制等。

本书主要内容是著者及所在团队近十几年来在超空泡航行体动力学与控制方面研究成果的浓缩,希望可以为从事相关研究的学者提供参考。

第 1 章绪论,主要内容包括超空泡航行体发展历程、超空泡航行体的基本结构与功能、超空泡技术的研究现状等;

第 2 章超空泡基本原理,主要内容包括空化数、超空泡形态计算模型、通气超空泡、非定常通气超空泡等;

第 3 章超空泡航行体动力学模型,主要内容包括基本坐标系、空化器受力、尾航控制面受力、重力、非线性滑行力、超空泡航行体的纵平面运动模型、超空泡航行体的侧平面运动模型、超空泡航行体的六自由度运动模型等;

第 4 章超空泡航行体的非线性动力学特性,主要内容包括非定常通气超空泡的非线性、超空泡航行体纵向运动模型的非线性动力学特性、以空化数为参数的水下超空泡航行体突变模型等;

第 5 章超空泡航行体纵向运动控制方法,主要内容包括 LMI 控制、扰动观测器设计、级联反步滑模控制器设计、基于 RBF 神经网络的反步控制器设计等;

第 6 章超空泡航行体的时滞特性的控制,主要内容包括基于简化时滞模型的控制、预测控制、鲁棒控制、变时滞超空泡航行体控制等;

第 7 章超空泡航行体的实验设计,主要内容包括超空泡航行体射弹实验与设计、水洞及水洞实验相关基础等。

本书在撰写过程中引用了国内外专家和同行的研究成果,在此表示感谢。本书在出版过程中,得到了景力涛、王雪、牛凯彦、马竑彧等同学的帮助,在此表示感谢。

由于著者水平有限,书中疏漏和不足之处在所难免,欢迎广大读者批评指正。

著　者

2023 年 5 月

目　　录

第1章 绪 论

1.1 超空泡航行体发展历程

1.1.1 常规水下兵器、水下武器系统概述

1. 鱼雷

鱼雷是一种能自动推进并按预定的航向和深度航行,自动导向目标且在命中目标时能自动爆炸的水下兵器。鱼雷主要由动力与推进、自导、导航与控制、引信与战斗部以及雷体结构部分组成,是一种复杂的水下高新技术军事装备。它的组成、结构、工作过程和作战模式都与导弹极为相似,故又称作水下导弹,是唯一能在水下精确制导和自动寻的的武器装备。

鱼雷可以自动跟踪和攻击目标,一直是许多国家海战的主要武器,在以往的海战中发挥着巨大的作用,具有隐蔽性好、破坏威力大、命中率高和使用范围广等特点。

(1)隐蔽性好

鱼雷在既广阔又非透明的海洋中航行具有很好的隐蔽性,尤其是噪声低、无航迹、被动自导方式工作的鱼雷,即使舰艇配备了先进的声呐设备也难以发现鱼雷。

(2)破坏威力大

如果引爆同样数量的炸药,鱼雷在水中的威力将比在空中大得多。鱼雷能够打击目标的防护薄弱部位和弹药库、动力舱等要害部位,极易造成舰艇的沉没。

(3)命中率高

现代鱼雷自导装置检测能力、抗干扰性能以及导引精度等都有显著提升,一旦捕获到目标,便会牢牢抓住使其难以逃脱打击。自导鱼雷的命中率较高,不仅一次命中率与导弹相当,而且还具有再次攻击的能力。若第一次攻击没有击中目标,则会自动对目标进行重新搜索和攻击,直到命中目标。

(4)使用范围广

鱼雷可在多种平台上携带和使用,主要包括水面舰艇、潜艇、直升机、固定翼飞机等,并可通过火箭助飞方式进行远距离攻击。鱼雷还可由水雷、水下无人航行器等携带,实施隐蔽埋伏,等待目标出现,然后实施突然打击。

鱼雷的发展大致可以分为三个阶段。第一阶段是从第一颗鱼雷诞生到第二次世界大战结束,这一阶段的鱼雷为直航鱼雷,主要用于攻击水面舰船。从第二次世界大战末期起,各海军强国相继研制了自导鱼雷,这时鱼雷的发展进入第二阶段。20 世纪 80 年代起,微型

计算机在鱼雷上的应用,大大提高了鱼雷对环境的适应能力和识别目标的能力,通过导线实现了对鱼雷的遥测、遥控,于是鱼雷技术发展跨入了一个崭新的阶段——第三阶段。这三个阶段的鱼雷在战斗使用上有着本质的区别,它们分别对应近、中、远不同的射击距离。直航鱼雷通常在近距离上采用多发齐射来攻击目标,而自导鱼雷和线导鱼雷分别在中、远距离上用一颗雷攻击一个目标,可取得大体相同的攻击效果。

鱼雷是反潜的重要武器,与潜艇的发展密切相关。目前看来,鱼雷发展的总趋势是高航速、远航程、大深度、智能化、大威力、强隐蔽性。

①实现高航速、远航程

实现高航速、远航程的措施主要有:研制新能源和高效发动机、研制超空泡鱼雷、发明火箭助飞鱼雷。其中,研制超空泡鱼雷是提高鱼雷航速的有效途径。超空泡鱼雷就是使鱼雷周围完全空化,雷体被空泡全部包围,并且能维持足够的空泡长度,使其类似于在空气中运动,这样便可减小阻力,从而大大提高其运动速度。俄罗斯的“暴风雪”超空泡鱼雷就是采用此项技术研制的。继俄罗斯之后,目前中国、美国、德国等也在开展该项技术研究。

②大深度

为了提高潜艇的隐蔽性和安全性,目前潜艇已向大深度方向发展。常规潜艇可下潜到400 m,核潜艇可下潜到600 m,最大航行深度甚至可达900 m。为了对付深潜核潜艇,20世纪80年代后期研制的新型鱼雷下潜深度大多数都超过了700 m,甚至达到了1 000 m。实现大深度,一方面与航行体的材料和结构有关,另一方面鱼雷动力系统必须采用不受水深限制的闭式循环系统,这是目前世界各鱼雷生产国正在研制的鱼雷热动力新技术。

③制导新技术

研究制导新技术有利于提高鱼雷的命中精度与准度。例如,采用以激光、光纤陀螺为惯性传感器的捷联式惯导系统,可实现鱼雷的精确定位和远程导航;采用最优导引律可有效拦截机动目标,实现命中目标要害部位;采用尾流自导技术可起到抗干扰作用;采用光纤线导技术可大幅度提高鱼雷线导性能;采用新型智能化制导技术能在复杂的水声环境中区别真假目标,对鱼雷进行最佳控制,从而实现精确制导,垂直命中目标的要害部位。

④降噪隐身技术

随着声呐技术和反鱼雷技术的发展,鱼雷隐身已经成为关系到鱼雷战斗力的重要问题。降低噪声不仅可以提高鱼雷的隐蔽性,还可以提高鱼雷制导系统的导引精度和射程。人们可以通过采用特种表面降噪技术、降低流噪声、采用新材料和隔振措施、研究推进器噪声及降噪技术,以及通过设计壳体结构来降低噪声。

随着科学技术的不断发展,鱼雷已发展为一种相当精密、复杂的精确制导武器,其所具有的独特能力也得到了进一步提高,将在未来海战中发挥更加重要的作用。现在各国都非常重视鱼雷武器的发展,任何海军战术武器都无法取代鱼雷武器的作用。

2. 水雷

水雷是一种布设在水里,用于封锁海区、航道,伺机打击或拦截敌舰船的水下武器,也可用于破坏桥梁、码头、水中建筑等设施。水雷可由水面舰艇、潜艇、飞机、火箭或其他工具运载布设。水雷按照在水中所处的位置不同,可分为锚雷、沉底雷和漂雷;按照布雷方式,可分为空投水雷、舰布水雷和潜布水雷;按照动作方式或引信装置,可分为触发水雷、非触发水雷和岸控水雷。其中,非触发水雷是利用舰船产生的声场、磁场、水压场等物理场或主动辐射某种探测信号,以及目标的反射回波信号而引爆的;触发水雷是利用与舰船的接触或碰撞形成化学电池或惯性激发而引爆的。

我国为抗击外来侵略,于 1549 年就发明了水底雷,1590 年发明了水底龙王炮,1599 年发明了水底鸣雷、碰线漂雷等。此后,各国陆续出现各式水雷,在第二次世界大战期间,美国布设了约 81 万枚水雷,并使用了大量技术先进的非触发水雷,损伤舰船达 2 700 余艘。第二次世界大战以后,水雷武器的发展受到世界各国的广泛关注,当时美国军事专家认为水雷是美国战略防御的支柱。20 世纪 60 年代以后,美国陆续成功研制并装备部队多种新型水雷。俄罗斯拥有的水雷种类繁多,包括自航水雷、自导水雷、火箭上浮水雷、定向攻击水雷等。据不完全统计,目前至少有 30 个国家和地区具备研制与生产水雷的能力,现役水雷型号近百种,俄罗斯、美国、意大利、法国、瑞典等是水雷武器的出口大国。

水雷在海战中具有特殊的地位和作用。随着科学技术的进步,水雷技术得到了迅速发展。水雷武器正朝着制式化、智能化、精确打击的方向发展。它由被动变为主动,由水下跃升至空中,可以打击水下、水面或水上目标。

现代微电子技术的发展,特别是计算机技术和其他高新技术的发展极大地促进了常规水雷的发展与普及,大大提高了现役水雷的战术技术性能,如智能化程度有所提高、适用性得到了改善、具备主动攻击能力、目标识别选择能力显著提升、破坏力增强等。

3. 深水炸弹

深水炸弹又称深弹,是最早出现的一种用于攻击潜艇的水下武器。深弹在投入水中下沉到一定深度或接近目标时引爆,爆炸所产生的高温高压气体在其周围迅速扩散,在水中形成强大的压力波,从而攻击目标。根据装药量的不同,深弹的水下破坏距离一般为 5~10 m,有效作用距离可以达到近百米。深弹一般由水面舰艇或者投放装置发射,通过齐射散布覆盖方式攻击目标,其主要特点是成本低廉、结构简单、使用方便、抗干扰能力强,适合浅海作战。现代的一些火箭式深弹还被用来进行反鱼雷作战,以摧毁来袭鱼雷。

1915 年底,英国研制出世界上第一颗深弹,其主要用于对潜作战。深弹是一种传统而有效的常规反潜武器。第二次世界大战结束前,深弹反潜一直是最主要的反潜手段。随着发射距离远、精确度高的反潜导弹和反潜鱼雷的出现,深弹逐渐被忽视,美国和英国等自 20 世纪 70 年代停止生产深弹。俄罗斯则认为深弹具有自导鱼雷和反潜导弹不可取代的作用,所以从未停止相关研究。20 世纪 80 年代末,俄罗斯研制的射程达 12 000 m 的 RBU-12000 型火箭深弹问世;1982 年,在马尔维纳斯群岛战争中英国使用航空深弹击中了阿根廷的一艘潜艇;随后瑞典又成功使用深弹迫使不明国籍潜艇上浮,进一步提升了反潜深弹的地位。当代各国海军重新认识到深弹在反潜战争中的重要地位与作用,意识到深弹与反潜鱼雷之间的互补关系,即深弹更适用于浅海和水文条件复杂的水域,而鱼雷则更适用于深海和水文条件较好的水域。目前,英国、美国、法国、俄罗斯、瑞典及一些发展中国家纷纷致力于研制各类反潜深弹,并正在进一步改进与完善。

随着科学技术的进步,现代海战中新型深弹武器装备技术得到了很大提升,其探测系统的作用距离、武器的有效射程和爆炸威力都在不断扩大,不仅用于反潜,还可用于反鱼雷、反水雷、反导、打击水面舰艇等。反潜是深弹最基本的功能,俄罗斯在深弹武器方面的研究一直走在世界前列,致力于研制增加射程跨度和自动化程度的发射装置、增大反潜水深、增强对目标的破坏能力及自身的导向自导能力。当敌潜艇或水面舰艇突破我方防御向我方发射鱼雷时,除了采取规避、阻挡、隐蔽等软方法外,还可以采取利用深弹将其摧毁或者使其自身装置失灵的硬方法。深弹爆炸产生的超大压力以及冲击波可以破坏鱼雷的传感器等敏感元件,或使鱼雷失稳、翻转、迷失航向等。俄罗斯的 RBU-12000 型火箭深弹就是用来拦截鱼雷的,其拦截来袭直航鱼雷的概率达 90%,拦截自导鱼雷的概率达 76%。反舰导弹对水面舰艇的命中率极高,威力巨大,因此各国花费大量的人力和物力来找寻有效的拦截方法。

近年来,美国和俄罗斯相继开展了“利用深弹进行反舰导弹拦截”的相关研究。针对掠海飞行的反舰导弹,可根据其飞行近海的特点采用水屏障,其原理是:深弹在浅水中爆炸形成水柱,导弹撞击水柱受到冲击使其结构遭到破坏,水屏障迫使导弹“盲目”跟踪,从而降低导弹的命中率。对于空中来袭的反舰导弹,深弹拦截还可以采用近距离定点攻击法,利用深弹装药量大的特点形成大范围杀伤区,迫使导弹受到爆轰波的冲击致使其结构损坏或者失稳、翻转、迷失航向等。

4. 潜艇

潜艇是一种既能在水面也能在水下航行和战斗的作战舰艇,是海军作战的主要舰种之一。从现代潜艇发展的 100 多年历史中我们可以看到潜艇在海战中的重要作用。第二次世界大战以后,随着科学技术的发展,潜艇技术与武器装备技术也得到了发展,成为海战中有效的武器系统平台。潜艇不仅具有重要的战术意义,还具有重要的战略意义。在战术意义上,潜艇灵活的机动性和隐蔽性,能够完成反潜、反舰、情报收集、战斗力支援、舰艇攻击等多项战斗任务;在战略意义上,潜艇,特别是携带战略导弹或远程巡航导弹的潜艇,可对敌方形成一种强大的威慑力量。因此,其一直备受各国重视。

潜艇武器系统的主要作战任务包括攻击潜艇、攻击水面舰船、布防水雷、对陆攻击、潜艇防空等。随着科学技术的发展,潜艇武器系统历经以下几个阶段。

(1)以鱼雷火控系统为核心的潜艇武器系统

典型的潜艇鱼雷火控系统由潜望镜、声呐、雷达和鱼雷火控设备组成,通常只能探测和攻击一个目标,用直航鱼雷或单平面声自导鱼雷攻击水面舰船。20 世纪 50 年代起,潜艇开始先后装备弹道导弹和巡航导弹,出现了潜艇导弹火控系统。随着潜艇传感器和武器的发展,20 世纪 80 年代起,潜艇上开始装备指挥控制系统。它具有相对独立和较完善的情报综合处理、辅助指挥决策、武器综合控制功能,在功能上完全涵盖并大大拓展了传统意义上的潜艇鱼雷火控系统。自此,传统意义上的潜艇鱼雷火控系统开始以功能子系统的形式出现。

(2)以集中式指挥控制系统为核心的潜艇武器系统

集中式指挥控制系统是将作战指挥与火力控制两项主要功能及初步的情报处理功能集中,由一台或一组计算机来完成,从而组成了功能集中处理的作战指挥与火力控制系统。该系统是以集中式指挥控制系统为核心,由侦察探测传感器子系统、导航传感器子系统、通信子系统、战术数据链、各种类型的硬杀伤和软对抗武器及其发射装置等系统或设备构成的联邦式作战系统。这种典型的潜艇作战系统结构模式被称为第二代潜艇作战系统。

(3)以分开式指挥控制系统为核心的潜艇武器系统

分开式指挥控制系统是将作战指挥与火力控制两项主要功能分开,分别由单独的计算机组控制,两组计算机之间建立数据通信。该种潜艇作战系统同样具有初步的情报处理、作战指挥和火力控制功能,并具备同时控制多种武器和对抗多批目标的能力。这种典型的潜艇作战系统结构模式被称为第三代潜艇作战系统。

(4)以分布式指挥控制系统为核心的潜艇武器系统

分布式指挥控制系统无传统意义上的中央计算机,而是将众多的小型机或微机分布在情报处理子系统、作战指挥子系统、火力控制子系统以及作战系统的子系统等处,分别完成相应的功能,通过标准接口挂在作战系统数据总线或局部网络上,成为全作战系统的共享资源。这种分布式潜艇作战系统被称为第四代潜艇作战系统。

1.1.2　局部空化现象

1. 空化气泡现象

空化气泡现象,最初是因为船舶螺旋桨突然失去推进力而被发现的。随后人们发现,凡运转于液体中的装置(如水力机械装置)和液流通道(如水泵、水轮机等),都可能发生空化气泡现象。空化气泡现象是工程科学的一个重要论题,人们对它的研究已有 100 多年的历史。

空化气泡是流动的液体在一定压力和一定温度下发生的汽化(出现含汽空泡)或气化(出现含气或含气与含汽混合的空泡)现象,前者称为含汽型空化气泡,后者称为含气型空化气泡。空化是指液流中出现空化气泡及其发展的一种现象。降低液流压力、增大液流速度或提高液体温度等,都可促使液流产生空化。在常温条件下,当环境压力低于 0.02 MPa 时,静态的水就会汽化。当水流中压力低于某一临界值时,水中微气泡或浸湿物面缝隙中的微气泡的体积会突然增大形成含气型空化气泡。

2. 游移空化气泡

游移空化气泡是空化初生时的一种形态,可以这样说,它并不都是因为液流中压力等于汽化压力时液体自身汽化所产生的,而通常是通过液体中气核(微气泡)在低压时发生突发性生长形成的。水中微气泡和物面缝隙中的空气,以及贴附在水中固体颗粒物和有机生物上的空气等都可作为气核产生空化,但在自然界中的水(河水、海水)中,微气泡是气核的主要成分。在海洋中这些气核大小为 1~200 μm,而在实验室空泡水洞中经除气后的水中气核大小一般为 5~20 μm,微气泡气核的浓度大约为 20 个/cm^3(每立方厘米 20 个)。通常,低速水洞中气核浓度较大,约为 100 个/cm^3,在高速水洞中一般只有 1 个/cm^3。

一个空化气泡在游移过程中,因流场中压力的变化,将不断收缩或膨胀,这样的气泡可当作流体力学中点源(汇)的游移。当点源(汇)接近物面时,根据流体力学中 Lagally 定理,该气泡(点源(汇))将受物面吸引力作用。如气泡与壁面距离到达一定临界值后,气泡必将越来越向壁面靠拢。当气泡与壁面距离小于气泡初始半径时,冲击壁面的微射流速度甚至可达到 1 000 m/s。分裂成更小空化气泡时射流压挤产生的聚爆,可发射出很高频率和很大振幅的压力波,其冲激波的压力可达 1.01×10^6~1.01×10^7 kPa,持续时间为 2 ~3 μs,局部温度可达 1.0×10^4 ℃。

一个空化气泡在近固壁面溃灭时分裂为更小的气泡,它们还可能回弹离开壁面,而再次被引向壁面产生第二次和第三次的溃灭。

3. 层状空化气泡和云状空化气泡

当空化数 σ 小于初生空化数 σ_i 后,随空化数的减小,在物面最小压力点附近就会有更多的空化气泡产生,其中一部分空化气泡堆积贴附于物面呈现层状空化,另一部分空化气泡随外部水流向下游移,空化气泡与水流交界面形成局部空泡区。局部空泡区尾端的回射水流类似于边界层分离中的回流,据试验测定,其回射流速度大约为外部主流速度的 10%。回射流使空化区后部的空化气泡不断破裂和溃灭,在层状空化区后部形成云状空化区。随着空化数的进一步减小,局部空泡区可从物体前部逐渐向后延伸,最后在更小的空泡数条件下,整个物面都被空泡区包围,并且物体尾流区相当大的部分也会因此空化,这就形成空化气泡的另一种形态,即超空泡流态。

1.1.3 超空化

1. 空化过程

对一个给定物体进行绕流,如对其头部进行圆球状的柱体绕流,则在空泡水洞实验中可得出一确定的初生空化数 σ_i。显然,当 $\sigma>\sigma_i$ 时,绕流为无空化绕流,但当 $\sigma\leqslant\sigma_i$ 后,空化便会发生,并随空化数 σ 的不断减小,其发展将呈现不同形态。

(1)在空化初生阶段,即当空化数 σ 等于或稍小于初生空化数 σ_i 时,先发生单个分散的空化气泡,随主流向下游移,这种空化形态称为游移气泡的空化形态。这些游移的空化气泡可发展成发夹形(或马蹄涡样)的空化流,它们可在物面处溃灭,对物面产生剥蚀、振动和发生噪声。

(2)当 $\sigma\ll\sigma_i$ 时,即空化数 σ 减小到远小于初生空化数 σ_i 时,在物面最小压力点附近就会发生贴附于物面上的局部层状空化。实验表明,这种层状空化区的后端很不稳定,它的破碎和分裂在其下泄的后方会形成大量空化气泡聚集的云状空化现象。众多云状空化气泡与物面相互作用而溃灭,可对物面产生更强的剥蚀作用。因为这种空化形态出现在物面局部的地方,故层状和云状空化形态亦称局部空泡形态,并称局部空泡的区域为空穴区。

(3)当 $\sigma\lll\sigma_i$ 时,即空化数 σ 再进一步减小到远远小于初生空化数 σ_i 时,物面上局部空泡区会发展到覆盖整个物面,并延伸到物体后面,其空穴尺寸还可以远远超过物体的尺寸,这就是超空泡形态,它是一种完全发展的空化气泡。通常,$\sigma<0.1$ 时才可能产生自然超空泡现象。超空泡可通过提高来流速度 $V_\infty>50\sim70$ m/s 产生自然超空泡,还可以通过通气方法控制人工超空泡或通气超空泡流动。由于超空泡流动可使物体在水中运动的阻力大大减小,因此它们在空化技术的应用中具有重大意义。

超空泡流有两种类型:一种是自然汽化形成的自然超空泡流;另一种是人工通气形成的通气超空泡流。

2. 自然超空化

物体在水中做高速运动时,其空化数如小于整个物面上(除驻点及驻点附近之外)最大压力系数的绝对值,则整个物面(除头部)外的一层水体就会被汽化,物面外汽化的气体和空化气泡就构成该物体的自然超空泡流。

(1)超空泡的起始点。一般来说,物面空化初生在最小压力点处,随着物体运动速度的提高,超空泡的起始点将在最小压力点之前,其与物体头部形状有关。对于椭圆体头部,发生超空泡的起始点位置是不确定的,其随空化数的减小逐渐前移。对于方头形或有尖锐平头前缘的物体,发生超空泡的起始点位置总是在头部边缘处,与绕流中边界层分离点的位置一致。

(2)超空泡流的空穴长度。超空泡可在物体后延伸很长距离后闭合,其空穴外形和空穴截面最大直径(对轴对称物体)一般需由实验或理论方法确定。通常,空穴长度与空穴截面最大直径的比值可达70~200。超空泡区的闭合端与局部空泡区一样,回射流可使空泡区后端的空化气泡不断溃灭和破裂,产生周期性振荡,而其频率则更高,为80 ~140 kHz。

(3)在超空泡中运动的物体的稳定性。在超空泡中运动的物体由于失去了水的浮力作用必将下落,与空穴边界面上水体碰撞,然后通过弹跳才可再使物体尾部重新进入空穴区。

3. 通气超空化

通气超空泡流可在物体运动速度不是很大的条件下获得。如空穴区内的压力等于大气压力,则水流为空化数 $\sigma=0$ 的空化流。实际上,由于物体进入水中后尾随的空穴区的扩大,需要不断地有空气补充,因此空穴区内的压力总是小于大气压力,空化数 σ 必大于零。显然,随着物体在水中运动速度的降低,空化数亦将不断增大。当空化数 σ 逐渐增大时,与空化数相匹配的空穴长度逐渐缩小,首先会出现空穴在物体后方闭合并产生回射流的情况。然后又随空化数 σ 继续增大,相应的空穴长度进一步缩小乃至完全消失。但对高速入水的运动物体,当它在水中的通气空穴闭合时,仍有足够小的空化数。

通气超空泡与自然超空泡具有相同的流动特性,但通气超空泡的存在需要不断供气和如何供气等技术问题较难解决。

4. 超空泡航行体

当水下航行体的全部或大部分表面被空泡包裹,只有小部分与水接触时,其所受的流体阻力显著减小,航行速度大幅提升。这种利用空化实现减阻的技术称为超空化减阻技术,以此技术为基础研制的可以实现水下超高速航行的航行体称为水下超空泡航行体。水下超空泡航行体按尺寸可以分为小尺度、中尺度、大尺度三类。小尺度超空泡航行体一般指最大直径小于 100 mm 的水下航行体,目前的应用主要是无动力高速射弹,其初速度一般大于 1 000 m/s。据称美国已研制出初速度达 1 500 m/s 以上的超声速水下高速射弹。

中尺度超空泡航行体一般指最大直径为 100~1 000 mm 的水下航行体,主要应用于自带动力的高速鱼雷、水雷等水下攻击性超空泡武器,其巡航速度一般为 150~600 kn。高速鱼雷等水下超空泡武器具有突防能力强、破坏威力大的显著特点,是应对大中型水面舰船及航空母舰的杀手锏武器,成为世界军事大国的研究热点和海军装备的重要发展方向。

最大直径大于 1 000 mm 的超空泡航行体为大尺度超空泡航行体,一般应用于水下运载及作战平台,如水下超空泡自主航行体、潜艇等。大尺度超空泡航行体目前研究比较少,已知的只有美国在实施的“水下快车”(Underwater Express)计划:将超空泡技术应用于潜艇,以使潜艇航速由目前的 30 kn 左右提高到 100 kn 以上。

超空化减阻技术对海战武器的研制产生了巨大的影响,目前,美国、德国、英国、法国等都在进行超空化减阻技术的基础与应用研究。除了已经研制成功的俄罗斯超空化鱼雷以及美国机载快速灭雷系统外，一系列水下、水面、空中或陆地发射的，空中巡航的，水下超高速运动的超高速武器也将陆续问世。

尽管在水下超空泡航行体的运动过程中，超空化是一种有益的现象，但是由于空泡的包裹而使航行体沾湿面积减小，大部分浮力丧失，给超空泡航行体的建模和控制带来了很大难度。水下超空泡航行体的控制、制导和稳定性都只能由头部与尾部的很小区域实现。

水下超空泡航行体的控制、制导和稳定性研究是水下超空泡航行体基础理论与应用技术研究中非常重要的一部分工作。水下超空泡航行体必须具备机动与控制的能力，才可以充分发挥其速度优势，打击陆、海、空各种军事目标，并以远程攻击、高速、隐蔽等优越的作战效能克敌制胜。

1.2 超空泡航行体的基本结构与功能

1.2.1 超空泡航行体的基本组成

常规水下航行体在水下航行时，受到流体阻力的作用，航行速度受到限制，以鱼雷为例，最快只能达到 45 m/s 左右。20 世纪 70 年代，俄罗斯研制的“暴风雪”超空泡鱼雷速度可以达到 100 m/s，这种速度的改变是通过超空化实现的。其基本思想是使鱼雷航行在超空泡中，这样就使它只有很小部分与水接触，从而大大减少摩擦阻力以获得更高的航行速度。

人们利用超空泡减阻技术研制出了一类新型的水下超高速武器，如超空泡水下高速射弹、超空泡鱼雷等。俄罗斯目前正在研制的具有导航制导系统的第二代超空泡鱼雷，如图 1-1 所示。

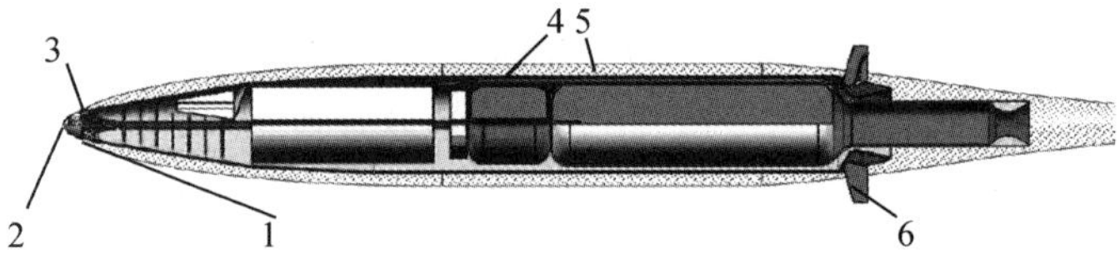

1—导引系统；2—空化器；3—通气管口；4—通气控制系统；5—动力推进装置；6—控制尾舵。

图 1-1 俄罗斯目前正在研制的具有导航制导系统的第二代超空泡鱼雷

超空泡航行体的头部(空化器)一般被设计成有利于诱导产生空泡的特殊形状。空化器按形状可以分为圆盘空化器、圆锥空化器、内凹锥形空化器等。空化器的形态特性在很大程度上决定了超空泡武器产生空泡的难易程度，以及所产生空泡的可控制程度。

通气超空泡航行体需自带通气控制系统。通气气体的来源可能是火箭发动机尾气、气体发生器或是内置的压力容器等。通气控制系统控制通气流量、通气时间和压力等；导流装置改变通入空泡内的气体的流动状态，可以降低通气扰动对空泡形态的影响。

超空泡航行体大部分弹体表面被空泡覆盖，无法进行信号的传输，因此导引系统必须进行小型化设计，并安装在空化器之后。导引系统可能包括微型传感器、陀螺仪、声呐等，可以进行先进的信号处理、波形优化，收、发声呐信号。

超空泡航行体的动力推进装置由多级发动机组成，在爬升阶段、加速阶段、巡航阶段都有不同的发动机。动力推进装置的高效能是超空泡鱼雷实现高速航行的保障。

超空泡航行体的尾舵部分表面穿过空泡壁面，可提供部分升力，具有一定的姿态控制能力。尾舵具有一定的后掠角，水平舵在巡航段收回。

1.2.2　超空泡航行体在运动过程中的稳定性问题

1. 平衡方式

超空泡的存在减小了航行体的沾湿面积，使航行体丧失了大部分浮力，而余下的浮力一部分集中作用在航行体前端的空化器上，另一部分受航行体尾部空泡闭合情况的影响而呈现出不同的形式和变化规律，较难实现力和力矩的平衡，这使得保持带空泡航行体的运动稳定性成为超空泡武器研制中一个关键的技术问题。

Savclenko 提出了带空泡航行体运动的四种稳定模式，如图 1-2 所示。

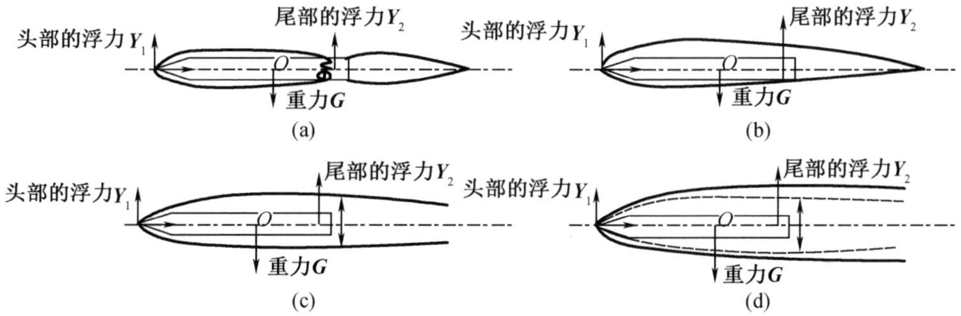

图 1-2　带空泡航行体运动的四种稳定模式

图 1-2(a)称为双空泡流方案(速度为 0~70 m/s)，满足经典的稳定性条件。

图 1-2(b)中航行体因尾部沿空泡内壁稳定滑移而产生浮力(速度为 50~200 m/s)，整体上是稳定的。

图 1-2(c)中航行体与空泡壁之间不断发生周期性碰撞(速度为 300~900 m/s)，这种碰撞是模型的攻角和角速度的扰动引起的。模型在空泡上下壁之间的周期性振荡可能稳定在一个振幅上或逐步衰减，因此整体上也是稳定的。

图 1-2(d)中航行体与空泡内的气体及射流相互作用(速度大于 1 000 m/s)，在极高的速度下，空泡内气体的气动力以及接近空泡边界的蒸汽射流作用力对航行体的稳定性都产生明显的作用。

为了实现超空化航行体的稳定航行，需要在超空化航行体的设计过程中，通过改进空化器、模型弹身及尾翼的形态及流体动力等的设计而实现减小阻力，增强系统自身的稳定性；而更为有效的方法是建立超空泡航行体的运动模型，利用一定的控制策略实现超空化航行体的运动平衡等。

2. 航行控制原理

超空泡航行体的运动控制与常规水下航行体相比，主要不同点是控制力的产生和控制面的布局问题。

超空泡航行体若用控制面舵角产生控制力,则控制面还必须满足以下三个必要条件。

(1)控制面必须处于沾湿状态,这是控制面能够产生可用控制力的必要条件。这意味着控制面必须全部或部分处于航行体的主体空泡之外。

(2)控制面工作时,必须具有确定的沾湿区,以保证控制力是可预知的,控制力的变化是渐进的。

(3)控制面工作时,对航行体主体空泡扰动小,不破坏航行体超空泡的基本流型。

空化器位于航行体前端,其迎流面总是处于沾湿状态,当空化器具有一定攻角(舵角)时,就会产生升力。空化器攻角虽然使空泡轴线稍有下移,但不会对航行体空泡流型产生破坏性改变。因此,空化器可以用作控制面。

航行体控制面经典的布置是在航行体的尾部。为了使超空泡航行体也能利用尾控制面或者说使尾控制面能够沾湿表面,尾控制面有以下两种布局模式。

第一种:采用局部空泡流型,空泡闭合于圆柱段上,闭合点位于尾控制面之前,使控制面在主体空泡之外,始终处于全沾湿状态。

第二种:采用尾部闭合空泡流型,匹配航行体主体空泡和控制面的尺度,使尾控制面能够径向穿刺主体空泡,控制面有一部分位于主体空泡之外,成为沾湿面。

根据空泡截面独立扩张原理,尾控制面的存在主要对其后的空泡截面有影响,不会对航行体空泡流型产生破坏性改变。因此,超空泡航行体采用尾控制面也是可行的。

尾控制面布局采用穿刺空泡流型时可能会引发新的问题。航行体主体空泡流型的非对称性,使得上下控制面穿刺主体空泡长度不同,造成上下控制面的沾湿面面积不同,操控时上下控制面产生的控制力不对称,在进行航行体航向控制的同时产生横滚力矩,诱发航行体产生横滚运动。

因此,若选择穿刺尾控制面作为航行体垂直舵,在航行体流体动力设计时要注意空泡流型和控制面的尺度匹配,减小上下控制面沾湿面的不对称比例,同时需要考虑航行体配置横滚控制。

除了上述已成功应用的利用首、尾控制面控制航行体运动的模式外,还可能存在以下三种与航行体超空泡形态关联不大的航行体运动控制模式:第一种模式仅利用空化器作为控制面,使得航行体控制面的沾湿面不受航行体超空泡形态的影响;第二种模式则利用燃气舵代替外置尾控制面,通过以燃气替代水作为产生控制力的流体介质,从而使控制力基本不受航行体超空泡形态的影响;第三种模式则直接以发动机替代控制面,利用矢量发动机的侧向推力分量作为控制力。但后两种控制模式都较难在超空泡航行体上实现,目前还未能应用。

1.3 超空泡技术的研究现状

1.3.1 超空泡射弹

超空泡射弹火炮武器与常规火炮武器最大的不同点是其所用弹药不同。常规火炮武器发射的弹丸仅能在空中稳定飞行,难以在水中形成有效的射程,而超空泡射弹火炮武器发射的超空泡射弹能够高速稳定入水,入水后形成超空泡,利用超空泡在水中减阻航行,实现水中高速、远距离航行,有效摧毁水下目标。比较典型、成功的是美国诺斯罗普·格鲁门公司研制的机载快速灭雷系统(RAMICS),其射弹被设计成平头,入水后产生空泡以减小阻力,保持高速稳定航行。一旦命中水雷,射弹凭借其巨大的动能进入水雷内部后,会释放出一种反应强烈的高氯酸盐氧化剂,使水雷炸药迅速爆燃,彻底毁灭水雷。RAMICS 的另一个用途是装于水面军舰的后部,用于射击致命的尾流制导鱼雷。挪威 DSG 技术公司也开展了超空泡射弹弹药研究。在 2012 年的火炮年会上,该公司展示了一种超空泡射弹,其口径序列有 5.56 mm、7.62 mm、12.70 mm、20 mm、30 mm、40 mm。该超空泡射弹对发射系统没有特殊要求,使用制式装备即可发射,最小稳定入水角可以达到 2°左右,并且这种超空泡射弹还可以利用水下火炮武器从水下向空中发射。

1.3.2 超空泡鱼雷

俄罗斯于 1994 年在阿布扎比国际防务展览会上首次对外展示了"暴风雪"超空泡鱼雷。"暴风雪"超空泡鱼雷的空泡系统主要由空化器、气源及通气系统组成。气源为专用燃气发生器产生的不溶于水的燃气。燃气由管路引至鱼雷头部,分四路流出体外:一路流向空化器背面,另三路则通过导流碗流出。"暴风雪"超空泡鱼雷由潜艇鱼雷发射管在水下 30 m 或 100 m 发射,鱼雷出管速度为 15 m/s 左右。鱼雷出管后的弹道可以分为惯性运动段、爬升弹道段、加速弹道段、巡航弹道段、攻击弹道段。

与俄罗斯研制的"暴风雪"超空泡鱼雷用以完成反舰作战任务不同,德国研制的"梭鱼"轻型超空泡鱼雷则是一种反鱼雷鱼雷(ATT)。德国从 1988 年开始研发的"梭鱼"轻型超空泡鱼雷采用开式超空泡,头部锥形空化器、控制舵和自导头集成为一体,在已进行的单项试验中,速度达到 240 kn。仿真结果表明,"梭鱼"轻型超空泡鱼雷可为舰艇提供效果显著的近程拦截能力。

1.3.3 超空泡舰船

2011 年 8 月 10 日,朱丽叶舰船系统公司正式公开了第一次面世的"幽灵号"超空泡舰船。"幽灵号"超空泡舰船诸多性能要素中的最大亮点莫过于安装了新型射流式空泡发生器。该舰船的设计巧妙结合了飞机和艇的相关特性,使其在体表面和水之间产生一个气体空腔,从而减小在水中航行时的摩擦阻力。在航行时,首先由安装在鱼雷状下体前部的空泡发生器产生局部空穴,然后由安装在鱼雷状下体中、后部的通气管向局部空穴注入气体,使之膨胀成为超空泡。通过空泡发生器的作用,该舰船在鱼雷状下体表面形成稳定的超空泡后,就会逐步加速到接近 200 km/h,在高速航行状态下仍能穿过 3 m 高的海浪,并能维持长时间的稳定航行。

1.3.4 跨介质飞行器

跨介质飞行器是指能够自主适应不同介质环境,可在单一介质环境下长时间飞行并可多次跨越介质界面,在不同介质环境下保持最优性能,从而完成作战任务的新型飞行器。目前,样机的介质过渡方式主要模仿自然界中具有两栖生存能力的生物,如飞鱼的跳跃起飞、飞乌贼的喷水推进式起飞、鲣鸟的溅落式入水等。2016 年,帝国科学、技术与医学学院设计的仿鲣鸟两栖飞行器,采用仿飞乌贼喷水推进式起飞、仿鲣鸟溅落式入水,成功实现了从水下到空中、从空中到水下的转换。

跨介质飞行器的运动过程包括空中飞行段、水下航行段和介质跨越段。介质跨越主要包括分步式低速垂直出入水和直接式快速斜出入水两种方式。介质跨越过程涉及复杂的流动问题,是典型的气液两相流干扰运动,伴随有气垫效应、气液耦合作用、射流现象,以及入水空泡生长、发展和溃灭等过程,且海浪作用具有显著的非定常、非线性特征,从而给全面把握跨介质变体飞行器流体动力学特征带来挑战。

1.3.5 垂直发射超空泡航行体

超空泡技术在水平航行中的应用主要为超空泡鱼雷,在垂直航行中的应用主要为潜射导弹和超空泡水雷等。垂向运动的超空泡武器主要是指在较深的水域即可形成超空泡来减小阻力,并以较高的速度向上航行,用以打击潜艇、舰船等目标的一类水下武器。该类武器航行速度较快,到达目标所需的时间较短,打击目标的成功率较高。垂向运动的超空泡航行体可以是小型的高速射弹,也可以是中型的超空泡水雷、导弹等。与水下水平运动相比,垂向运动时航行体不同截面所受的流场压力是不同的,空泡数也随流场压强的不同而变化,因此在分析弹道特性的过程中,加入对重力场下空泡形态的分析是必要的。

垂直发射超空泡航行体最主要的应用为潜射导弹。由于潜射导弹在水下运动过程中具有弹体环境压力不断变化、弹体表面空化数随水深增加而增大等特点,因此常规水洞实验和数值方法难以完整模拟出这些复杂的水下环境。近年来,国内外学者对潜射导弹空化现象进行了一系列实验和数值模拟研究。罗金玲等通过空泡水洞实验,指出导弹肩部空化的出现会改变其受到的阻力、升力和力矩;权晓波等通过 Singhal 模型仿真了潜射导弹大攻角下的空化特性,获取了不同条件下导弹的空化形态和压力分布,并进行了水洞实验验证,仿真结果与实验结果吻合较好;闵景新等采用 Singhal 模型对不同导弹头型的空化特性进行了仿真研究,结果表明特定的导弹头型可以改善流体动力、抑制肩部空化。

参考文献

[1] 张宇文,袁绪龙,邓飞. 超空泡航行体流体动力学[M]. 北京:国防工业出版社,2014.

[2] 姚忠,王瑞,徐保成. 超空泡射弹火炮武器应用现状研究[J]. 火炮发射与控制学报,2017,38(3):92-96.

[3] 王新华,杨迎化,衡辉,等. 反鱼雷鱼雷发展现状及作战使用[J]. 飞航导弹,2012(5):54-58.

[4] 施征. "幽灵号"超空泡舰艇[J]. 中学科技,2011(11):42.

[5] 唐胜景,张宝超,岳彩红,等. 跨介质飞行器关键技术及飞行动力学研究趋势分析[J]. 飞航导弹,2021(6):7-13.

[6] 常书杰,袁艺,张磊. 跨介质飞行器呼之欲出[N]. 解放军报,2020-02-21(11).

[7] 孙健. 水下垂向运动超空泡航行体弹道仿真研究[D]. 哈尔滨:哈尔滨工业大学,2013.

[8] 别庆,吕卫民,袁书生,等. 潜射导弹垂直发射非定常空泡仿真研究[J]. 舰船科学技术,2015(37):185-189.

[9] 王献孚. 空化泡和超空化泡流动理论及应用[M]. 北京:国防工业出版社,2009.

第 2 章　超空泡基本原理

2.1　空　化　数

19 世纪后期,人们就开始了液体中空化现象的研究。随着科技的发展,涉及空化现象的研究方向越来越多,如高速螺旋桨、水下超高速航行体、高速潜艇、水翼、水利工程、原子能、宇航,甚至生物学和医学等。特别是最近十余年,随着俄罗斯超空泡武器的曝光,各国掀起了研究超空泡现象的高潮。

液体分子逸出液体表面而成为气体分子的过程称为汽化。从微观来看,汽化是液体中动能较大的分子克服液体表面分子的引力而从液体表面逃逸的过程,有蒸发和沸腾两种形式。

如果水温不高(没有达到沸点),但水面压强降低到了某一临界值后,液体内部原来含有的很小的气泡(通称气核)将迅速膨胀,在水中形成含有水蒸气或其他气体的明显气泡,这一过程称为空化。空化在水中形成的空洞即空穴,通常称为空泡。空化现象包括空泡的发生、发育和溃灭,是一个非恒定的过程。

空化数 σ 的表达式为

$$\sigma=\frac{p_{\infty}-p}{\frac{1}{2}\rho V_{\infty}^{2}} \tag{2-1}$$

式中,p_{∞} 为大气压力;V_{∞} 为特征速力(来流速度);p 为空泡内压力;ρ 为流体密度。

2.2　超空泡形态计算模型

超空泡形态研究可以分为以下几种情况:定常轴对称超空泡、非轴对称超空泡和非定常超空泡等。定常轴对称超空泡的几何形态接近于一个椭球,在航行体处于极小空化数、稳定航行且无攻角情况下适用;当超空泡航行体匀速运动,但是速度很低、重力影响较大、空化器有较大攻角或者航行体带攻角运动时,超空泡形状不再是轴对称的,超空泡的轴线偏离航行体轴线,此时的超空泡称为非轴对称超空泡。当超空泡航行体加速度不为零,或是环境压力、空泡内压力随时间变化时,航行体所受的流体动力以及超空泡的形态变化都是非定常的,此时的超空泡称为非定常超空泡。

2.2.1　空泡截面独立扩张原理

研究复杂的非定常空泡流问题，最重要的是找到一个简单的模型，该模型既要符合流体流动的基本定律，又要便于数值计算。因此，Logvinovich 提出了空泡截面独立扩张原理，指出空泡的每一个截面相对于空化器中心的弹道扩张，其扩张的规律与空化器在这一瞬间之前或随后的运动状态无关，而是由空化器通过该截面平面瞬时的速度、空泡尺寸、产生的阻力，以及环境压力和空泡内压力之差所确定的。

如图 2-1 所示，沿着空化器中心轨道的弧线确定坐标 h，该坐标位置相对于静态流体来确定。平面 $\Sigma(h)$ 垂直于轨道，可以观察到空泡截面在 $t=0$ 时瞬时上升到这个平面的变化情况。

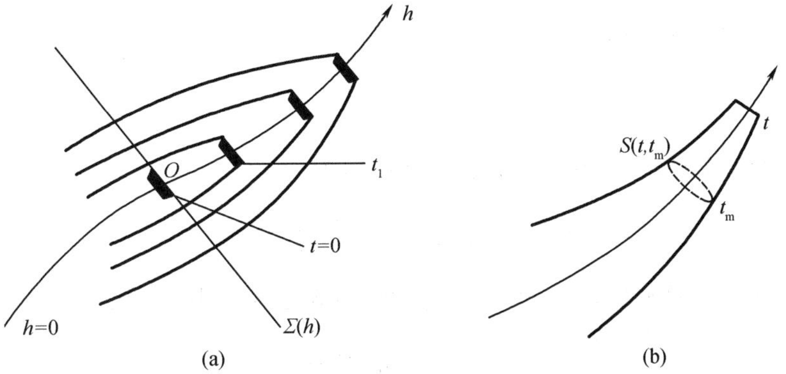

图 2-1　非定常空泡变化示意图

空化器沿弧线运动，经过 Δh 时做功，并提供给流体能量 $W\Delta h$（W 为 $t=0$ 时瞬时作用在空化器上的阻力）。能量 $W\Delta h$ 以动能 $T\Delta h$ 和势能 $E\Delta h$ 的形式保留在截面上，直至这个截面闭合。对各个空泡截面可以得到一个近似公式：

$$T(h,t)+E(h,t)=W(h,0) \tag{2-2}$$

根据格林（Green）公式，空泡截面（第 n 个截面）上的动能可以表示为

$$T=-\frac{1}{2}\rho\varphi 2\pi R\frac{\partial\varphi}{\partial n} \tag{2-3}$$

式中，φ 为空泡截面边界的势能；R 和 $\frac{\partial\varphi}{\partial n}\approx\dot{R}$ 分别为空泡边界在 h 点的半径和径向速度；ρ 为流体密度。

截面上的势能可以确定为

$$E=\int_0^t\Delta p(h,t)2\pi R\dot{R}\mathrm{d}t \tag{2-4}$$

式中，$\Delta p(h,t)=p_\infty(h,t)-p_\mathrm{k}(h,t)$（$p_\infty(h,t)$ 为无穷远处压力，$p_\mathrm{k}(h,t)$ 为空泡内压力）。

将式（2-3）与式（2-4）代入式（2-2），得

$$-\frac{1}{2}\rho\varphi\dot{S}+\int_0^t\Delta p(h,t)\dot{S}\mathrm{d}t=W(h,0) \tag{2-5}$$

式中，$\dot{S}=2\pi R\dot{R}$，表示一个空泡截面面积对时间的导数。

在符合空泡边界的空间点上，利用伯努利方程给出动能边界条件的表达式，即

$$\frac{\partial\varphi}{\partial t}+\frac{v^2}{2}=\frac{\Delta p}{\rho} \tag{2-6}$$

式中，Δp 为环境压力与空泡内压力之差；v 为空泡边界流体质点的绝对速度，在空泡截面上近似等于 $\dot{R}$，为很小的量，因此忽略$\frac{v^2}{2}$项，有

$$\frac{\partial\varphi}{\partial t}=\frac{\Delta p}{\rho} \tag{2-7}$$

对式(2-5)求导，有

$$-\frac{1}{2}\rho\frac{\partial\varphi}{\partial t}\dot{S}-\frac{1}{2}\rho\varphi\ddot{S}+\Delta p\dot{S}=0 \tag{2-8}$$

将式(2-7)代入式 (2-8)，有

$$\varphi\ddot{S}=\frac{\Delta p}{\rho}\dot{S} \tag{2-9}$$

对式(2-7)积分，得到空泡截面边界的势能值为

$$\varphi=\varphi_{\mathrm{n}}+\int_0^t\frac{\Delta p}{\rho}\mathrm{d}t \tag{2-10}$$

式中，φ_{n} 为空化器在形成空泡截面时($t=0$)边缘的势能值，可用下式表达：

$$\varphi_{\mathrm{n}}=-\frac{1}{2}aR_{\mathrm{n}}V(0) \tag{2-11}$$

式中，a 为常数，与空化数有一定的关系，取值范围为 1.5~2；R_{n} 为空化器的半径；$V(0)$ 为空化器在 $t=0$ 时的速度。

将式 (2-10)代入式 (2-9)，有

$$\left(\rho\varphi_{\mathrm{n}}+\int_0^t\Delta p\mathrm{d}t\right)\ddot{S}=\Delta p\dot{S} \tag{2-12}$$

对式(2-12)积分得

$$\dot{S}=A\left(\rho\varphi_{\mathrm{n}}+\int_0^t\Delta p\mathrm{d}t\right) \tag{2-13}$$

式中，A 为与空泡截面扩展的初速度有关的一个常数，可以表示为 $A=\frac{\dot{S}_0}{\rho\varphi_{\mathrm{n}}}$，其中 $\dot{S}_0$ 为空泡扩展的初速度。因此，式 (2-13)可改写为

$$\dot{S}=\dot{S}_0\left(1+\frac{1}{\varphi_{\mathrm{n}}}\int_0^t\frac{\Delta p}{\rho}\mathrm{d}t\right) \tag{2-14}$$

重新考虑式(2-5)，当 $t=0$ 时，作用在空化器上的阻力 W 可表示为

$$W=C_x\pi R_{\mathrm{n}}^2\frac{\rho V^2(0)}{2} \tag{2-15}$$

式中，C_x 为空化器的阻力系数。在 $t=0$ 时，将式 (2-11)与式 (2-15)代入式 (2-5)，整理得

$$\dot{S}_0=\frac{2\pi C_x R_{\mathrm{n}}\rho V(0)}{a} \tag{2-16}$$

将式(2-10)、式(2-14)代入式(2-9),有

$$\ddot{S}=\frac{\Delta p}{\rho}\frac{\dot{S}}{\varphi}=\frac{\Delta p}{\rho}\frac{\frac{1}{\varphi_{\mathrm{n}}}\dot{S}_0\left(\varphi_{\mathrm{n}}+\int_0^t\frac{\Delta p}{\rho}\mathrm{d}t\right)}{\varphi_{\mathrm{n}}+\int_0^t\frac{\Delta p}{\rho}\mathrm{d}t}=\frac{\Delta p}{\rho}\frac{\dot{S}_0}{\varphi_{\mathrm{n}}} \tag{2-17}$$

再将式(2-11)与式(2-16)代入式(2-17),即可得到空泡截面独立扩张原理表达式:

$$\ddot{S}=\frac{\Delta p}{\rho}\frac{\dot{S}_0}{\varphi_{\mathrm{n}}}=\frac{\Delta p}{\rho}\frac{\frac{2\pi C_{\mathrm{x}}R_{\mathrm{n}}\rho V(0)}{a}}{-\frac{1}{2}aR_{\mathrm{n}}V(0)}=-\frac{\Delta p}{\rho}\frac{4\pi\rho C_{\mathrm{x}}}{a^2}=-\frac{k\Delta p}{\rho} \tag{2-18}$$

式中,$k=\frac{4\pi\rho C_{\mathrm{x}}}{a^2}$。对式(2-18)积分,得到空泡截面面积随时间变化的关系式:

$$S=S_0+\dot{S}_0t-k\int_0^t\int_0^t\frac{\Delta p}{\rho}\mathrm{d}t\mathrm{d}t \tag{2-19}$$

式中,S_0 为空泡截面的初始面积。

2.2.2　定常轴对称超空泡形态

Logvinovich 等认为,在小空化数下超空泡的无量纲直径 $\overline{D}_{\mathrm{c}}^0\left(\overline{D}_{\mathrm{c}}^0=\frac{D_{\mathrm{c}}^0}{D_{\mathrm{n}}^0}\right.$,其中 D_{c}^0 为超空泡截面直径,D_{n}^0 为弹体直径$\left.\right)$和无量纲长度 $\overline{L}_{\mathrm{c}}^0\left(\overline{L}_{\mathrm{c}}^0=\frac{L_{\mathrm{c}}^0}{D_{\mathrm{n}}^0}\right.$,其中 L_{c}^0 为超空泡长度,D_{n}^0 为弹体直径$\left.\right)$满足如下经验公式(空化数适用范围为 0~0.25):

$$\begin{cases}\overline{D}_{\mathrm{c}}^0=\sqrt{\dfrac{C_{x0}(1+\sigma)}{\kappa\sigma}}\\[2ex]\overline{L}_{\mathrm{c}}^0=\dfrac{1}{\sigma}\sqrt{C_{x0}(1+\sigma)\ln\dfrac{1}{\sigma}}\end{cases} \tag{2-20}$$

式中,C_{x0} 为 $\sigma=0$ 时空化器的阻力系数,在圆盘空化器情况下取试验值 0.82;κ 为校正系数。Savchenko 对经验公式在速度为 300~1 300 m/s(空化数适用范围为 0.000 12~0.002 2)时进行了验证。

Savchenko 提出了空化数适用范围为 0.012~0.057 的经验公式,即

$$\begin{cases}\overline{D}_{\mathrm{c}}^0=\sqrt{3.659+\dfrac{0.761}{\sigma}}\\[2ex]\overline{L}_{\mathrm{c}}^0=4+\dfrac{3.595}{\sigma}\end{cases} \tag{2-21}$$

Reichardt 提出的经验公式为

$$\begin{cases}\overline{D}_{\mathrm{c}}^0=\sqrt{\dfrac{C_{\mathrm{x}}}{\sigma-0.132\sigma^{8/7}}}\\[2ex]\dfrac{\overline{L}_{\mathrm{c}}^0}{\overline{D}_{\mathrm{c}}^0}=\dfrac{\sigma+0.008}{\sigma(0.066+1.7\sigma)}\end{cases} \tag{2-22}$$

定常轴对称超空泡的轮廓外形近似于一个椭圆，但是其头部的空泡边界不满足椭圆方程，因此不能将整个超空泡近似表示为椭圆。Logvinovich 等针对空化器之后一小段距离的空泡形态，引入了“一致截面”的概念。他认为，在空化器之后一小段距离内(即“一致截面”之前)的空泡形状与空化数无关，而是遵循“1/3 定律”经验公式；在“一致截面”之后，空泡形态才近似于一个椭圆，可以通过空泡的能量守恒方程理论推导其定常及非定常的表达式。

定常轴对称超空泡半径的表达式见式(2-23)和式(2-24)。一般地，定义航行体轴线方向为 x 方向，$x=x_1$($x_1=2R_n$(R_n 为空化器半径))处的航行体截面为“一致截面”，R_1 是“一致截面”处的空泡半径，为空化器半径的 1.913 倍($R_1=1.913R_n$)。

$$R(x)=R_n\left(1+\frac{3x}{R_n}\right)^{\frac{1}{3}},x\leqslant x_1 \tag{2-23}$$

$$R(x)=R_c\sqrt{1-\left(1-\frac{R_1^2}{R_c^2}\right)\left(1-2\frac{x-x_1}{L_c^0-2x_1}\right)^2},x>x_1 \tag{2-24}$$

式中，R_c 为空化器最大截面处的空泡半径；L_c^0 为空泡总长度。

2.2.3 非定常超空泡形态

在航行体速度较低、弗劳德数(Fr)很小的情况下，重力会引起空泡轴线的上飘，如图 2-2 所示。由重力引起的超空泡轴线相对于航行体轴线的偏移量近似公式为

$$h_g(x)=\frac{(1+\sigma)x^2}{3(Fr_L^2)^2},Fr_L=\frac{V_\infty}{\sqrt{gL_c^0}},0.05\leqslant\sigma<0.1,2\leqslant Fr_L\leqslant 3.5 \tag{2-25}$$

式中，Fr_L 为相对于空泡长度的弗劳德数。

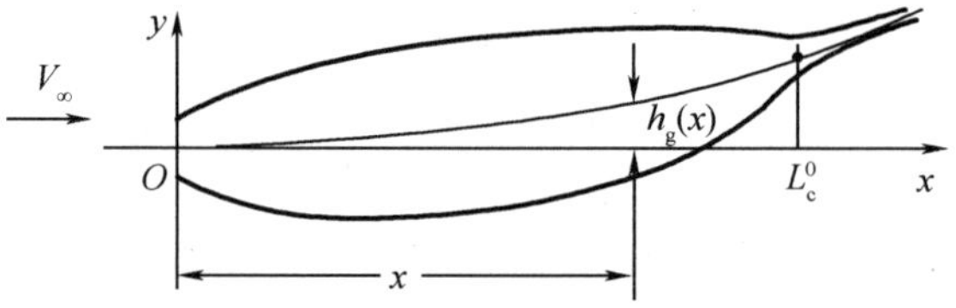

图 2-2　重力引起的空泡轴线的上飘示意图

超空泡航行体的空化器相当于一个雷顶舵，其舵角可以提供一定的升力，同时引起了超空泡轴线的偏移。图 2-3 为空化器倾斜时超空泡示意图(δ_c 为空化器的偏转角)。

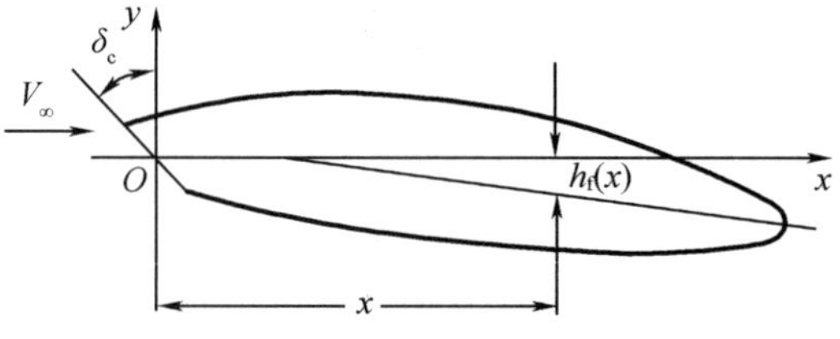

图 2-3　空化器倾斜时超空泡示意图

应用动量定理，对超空泡轴弯曲做出估算，可得出空化器舵角引起的超空泡轴线相对于航行体轴线的偏移量 $h_f(x)$ 的导数为

$$\dot{h}_f(x)=-\frac{F_{fy}}{\rho\pi V_f^2 R^2(x)} \tag{2-26}$$

式中，F_{fy} 为 y 方向的升力；$R(x)$ 为空泡半径；V_f 为航行体的速度。

沿 x 轴对式(2-26)积分即可得到超空泡轴线相对于航行体轴线的偏移量 $h_f(x)$。

在空化器 y 方向的升力作用下，超空泡轴线相对于航行体轴线的偏移量近似公式为

$$h_f(x)=-C_L R_n(0.46-\sigma+\bar{x}) \tag{2-27}$$

式中，$\bar{x}=\dfrac{2x}{L_c^0}$；$C_L$ 为空化器升力系数。

值得注意的是，重力引起的超空泡轴线相对于航行体轴线的偏移量是以地面坐标系的水平轴为基准计算的，空化器舵角引起的超空泡轴线相对于航行体轴线的偏移量是以航行体坐标系原点的速度方向为基准计算的。因此还需要进行相应的坐标转换，引入弹体攻角引起的超空泡轴线相对于航行体轴线的偏移量计算公式：

$$h_\alpha(x)=x\tan\alpha \tag{2-28}$$

式中，α 为弹体攻角。

最终确定超空泡轴线相对于航行体轴线的偏移量计算公式如下：

$$h_c(x)=h_g(x)+h_f(x)+h_\alpha(x) \tag{2-29}$$

Logvinovich 利用摄动法给出了空化器攻角对超空泡轴线影响的近似公式为

$$\bar{h}_{\alpha_n}(\bar{x})=-C_{x0}(1+\sigma)(0.23-0.5\sigma+\bar{x})\sin 2\alpha_n \tag{2-30}$$

式中，α_n 为空化器攻角；$\bar{h}_{\alpha_n}(\bar{x})$ 为在空化器攻角影响下，以空化器半径为特征量的无因次偏移量；$\bar{x}$ 为以空泡长度为特征量的空泡轴向坐标。

空化器侧滑角的影响与空化器攻角的影响类似，其对超空泡轴线影响的近似公式为

$$\bar{h}_{\beta_n}(\bar{x})=-C_{x0}(1+\sigma)(0.23-0.5\sigma+\bar{x})\sin 2\beta_n \tag{2-31}$$

式中，β_n 为空化器侧滑角；$\bar{h}_{\beta_n}(\bar{x})$ 为在空化器侧滑角影响下，以空化器半径为特征量的无因次偏移量。

2.2.4　三维超空泡形态的计算与实现

1. 三维超空泡形态的计算

超空泡鱼雷航行过程中，由于各种影响因素的存在，超空泡形态于纵平面和横平面都可能发生变形，在二维平面内无法对超空泡形态进行全面描述，因此三维超空泡形态的研究具有重要意义。随着计算机技术的快速发展，计算流体力学(CFD)的数值仿真方法在研究超空泡方面展现出巨大的生命力，它通过计算机数值计算和图像显示的方法，可在时间和空间上给出超空泡流的定量描述，能够得到较为准确的三维超空泡形态。然而，CFD 的数值仿真方法对计算机性能要求较高，计算量较大，主要应用于超空泡流的机理性研究。而基于势流理论的独立膨胀原理作为超空泡领域的经典理论，能够反映细长超空泡流动的

本质和主要特征，其合理性已被大量实验证实，且其便于数值计算的优势可以实现超空泡鱼雷的超空泡形态变化和流体动力的实时解算，因此独立膨胀原理在计算超空泡形态方面具有巨大潜力。

从公开的文献来看，超空泡的通泄气规律研究远远满足不了工程应用，因此在式(2-19)中并不考虑通泄气对 Δp 的影响，仅考虑由于航行器深度变化与外界压力扰动造成的压力差变化，然而，式(2-19)描述的是某一截面的扩张规律，对于某个固定截面来说，由于不考虑通泄气的影响，泡内压强可综合考虑后选取某个定值 p_c，则 Δp 仅与此截面中心所在深度有关，即对于某一截面来说 Δp 是个定值。为了描述 Δp 与航行深度的关系，这里令 $\Delta p=p_0+\rho gh(t)-p_c$，当研究航行器沿某一轨迹运动下的超空泡形态时，超空泡的每一截面对应着一个深度 h、一个初速度 V_∞。如图 2-1 所示，设 t_m 时刻产生的超空泡截面经过一段时间的扩张后，在 t 时刻时的面积为 $S(t,t_m)$，将 $S_0=\pi R_0^2$ 和式(2-16)代入式(2-19)，并进行积分，有

$$S(t,t_m)=\pi R_0^2+\frac{2\pi C_x(t_m)R_0 v(t_m)}{a}(t-t_m)-\frac{k[p_0+\rho gh(t_m)-p_c]}{2\rho}(t-t_m)^2 \tag{2-32}$$

根据式(2-32)可计算超空泡鱼雷在三维空间内沿任意轨迹变速、变深航行的超空泡形态。基于此原理，根据空化器运动轨迹的某一点与此点至空化器所在点的时间差求出这一点的截面面积，根据此点超空泡截面产生时刻的运动参数与此点至空化器的距离计算出这一点的轴线偏移量，根据此点偏移后的轴线方向确定此超空泡截面的方向，进而求出截面上每一点的坐标，迭代轨迹的坐标，从而计算出超空泡上所有点的坐标，得到任意轨迹下的三维超空泡形态，计算过程中尾部取 $S=S_0$ 时闭合。

2. 求解步骤

由于航行体运动轨迹基于地面坐标系，因此本书根据独立膨胀原理计算的超空泡形态也是基于地面坐标系的。

首先，分别计算基于地面坐标系下重力引起的超空泡轴线相对于航行体轴线的偏移量 h_g 与基于速度坐标系下空化器攻角、侧滑角引起的轴线偏移量 $\bar{h}_{\alpha_n}$ 和 $\bar{h}_{\beta_n}$，已知速度坐标系至地面坐标系的转换矩阵为 $\boldsymbol{C}_e^v$，设超空泡未偏移时的轴线坐标为(x,y,z)，则在各种影响因素作用下偏移后的轴线坐标(x_p,y_p,z_p)可通过下式计算：

$$\begin{bmatrix} x_p \\ y_p \\ z_p \end{bmatrix}=\begin{bmatrix} x \\ y+h_g \\ z \end{bmatrix}+\boldsymbol{C}_e^v\begin{bmatrix} 0 \\ \bar{h}_{\alpha_n} \\ \bar{h}_{\beta_n} \end{bmatrix} \tag{2-33}$$

根据空泡截面独立膨胀原理可知，当不考虑各种因素的影响时，超空泡截面应时刻垂直于空化器中心运动轨迹，即空泡轴线为空化器运动轨迹的一部分；当考虑各种因素的影响时，超空泡轴线将发生偏移，为了确保超空泡截面仍垂直于偏移后的超空泡轴线，需要计算偏移后轴线的弹道偏角。已知偏移后的超空泡轴线坐标$(x_p(i),y_p(i),z_p(i))$，则偏移后轴线的弹道偏角 $\boldsymbol{\Psi}_p(i)$、弹道倾角 $\boldsymbol{\Theta}_p(i)$ 可通过下式计算：

$$\begin{cases} v_{xp}(i)=\dfrac{x_p(i+1)-x_p(i)}{\Delta t} \\ v_{yp}(i)=\dfrac{y_p(i+1)-y_p(i)}{\Delta t} \\ v_{zp}(i)=\dfrac{z_p(i+1)-z_p(i)}{\Delta t} \end{cases} \tag{2-34}$$

$$\begin{cases} \Psi_p(i)=a\tan\dfrac{v_{zp}(i)}{v_{xp}(i)} \\ \Theta_p(i)=a\tan\dfrac{v_{yp}(i)}{\sqrt{v_{xp}^2(i)+v_{zp}^2(i)}} \end{cases} \tag{2-35}$$

其次,在已知偏移后的轴线坐标与弹道偏角后,为了计算整个超空泡截面上各点坐标,需要求出超空泡截面上某一点的坐标,如图 2-4 所示,设点 A 为偏移后轴线上一点,点 A 所对应的弹道偏角为 Ψ_p,截面半径为 r,令截面与地面坐标系 xOz 平面的交点为 B,已知 A 点坐标(x,y,z),则 B 点的坐标(x_d,y_d,z_d)可通过下式计算:

$$\begin{cases} x_d=x+r\sin\ \Psi_p \\ y_d=y \\ z_d=z+r\cos\ \Psi_p \end{cases} \tag{2-36}$$

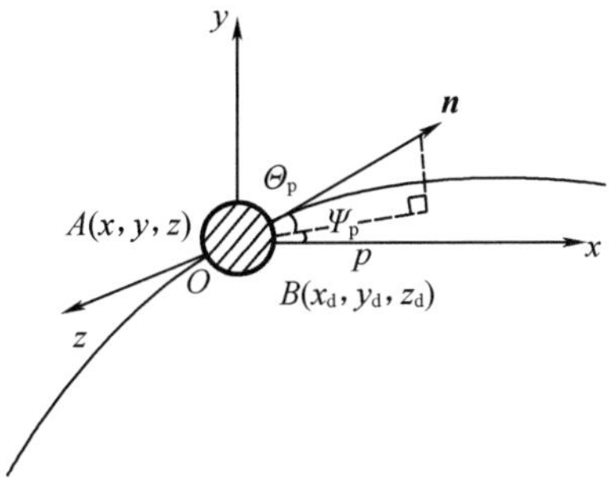

图 2-4　超空泡截面坐标示意图

在得到截面中心坐标、截面上一点坐标与截面方向的基础上,可计算出截面上所有点的坐标,如图 2-5 所示,A 点、B 点的坐标已知,C 点为超空泡截面上除 B 点外的任意一点,$\boldsymbol{n}$ 为过此截面中心且垂直于此截面的单位向量,则根据速度坐标系与地面坐标系的关系,$\boldsymbol{n}$ 在地面坐标系下可以表示为 $\boldsymbol{n}=(\cos\ \Psi_p\cos\ \Theta_p,\sin\ \Theta_p,-\sin\ \Psi_p\cos\ \Theta_p)$,$\eta$ 为 AB 与 AC 的夹角,则根据几何关系,点 C 坐标可通过下式计算:

$$\begin{cases} \overline{AC}=\cos\ \eta\cdot\overline{AB}+\sin\ \eta\cdot\boldsymbol{n}\times\overline{AB} \\ C=\overline{AC}+A \end{cases} \tag{2-37}$$

令 η 遍历 $0\sim2\pi$,则可求出此截面上所有点的坐标。

以上给出了某一超空泡截面的各点坐标计算方法,下面讲述整个超空泡表面各点坐标的详细求解步骤。

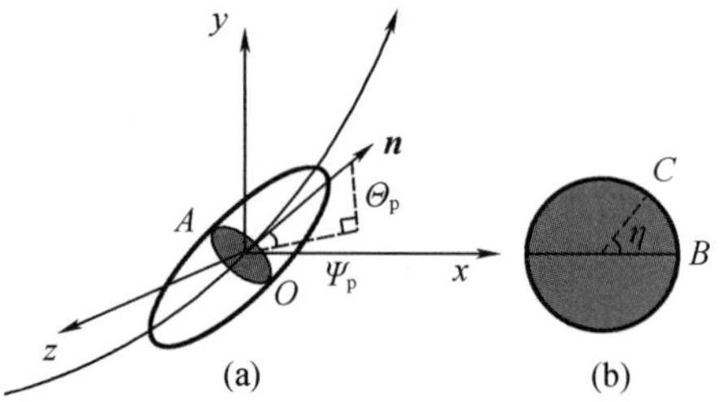

图 2-5　超空泡截面示意图

设航行器在 $t_0 \sim t_{max}$ 内沿某任意轨迹运动，已知由弹道得到的运动参数有 x、y、z、v_x、v_y、v_z、α_n、β_n、$\boldsymbol{\Psi}$、$\boldsymbol{\Theta}$，其中 x、y、z，v_x、v_y、v_z 分别为地面坐标系下的位置分量和速度分量；α_n、β_n 分别为空化器攻角、空化器侧滑角；$\boldsymbol{\Theta}$、$\boldsymbol{\Psi}$ 分别为弹道倾角和弹道偏角；时间步长为 Δt。则空化器运动到 t_{max} 时刻超空泡形态计算的具体求解步骤如下。

(1)超空泡截面半径和超空泡长度的求解：根据空泡截面径向扩展方程，由空化器所在点与轨迹各点时间差及对应的速度、深度值求解各点对应的截面面积 $S(i)$，直到 $S(i)=S_0$，即截面面积等于空化器盘面面积 S_0 时空泡闭合，则超空泡各截面半径为 $r(i)=\sqrt{S(i)/\pi}$，超空泡长度为 $L_{max} = \sum v(i)\Delta t$。

(2)偏移后轴线坐标及弹道角的求解：由式(2-30)和式(2-31)计算速度坐标系下空化器攻角、侧滑角造成的轴线偏移，根据式(2-33)求解偏移后的轴线坐标，根据式(2-34)和式(2-35)求解偏移后的弹道倾角 $\boldsymbol{\Theta}_p(i)$ 和弹道偏角 $\boldsymbol{\Psi}_p(i)$。

(3)超空泡截面各点坐标的求解：在已知偏移后轴线坐标及弹道偏角、弹道倾角的条件下，根据式(2-36)求解截面上某一点的坐标，由此点与式(2-37)可求解截面上各点坐标，迭代超空泡中轴线的各点坐标，进而可求解出所有超空泡截面各点的坐标。

应该说明的是，在计算出所有空泡截面各点坐标后，便可通过 Matlab 等软件得到三维超空泡形态。

2.3　通气超空泡

2.3.1　空泡内气体质量平衡方程

根据空泡内气体质量守恒方程，有

$$\frac{\mathrm{d}}{\mathrm{d}t}[\rho_g(Q_c-Q_b)]=\dot{m}_{in}-\dot{m}_{out} \tag{2-38}$$

式中，ρ_g 为通入气体的密度；Q_c 和 Q_b 分别为空泡及其内体的体积(空泡包裹的物体的体积)；$\dot{m}_{in}$ 和 $\dot{m}_{out}$ 分别为通入与泄出空泡的气体质量流率。超空泡体积可以根据下式求出：

$$Q_c(t)=\int_{\tau_t}^{\tau_c}[S(\tau,t) - S_m(\tau,t)]V(\tau)\mathrm{d}\tau \tag{2-39}$$

式中,τ_c 和 τ_t 分别为超空泡头尾截面发生空化的时间;$S_m(\tau,t)$ 为在超空泡截面 $S(\tau,t)$ 内的内体截面面积;$V(\tau)$ 为超空泡演变的速度。

不妨再假设气体是等温的,那么气体状态方程满足 $\rho_g=c_0p^{k_0}$,其中 c_0 和 k_0 是常数,这里 k_0 取 1。由于通气孔位于超空泡流头部,并以相对较高的速度通入超空泡,根据伯努利方程可知,在通气孔处的压力会稍微低于超空泡内部平均压力。同时考虑到空泡尾部直接与外流接触,尾部的气体压力可以近似认为等于外流环境压力。因此,方程 (2-38) 可以近似写为

$$\frac{\mathrm{d}}{\mathrm{d}t}[p_c(Q_c-Q_b)]=p_c\dot{Q}_{in}-p_\infty\dot{Q}_{out} \tag{2-40}$$

式中,$\dot{Q}_{in}$ 和 $\dot{Q}_{out}$ 分别为通入与泄出超空泡的气体体积流率。

对于通气率来说,部分学者已在一定程度上对其做了一些研究。尽管这些研究主要适用于定常超空泡,但是它们对于研究超空泡的稳定性具有十分重要的意义。在实际应用中,通气率通常是根据具体的应用背景和环境而改变的控制量,为一个已知参数或者是关于时间的函数。然而泄气机理则是超空泡流领域中的一个瓶颈问题。目前一些学者也在一定程度上对其展开了研究,并提出了一些定常和准定常的泄气率或者泄气系数计算公式,其中 Epshtein 早期的研究具有十分重要的意义。但是,对于非定常超空泡的泄气机理还有待于进一步的研究。

2.3.2　通气超空泡的泄气规律

超空泡在本质上是非定常的,它具有自由表面脉动、尾部湍流、空泡脱落及溃灭等特性。泄气机理就是超空泡非定常特性的一种综合体现,反映了空泡的稳定性。因此,对于非定常通气超空泡的泄气机理的研究是我国的当务之急。

为了有效地维持超空泡的稳定,就必须保持空泡内气体质量守恒,即等质量的通气量与泄气量。因此,对于非定常通气超空泡来说,一个重要特征就是空泡内气体质量不守恒。如果不考虑气体的压缩性,超空泡体积是变化的。体积的变化就其超空泡本身而言依赖于通气的方式和泄气的机理。只要有合理的反馈信号,通气就是可控的。但这些反馈取决于超空泡及其航行体的动力学建模。泄气机理就是超空泡航行体动力学建模中的一大瓶颈,也是通气超空泡理论中的一个重要而又基本的问题,它对于研究非定常超空泡的稳定具有非常重要的意义。

然而,到目前为止,对于非定常通气超空泡来说,尚没有一个普适性的理论来解释泄气机理。人工通气超空泡为了维持一定的空泡尺寸,必须保证向空泡内充入一定量的气体,表征通气规律的主要参数是通气率 $\overline{Q}$,其定义如下:

$$\overline{Q}=\frac{Q}{V(D_n^0)^2} \tag{2-41}$$

式中,Q 为通气量;V 为航行体速度。

显然,当运动稳定时,通气量必须等于泄气量。自由闭合超空泡主要有以下几类泄气方式。

1. 部分泄气(第一类泄气)

在 Fr、σ 数值很大的时候,重力影响较小并可以忽略,超空泡接近于轴对称,这时超空泡尾部充满了泡沫,泡沫周期性地产生,受到排斥后以螺旋的形式成团地排泄出去,此过程称为部分泄气(第一类泄气)。第一类泄气的判别准则是 $\sigma Fr>1$,这种泄气过程是稳定的。成团泄气示意图如图 2-6 所示。

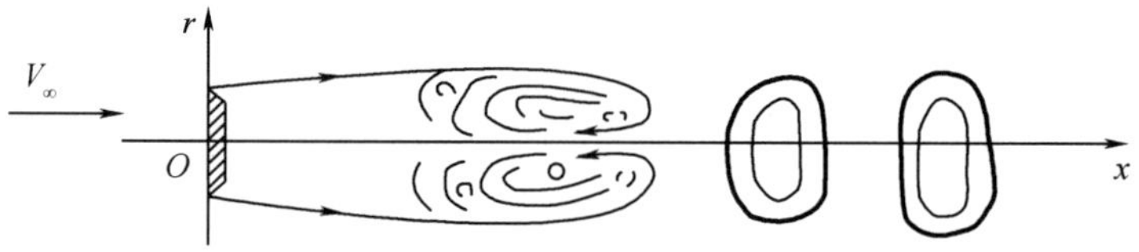

图 2-6　成团泄气示意图

当接近于自然蒸汽空泡的状态,且重力效应不显著时,Logvinovich 创立了半经验的泄气率规律,表达式如下:

$$\dot{Q}=\gamma VS_{\mathrm{c}}\left(\frac{\sigma_{\mathrm{v}}}{\sigma}-1\right) \tag{2-42}$$

式中,$\gamma=0.01\sim0.02$,为经验常数;S_{c} 为空泡的截面面积;σ_{v} 为真空空化数;σ 为空化数。

2. 涡管泄气(第二类泄气)

当 σ 很小,Fr 不变且不大时,$\sigma Fr<1$,重力影响相当大且不能忽略。超空泡末端的流动具有规律性,超空泡状态由两根空心的、从超空泡中带走气体的涡管来终止,此过程称为涡管泄气(第二类泄气),如图 2-7 所示。

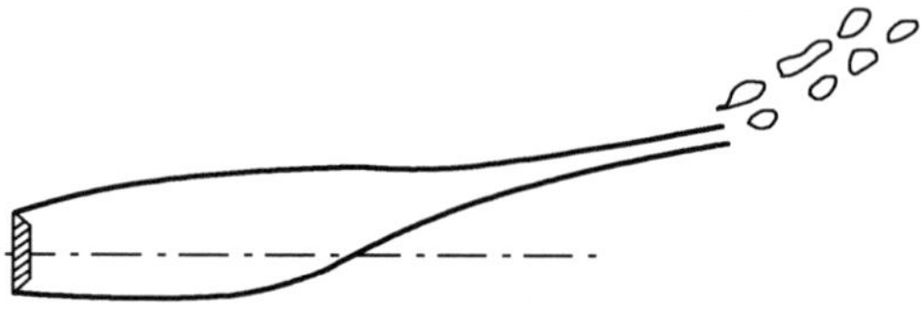

(a)侧视图

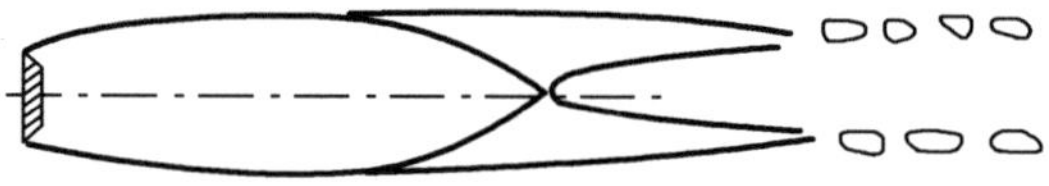

(b)俯视图

图 2-7　涡管泄气示意图

第二类泄气也是稳定的,并完全取决于作用于超空泡的重力效应,L. A. 爱泼斯坦给出的半经验的计算公式为

$$\overline{Q}_{\mathrm{out}}=\frac{0.42C_{x0}^{2}}{\sigma(\sigma^{3}Fr^{4}-2.5C_{x0})} \tag{2-43}$$

式中,C_{x0} 为当 $\sigma=0$ 时空化器的阻力系数。

对于圆盘形空化器,$C_{x0}=0.82$,考虑空化器的浸没深度 H,可以得到更精确的半经验公

式为

$$\overline{Q}_{\text{out}}=\frac{0.271\sqrt{\dfrac{\rho}{\rho_{\text{k}}}}C_{x0}^{2.75}\sqrt{2-\dfrac{\sigma Fr^{2}}{\overline{H}}}}{(Fr-1.35)\sigma^{1.75}Fr^{2}(\sigma^{3}Fr^{4}-2.38C_{x0})^{1.25}} \tag{2-44}$$

式中，$\overline{H}=\dfrac{H}{D_{\text{n}}^{0}}$；$\rho_{\text{k}}$ 为充入超空泡中的气体密度。

3. 脉动泄气（第三类泄气）

当通气率很大时，空泡丧失稳定性，泄气机理发生了根本性的变化，空泡内部分气体以脉动的形式泄出，如图 2-8 所示。

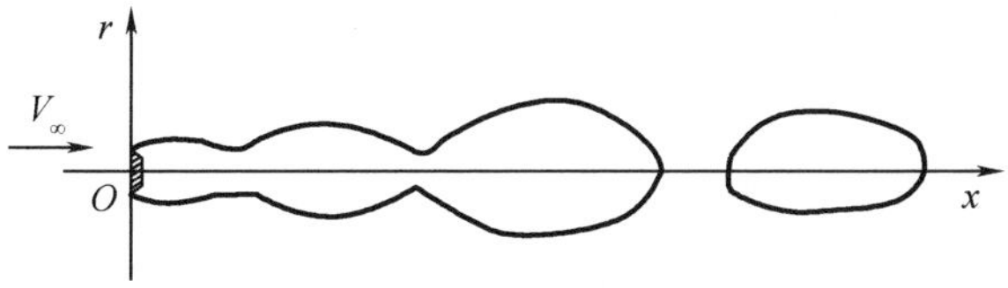

图 2-8　脉动泄气示意图

改变通气率是控制超空泡的形态及其变化的主要方式。通过对以上几类泄气规律的分析，可以得到通气量和空泡形态之间的理论变化曲线。在实际的超空泡航行体研制过程中，首先根据上述经验公式和航行体设计指标给出初步的通气规律，并在模型实验以及一定量的原型实验中进行验证和改进，才能最终确定较合适的通气规律，并研制相应的通气控制系统。

2.4　非定常通气超空泡

2.4.1　轴对称通气超空泡的不稳定性

研究轴对称通气超空泡的不稳定性，主要是研究超空泡气体质量无量纲方程，以及空泡的长度方程相对小振荡的稳定性。超空泡气体质量无量纲方程为

$$\dot{\sigma}_1(t)-12(\beta-1)\int_0^1\theta(\theta-1)\dot{\sigma}_1(t-\theta)\mathrm{d}\theta+\frac{3}{2}\gamma\beta(2\beta-1)\sigma_1(t)=0 \tag{2-45}$$

式中，$\sigma_1(t)$ 为无量纲空化数；β 为动态相似参数；θ 为加速度；γ 为空泡物理参数。

为了得到相对于小振荡方程的解，在方程（2-45）中进行置换：

$$\sigma_1(t)=a\mathrm{e}^{\mu t}$$
$$\mu=\lambda+\mathrm{j}k \tag{2-46}$$

得出特征方程为

$$\mu^3+\frac{3}{2}\gamma\beta(2\beta-1)\mu^2+12(\beta-1)[\mu(\mathrm{e}^{-\mu}+1)+2(\mathrm{e}^{-\mu}-1)]=0 \tag{2-47}$$

方程(2-46)中,k 为衰减振荡频率,$k=\omega' l_0/V_\infty$(l_0 为空泡初始长度,ω'为绝对振荡频率),λ 为振荡增量。当 $\lambda<0$ 时,振荡以频率 k 衰减,方程的解是稳定的;当 $\lambda>0$ 时,振荡无限增大,方程的解为不稳定解;$\lambda=0$ 的频率为动态系统的基本频率。

方程(2-47)包含两个物理参数,即 γ 和 β。当 $\gamma\neq0$ 时,它有二重根 $\mu=0$,二重根在 $\gamma=0$ 时变换为三重根。

研究表明,当 $\gamma=0$ 时,如果 $1\leqslant\beta\leqslant2.645$,那么空泡渐进稳定;如果 $\beta>2.645$,那么空泡不稳定。$\gamma=0$ 相当于空泡中气体质量为常数的情况。分析特征方程(2-47)表明,为每个 $0<\gamma\leqslant0.08$ 指出 β 变化的有限区间是可能的。超出这个区间,方程(2-45)的零解渐近稳定;在这个区间内,方程(2-45)的零解不稳定。在不稳定区域内和当 $\gamma\neq0$ 时,特征方程具有有限数量的虚根。当 $\gamma>0.08$ 时,一般来说根不存在,即在 β 任意值时,空泡渐近稳定。漏气变化对空泡稳定性影响的既定性质定性地说明了这样一个事实,即当通气非常大时,空泡脉动停止。所以,在实验中,在脉动空泡上最多观察到五个波。

2.4.2 通气超空泡的控制

通气超空泡的控制问题就是按照既定规律,通过调整通气量来维持空泡尺寸或改变空泡尺寸的问题。

典型的通气超空泡控制问题示例为如下。

(1)如果运动速度和/或运动深度改变,为维持空泡不变,应如何改变通气量?

(2)如果迅速停止给空泡供气,控制空泡破裂的规律是什么?

通气超空泡控制问题的难点是由非线性问题引起的,也是由多参数性质和缺乏漏气知识引起的。研究人员开发了用于通气空泡控制中不稳定过程计算机仿真人工空泡(ACAV)计算机代码,能够掌握任意通气、泄气以及模型速度变化时,超空泡的变化规律。

对通气超空泡的控制要研究超空泡对通气量变化的反作用、超空泡对模型速度变化的反作用,以及参数 β 和泄气形式的影响。在不稳定流情况下,自然蒸汽超空泡和通气超空泡之间存在相当大的差异,在这种情况下,参数 β 具有重要的意义,它表征充填空泡的气体的弹性效应。空泡性质相当大的差异证明了在不稳定通气超空泡的物理模拟和计算机仿真中遵守泄气形式相似性的重要性。

模型体存在于超空泡内,使得被气体充填的超空泡的有效容积减小。在稳定流情况下,超空泡自由闭合(不考虑模型与回射流之间可能的相互作用)不会影响超空泡的尺度。在非定常情况下,在气体质量平衡方程中,必须考虑空泡有效容积的减小,这会引起空泡的动态性质发生变化。

参 考 文 献

[1] 赵新华. 水下超高速航行体动力学建模与控制研究[D]. 哈尔滨:哈尔滨工程大学,2008.

[2] 宋书龙,万亚民,李建辰,等. 一种基于独立膨胀原理的三维超空泡形态计算方法[J].

水下无人系统学报,2019,27(1):51-58.
[3]　邹望. 基于 Logvinovich 原理的通气超空泡理论及其数值研究[D]. 哈尔滨:哈尔滨工业大学,2013.
[4]　傅慧萍,鲁传敬,冯学梅. 超空泡武器技术中的几个水动力学问题[J]. 船舶力学,2003,7(5):112-118.
[5]　GOEL A. Control strategies for supercavitating vehicles[J]. University of Florida master's thesis,2002(2):7-9.
[6]　陈春玉. 反鱼雷技术[M]. 北京:国防工业出版社,2006.
[7]　李天森. 鱼雷操纵性[M]. 2 版. 北京:国防工业出版社,2007.
[8]　赵新华,孙尧,莫宏伟,等. 非定常通气超空泡分叉突变特性研究[J]. 工程力学,2013,30(10):277-281.

第3章　超空泡航行体动力学模型

超空泡航行体的动力学模型是进行航行体动力学特性分析、控制系统设计、弹道导引的前提条件。本章介绍作用在超空泡航行体上的各种力、力矩、动力系数的表达式,并在此基础上建立航行体的空间运动方程,同时列举常用的空间运动模型。

3.1　基本坐标系

坐标系是描述超空泡航行体运动规律的参考标准,可设定航行体在某个空间力系约束下航行。将航行体的受力投影到相应的坐标系中可便于分析合力对运动状态的影响。建立合适的坐标系可以简化运动模型方程组,并且更加精确地描述航行体系统的运动规律。

3.1.1　坐标系

1. 固定坐标系

研究常规水下航行体的运动或船舶运动所用的固定坐标系通常有三种形式。本章采用图3-1所示的固定坐标系来研究超空泡航行体的纵向运动模型。固定坐标系原点 E 可选在海面或海中某一点。$E\xi$ 轴保持水平,以航行体航行的主航向为 $E\xi$ 轴的正向,$E\xi$ 轴和 $E\eta$ 轴置于水平面内,$E\zeta$ 轴垂直于 $E\xi\eta$ 坐标平面,其正向指向地心。

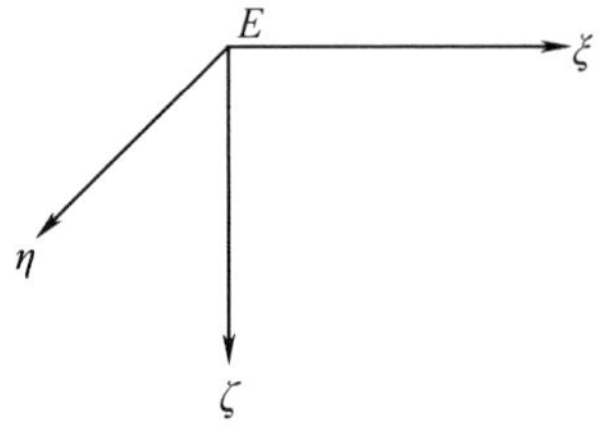

图3-1　固定坐标系

2. 航行体坐标系和地面坐标系

超空泡航行体的坐标系建立可参照鱼雷运动系统情况,采用航行体坐标系和地面坐标系。

描述超空泡航行体的运动,需定义航行体坐标系 $Oxyz$,$Oxyz$ 固连于航行体上,随航行体做任意形式的运动。航行体坐标系的原点取在航行体的重心处,Ox 轴取在纵中剖面内,指向航行体头部,平行于水平面,Oy 轴与纵中剖面垂直,指向右舷,平行于水平面,Oz 轴在纵中剖面内,指向航行体底部方向,与水平面垂直,如图3-2所示。

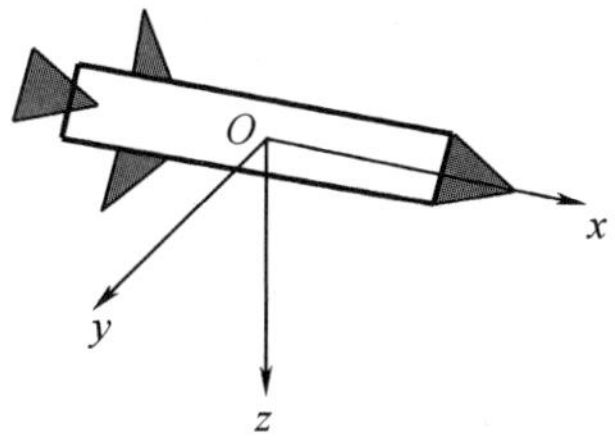

图 3-2　航行体坐标系

航行体坐标系的另一种定义方式为：航行体坐标系取 $O_bx_by_bz_b$，以空化器压力中心为原点建立航行体坐标系，原因是空化器不产生关于该点的力矩，并且俯仰角速率对空化器的流体动力没有影响，从而得到更简单的方程。沿着航行体轴线建立 x_b 轴，方向指向航行体运动前方，y_b 轴与 z_b 轴的方向根据右手定则确定。

超空泡航行体动力学模型和参考系如图 3-3 所示。

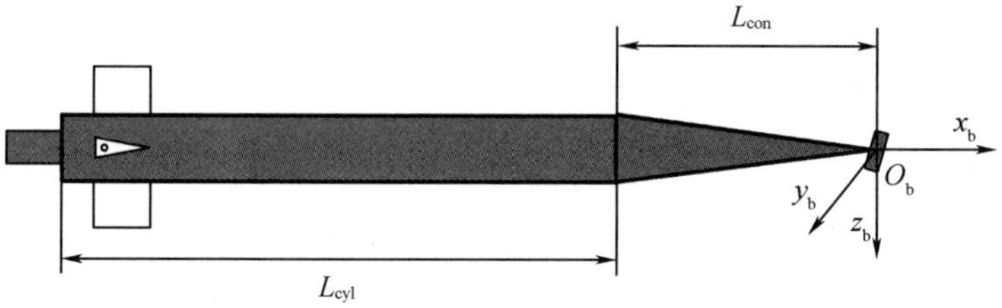

图 3-3　超空泡航行体动力学模型和参考系

航行体坐标系（$O_bx_by_bz_b$）与地面坐标系（$O_ex_ey_ez_e$）的关系如图 3-4 所示。

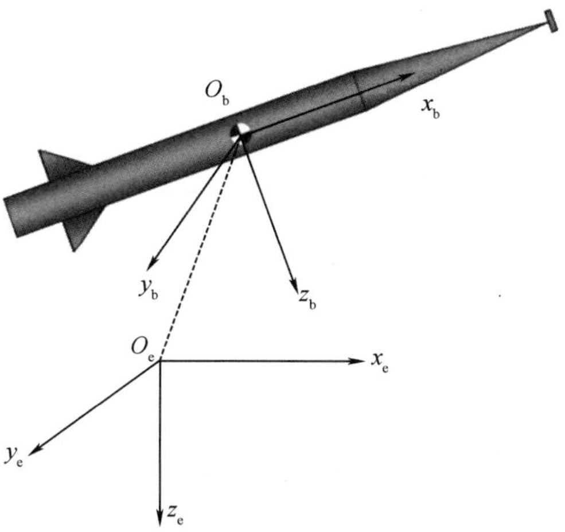

图 3-4　航行体坐标系与地面坐标系的关系

3. 速度坐标系

速度坐标系 $Ox_1y_1z_1$ 的坐标原点与航行体质心固连，Ox_1 轴与航行体质心处速度矢量重合，Oy_1 轴垂直于 Ox_1 轴与位于航行体纵对称面内的垂直于 Ox_1 轴的直线所组成的平面，Oz_1 轴垂直于 Ox_1y_1 平面，指向按右手定则确定。速度坐标系如图 3-5 所示。

4. 空化器坐标系

空化器只有一个自由度。它只能在纵平面内绕着平行于 Oy 轴的轴线旋转，此处定义一个空化器坐标系 $C(c_1, c_2, c_3)$，它的原点固定在 Ox 轴某处，如图 3-6 所示。C 为空化器的旋转中心，Cc_1 与 Ox 轴重合，Cc_2 与 Cc_3 分别平行于航行体坐标系的 Oy 轴与 Oz 轴。当空化器相对于 Ox 轴有偏转时，偏转角用 δ_c 表示，逆时针偏转形成的角为正角。

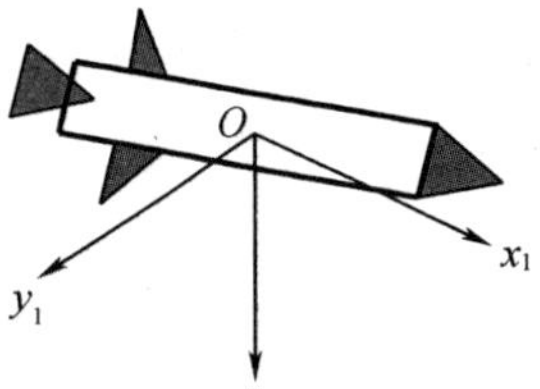

图 3-5　速度坐标系

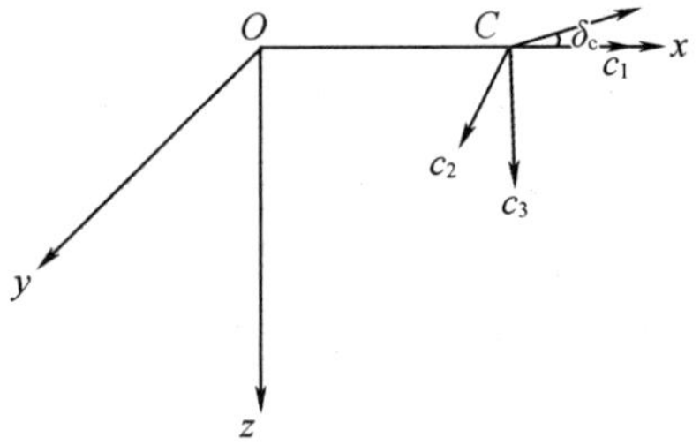

图 3-6　空化器坐标系

5. 尾舵坐标系

尾舵位于航行体的尾部，尾舵的偏转改变尾舵的沾湿面积，从而可以改变升力及阻力的大小，这里与空化器类似，只考虑尾舵的相对于航行体 Oy 轴的一个自由度。尾舵坐标系的定义与空化器坐标系的定义类似，F_1 为尾翼的旋转中心，F_1f_1 与航行体坐标系的 Ox 轴平行，F_1f_2 在航行体坐标系的 Oy 轴上，F_1f_3 与航行体坐标系的 Oz 轴平行。F_2f_1 与航行体坐标系的 Ox 轴平行，F_2f_2 在航行体坐标系的 Oy 轴的反方向上，F_2f_3 与航行体坐标系的 Oz 轴平行。当尾舵相对于 Ox 有偏转时，偏转角用 δ_{f1}、δ_{f2} 表示，逆时针偏转形成的角为正角。

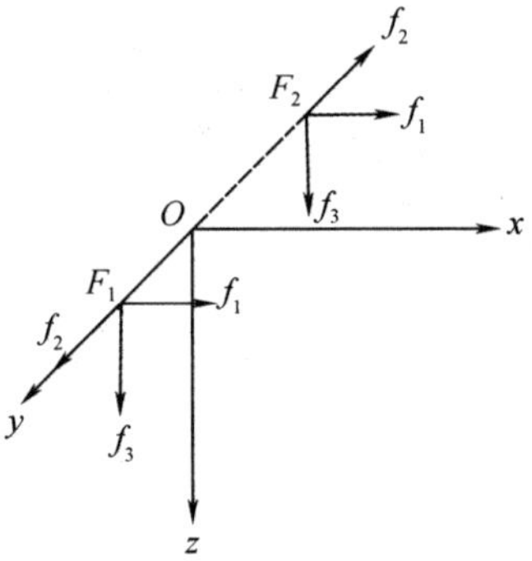

图 3-7　尾舵坐标系

3.1.2　超空泡航行体的运动参数

1. 超空泡航行体的位移参数

超空泡航行体在水下运动时，其重心 G 的坐标记为(ξ_G, η_G, ζ_G)。超空泡航行体重心 G

的速度记为 $\boldsymbol{U}_G$，在固定坐标系 $E\xi$、$E\eta$、$E\zeta$ 轴上的投影依次记为 $U_{G\xi}$、$U_{G\eta}$、$U_{G\zeta}$，即

$$\boldsymbol{U}_G=[U_{G\xi}\quad U_{G\eta}\quad U_{G\zeta}]^{\mathrm{T}}=[\dot{\xi}_G\quad \dot{\eta}_G\quad \dot{\zeta}_G]^{\mathrm{T}} \tag{3-1}$$

相应地，航行体上各点的速度 $\boldsymbol{U}$ 可用它在 $E\xi$、$E\eta$、$E\zeta$ 轴上的投影 U_ξ、U_η、U_ζ 表示为

$$\boldsymbol{U}=[U_\xi\quad U_\eta\quad U_\zeta]^{\mathrm{T}}=[\dot{\xi}\quad \dot{\eta}\quad \dot{\zeta}]^{\mathrm{T}} \tag{3-2}$$

航行体所受到的外力 $\boldsymbol{F}$ 在固定坐标系 $E\xi$、$E\eta$、$E\zeta$ 轴上的投影依次为 F_ξ、F_η、F_ζ，即

$$\boldsymbol{F}=[F_\xi\quad F_\eta\quad F_\zeta]^{\mathrm{T}} \tag{3-3}$$

航行体所受的外力矩 $\boldsymbol{M}$ 在固定坐标系 $E\xi$、$E\eta$、$E\zeta$ 轴上的投影依次为 M_ξ、M_η、M_ζ，即

$$\boldsymbol{M}=[M_\xi\quad M_\eta\quad M_\zeta]^{\mathrm{T}} \tag{3-4}$$

航行体重心速度 $\boldsymbol{U}_G$ 在航行体坐标系 Ox、Oy、Oz 轴上的投影依次为 u_G、v_G、ω_G，即

$$\boldsymbol{U}_G=[u_G\quad v_G\quad \omega_G]^{\mathrm{T}} \tag{3-5}$$

相应地，航行体上各点的速度 $\boldsymbol{U}$ 在航行体坐标系 O_x、O_y、O_z 上的投影依次为 u、v、ω，即

$$\boldsymbol{U}=[u\quad v\quad \omega]^{\mathrm{T}} \tag{3-6}$$

式中，u 为航行体纵向速度；v 为航行体横向速度；ω 为航行体垂向速度。

2. 超空泡航行体的姿态角

超空泡航行体坐标系与固定坐标系之间的关系可用超空泡航行体的三个姿态角表示。固定坐标系经过三次转动可以与航行体坐标系重合(在初始原点重合的情况下)，三次转动依次为：绕 $E\zeta$ 轴转动 ψ，绕 Oy'轴转动 θ，绕 Ox 轴转动 φ。坐标变换如图 3-8 所示。

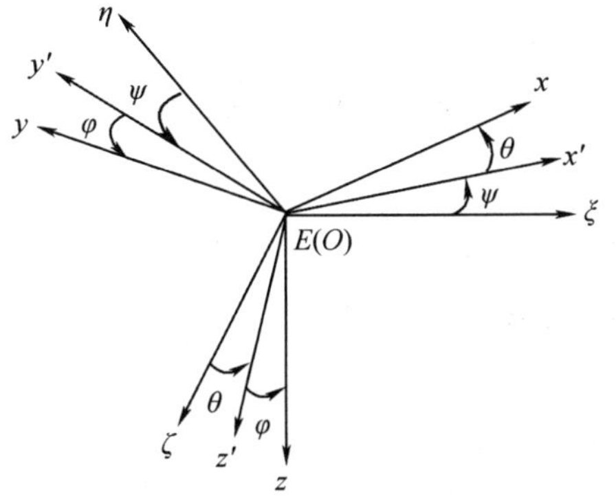

图 3-8　坐标变换示意图

在图 3-8 中，ψ 为首向角(偏航角)，超空泡航行体逆时针偏航为正；θ 为纵倾角(俯仰角)，超空泡航行体抬头为正；φ 为横倾角，以航行体向右滚动为正(从航行体尾部观察)。

攻角 α 是超空泡航行体重心速度向量在航行体纵对称面的投影与航行体纵轴(Ox)之间的夹角，以纵轴之下为正。

侧滑角 β 是超空泡航行体重心速度向量与航行体纵对称面之间的夹角，处于对称面之右为正。

超空泡航行体的旋转角速度向量记为 $\boldsymbol{\Omega}$，$\boldsymbol{\Omega}$ 在固定坐标系 $E\xi$、$E\eta$、$E\zeta$ 轴上的投影依次为 Ω_ξ、Ω_η、Ω_ζ，即

$$\boldsymbol{\Omega}=[\Omega_\xi \quad \Omega_\eta \quad \Omega_\zeta]^{\mathrm{T}} \tag{3-7}$$

同样,式(3-7)所示的航行体绕某轴的旋转角速度 $\boldsymbol{\Omega}$ 用它在航行体坐标系 x、y、z 轴上的投影分量 p、q、r 表示,则有

$$\boldsymbol{\Omega}=[p \quad q \quad r]^{\mathrm{T}} \tag{3-8}$$

式中,p 为横倾角速度;q 为纵倾角速度;r 为偏航角速度。

3.1.3 坐标系变换矩阵

地面坐标系原点平移到航行体重心称为平移坐标系,因此平移坐标系、航行体坐标系和速度坐标系在空间的相对位置可有姿态角(ψ,θ,φ)和动力角(α,β)等,根据这些坐标系之间的定义,可以推导出坐标系之间的转换关系。

航行体坐标系到平移坐标系之间的旋转变换矩阵为

$$\boldsymbol{S}=\begin{bmatrix}\cos\psi\cos\theta & \cos\psi\sin\theta\sin\varphi-\sin\psi\cos\varphi & \cos\psi\sin\theta\cos\varphi+\sin\psi\sin\varphi\\ \sin\psi\cos\theta & \sin\psi\sin\theta\sin\varphi+\cos\psi\cos\varphi & \sin\psi\sin\theta\cos\varphi-\cos\psi\sin\varphi\\ -\sin\theta & \cos\theta\sin\varphi & \cos\theta\cos\varphi\end{bmatrix} \tag{3-9}$$

确定重心速度向量 $\boldsymbol{U}_G$ 在航行体坐标系中的方向需要两个流体动力角——攻角 α 和侧滑角 β,其含义与常规水下潜器相同,速度坐标系与航行体坐标系之间的变换矩阵如下:

$$\boldsymbol{C}_{Ox_1y_1z_1}^{Oxyz}=\begin{bmatrix}\cos\beta\cos\alpha & \cos\alpha\sin\beta & -\sin\alpha\\ \sin\beta & \cos\beta & 0\\ \cos\beta\sin\alpha & \sin\alpha\sin\beta & \cos\alpha\end{bmatrix} \tag{3-10}$$

3.2 空化器受力

空化器只有一个自由度,只能绕着平行于 Oy 的轴旋转。空化器的偏转角定义为 δ_{c},当空化器绕着 Oy 轴正向逆时针旋转时定义为正。由于空化器的几何尺寸相对于整个航行体很小,因此,认为空化器的转动中心与其几何中心重合。

作用在空化器上的力主要是流体动力提供的升力和阻力,升力沿着升力轴方向,阻力沿着速度轴的反方向。空化器上的升力系数 cl_{c} 和阻力系数 cl_{d} 是攻角的函数。相关学者给出了作用在圆盘形空化器上的准定常水动力系数的计算公式:

$$\begin{cases}cl_{\mathrm{d}}=0.82(1+\sigma)\cos^2(\alpha+\delta_{\mathrm{c}})\\ cl_{\mathrm{c}}=0.82(1+\sigma)\cos(\alpha+\delta_{\mathrm{c}})\sin(\alpha+\delta_{\mathrm{c}})\end{cases} \tag{3-11}$$

式中,σ 为空化数;α 为航行体的攻角;δ_{c} 为空化器的偏转角。

作用在空化器上的升力 L_{c} 和阻力 D_{c} 的表达式分别为

$$L_{\mathrm{c}}=\frac{1}{2}\rho V_{\mathrm{c}}^2S_{\mathrm{c}}cl_{\mathrm{c}}=\frac{1}{2}\rho V_{\mathrm{c}}^2S_{\mathrm{c}}0.82(1+\sigma)\cos(\alpha+\delta_{\mathrm{c}})\sin(\alpha+\delta_{\mathrm{c}}) \tag{3-12}$$

$$D_{\mathrm{c}}=\frac{1}{2}\rho V_{\mathrm{c}}^2S_{\mathrm{c}}cl_{\mathrm{d}}=\frac{1}{2}\rho V_{\mathrm{c}}^2S_{\mathrm{c}}0.82(1+\sigma)\cos^2(\alpha+\delta_{\mathrm{c}}) \tag{3-13}$$

式(3-12)和式(3-13)中,ρ 为流体的密度;V_{c} 为空化器的速度,可认为与航行体重心

的速度 U_G 相等；S_c 为空化器的最大截面面积。

当空化器有偏转角 δ_c 时，可以得到作用在空化器上的流体动力沿超空泡航行体坐标系 x、z 轴方向的分力，即

$$F_{c,x}=-L_c\sin(\delta_c-\alpha)-D_c\cos(\alpha-\delta_c) \tag{3-14}$$

$$F_{c,z}=-L_c\cos(\delta_c-\alpha)-D_c\sin(\alpha-\delta_c) \tag{3-15}$$

空化器上的升力作用在空化器的压力中心上，假设空化器的压力中心在 Ox 轴上且空化器没有发生偏转，那么它在航行体坐标系下的坐标记为$(x_c,0)$，当空化器有偏转角时，其坐标会发生变化，但是这个变化量相对于航行体的整个长度是一个很小的量，因此空化器上的升力相对于航行体重心的转动力矩为

$$M_{c,y}=x_c[D_c\sin(\alpha-\delta_c)+L_c\cos(\delta_c-\alpha)] \tag{3-16}$$

空化器受到的侧向流体作用力及其产生的力矩分别为

$$F_c=0.5\rho V^2Sc_y^n(\delta_c+\beta) \tag{3-17}$$

$$M_y^n=-0.5\rho V^2Sc_y^n\delta_cL_c \tag{3-18}$$

式(3-17)和式(3-18)中，ρ 为流体密度；V 为航行体的速度；S 为航行体特征面积；c_y^n 为空化器的升力系数的位置导数；δ_c 为空化器的偏转角；β 为侧滑角。

3.3　尾舵控制面受力

尾舵控制面位于航行体的尾部 2/3 处，控制面的方向与 Oy 轴重合，偏转角由 δ_{f1} 和 δ_{f2} 来表示，作用在控制面上的升力 L_f 和阻力 D_f 可分别表示为

$$\begin{cases} L_f=\dfrac{1}{2}\rho V^2Scl_f \\ D_f=\dfrac{1}{2}\rho V^2Scd_f \end{cases} \tag{3-19}$$

式中，cl_f 和 cd_f 分别为控制面上的升力系数与阻力系数，它们可以通过 CFD 计算得出；S 为控制面的最大截面面积；V 为航行体的速度；ρ 为水的密度。

利用与计算作用在空化器上的流体动力在航行体坐标系下的表达式类似的方法，可得到航行体坐标系下作用在尾部控制面上的阻力和升力的表达式，分别为

$$F_{f1,x}=-D_{f1}\cos\beta_{f1} \tag{3-20}$$

$$F_{f2,x}=-D_{f2}\cos\beta_{f2} \tag{3-21}$$

$$F_{f1,z}=L_{f1}\cos(\delta_{f1}-\alpha_{f1})-D_{f1}\cos\beta_{f1}\sin(\delta_{f1}-\alpha_{f1}) \tag{3-22}$$

$$F_{f2,z}=-L_{f2}\cos(\delta_{f2}-\alpha_{f2})-D_{f2}\cos\beta_{f2}\sin(\alpha_{f2}-\delta_{f2}) \tag{3-23}$$

式(3-20)至式(3-23)中，δ_{f1}、δ_{f2}，α_{f1}、α_{f2}，β_{f1}、β_{f2} 分别为两个尾舵控制面的偏转角、攻角和侧滑角；D_{f1}、D_{f2} 为作用在两个尾舵控制面上的阻力。

与空化器上升力相对于航行体重心的转动力矩类似，作用在控制面上的升力对重心的转动力矩为

$$M_{f1,y}=-z_{f1}D_{f1}\sin\beta_{f1}-x_{f1}L_{f1}\cos(\delta_{f1}-\alpha_{f1})+x_{f1}D_{f1}\cos\beta_{f1}\sin(\delta_{f1}-\alpha_{f1}) \tag{3-24}$$

$$M_{f2,y}=-z_{f2}D_{f2}\sin\beta_{f2}+x_{f2}L_{f2}\cos(\delta_{f2}-\alpha_{f2})+x_{f2}D_{f2}\cos\beta_{f2}\sin(\alpha_{f2}-\delta_{f2}) \tag{3-25}$$

式(3-24)和式(3-25)中,x_{f1}、z_{f1}、x_{f2},z_{f2} 分别为两个控制面在航行体坐标系下 Ox 轴与 Oz 轴上的坐标分量。

航行体尾舵受力分为上直舵侧向力和下直舵侧向力。

上直舵侧向力为

$$F_{\mathrm{sd}}=0.5\rho V^2 Sc_z^{\mathrm{sd}}\left(\delta_{fs}-\beta-\frac{\omega_y L_f}{V}\right) \tag{3-26}$$

式中,c_z^{sd} 为上直舵侧向力系数的位置导数;δ_{fs} 为上直舵舵角;β 为航行体的侧滑角;ω_y 为航行体的角速度;L_f 为作用在控制面上的升力。

上直舵侧向力产生的力矩为

$$M_y^{\mathrm{sd}}=F_{\mathrm{sd}}L_f \tag{3-27}$$

下直舵侧向力为

$$F_{\mathrm{xd}}=0.5\rho V^2 Sc_z^{\mathrm{xd}}\left(\delta_{fx}-\beta-\frac{\omega_y L_f}{V}\right) \tag{3-28}$$

式中,c_z^{xd} 是下直舵侧向力系数的位置导数;δ_{fx} 是下直舵舵角;ρ 为水的密度;V 为航行体的速度;S 为航行体特征面积。

下直舵侧向力产生的力矩为

$$M_y^{\mathrm{xd}}=F_{\mathrm{xd}}L_f \tag{3-29}$$

3.4 重　　力

为了简化处理,假定航行体的质量(m)是不随时间改变的常量。重力的方向沿着 $E\xi$ 轴,重力在航行体坐标系下的表达式为

$$F_{\mathrm{grav},x}=mg\sin\theta \tag{3-30}$$

$$F_{\mathrm{grav},z}=mg\cos\theta \tag{3-31}$$

式中,θ 为俯仰角。

由于将航行体坐标系的原点取在航行体的重心,所以重力矩为零。当航行体坐标系的原点在空化器的几何重心时,重力矩不为零。由重力产生的相应俯仰力矩为

$$M_{\mathrm{grav}}^z=mg\cos\theta\cdot(-x_{\mathrm{g}}) \tag{3-32}$$

式中,x_{g} 为重心坐标。

3.5 非线性滑行力

3.5.1 不考虑时滞的滑行力

超空泡航行体的操纵动力学可以大致分为三相运动:在空泡中航行、滑行、间断的尾

拍。后两种运动是由尾截面与空泡壁相互作用产生接触力而引起的。对于作用在超空泡航行体上部分气窗的力和力矩，Hassan 提出了相关理论。这个理论植根于 Wagner 的滑行理论并且对 Logvinovich 理论进行了详细的探讨。它首先提出附加黏性修正的基础理论，然后对以下两种特殊的情况计算力和压力中心。

(1)圆柱在平面上滑行。

(2)圆柱在曲面上滑行。

依据 Wagner 的理论，将空泡的滑行近似为一个圆柱形自由流表面，那么垂直于圆柱形航行体纵轴的滑行力可以表示为

$$F_{\mathrm{p}}=\frac{1}{2}\pi\rho V^{2}R^{2}\sin\gamma\cos\gamma\left[1-\left(\frac{R-r}{h_{0}+R-r}\right)^{2}\right]\left(\frac{r+h_{0}}{r+2h_{0}}\right) \tag{3-33}$$

式中，R 为航行体的半径(在滑行区域认为是常量)；r 为空泡的半径；γ 为航行体中心线与空泡中心线的夹角；h_0 为垂直于空泡中心线方向的航行体的浸湿深度；ρ 为水的密度；V 为航行体的速度。

类似地，滑行力关于纵切面的转动力矩可以表示为

$$M_{\mathrm{p}}=\frac{1}{2}\pi\rho V^{2}R^{2}\cos\gamma\cos\gamma\left(\frac{h_{0}^{\ 2}}{h_{0}+R-r}\right)\left(\frac{r+h_{0}}{r+2h_{0}}\right) \tag{3-34}$$

图 3-9 为当空化器偏转角在-10°~10°按正弦规律变化、弹体攻角在-5°~5°按正弦规律变化、航行速度恒定时，滑行力的变化情况。

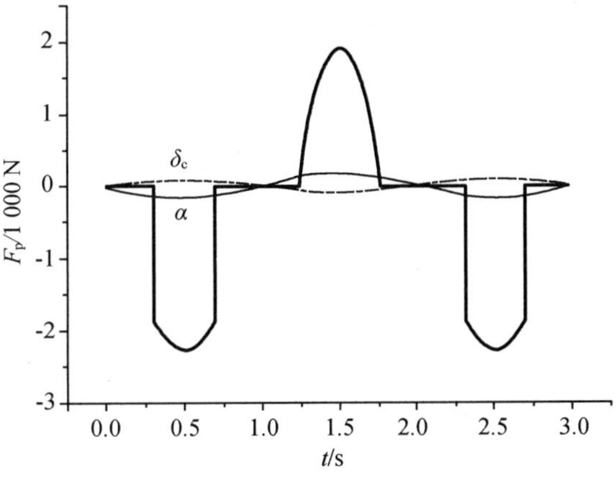

图 3-9　滑行力的变化情况

由图 3-9 可以看出，滑行力的产生是跳跃的，当空化器偏转角和弹体攻角很小时，由于弹体尾部与空泡之间没有相互作用，因此滑行力为零；当空化器转角及弹体攻角变化到一定数值时，滑行力产生，数值逐渐变化可以达到几千牛顿，仿真结果与实验所观察到的情况相符。可见，控制空化器偏转角及弹体攻角在一定的范围内，就可以保证滑行力提供数值一定的升力。因而，在航行体速度恒定的情况下，只要对空化器偏转角及弹体攻角进行控制，就可以控制滑行力的大小和方向。

同时，由于航行体尾部穿透空泡壁与流体接触，因而产生黏性摩擦力(F_f)及其力矩(M_f)，具体可以表示为

$$F_f=\frac{1}{2}\rho V^2\cos^2\gamma C_{\mathrm{D}}S_{\mathrm{w}} \tag{3-35}$$

式中，S_{w} 为沾湿面积，且

$$S_{\mathrm{w}}=\frac{R^2}{8\Delta\tan\gamma}\left[2\left(R-\frac{8\Delta h_0}{R}\right)\arcsin\left(\sqrt{1-\frac{4\Delta h_0}{R^2}}\right)-32\Delta\sqrt{\Delta h_0}-16\frac{\Delta}{R}(2h_0+\Delta)\arcsin\left(\frac{\Delta+h_0}{\Delta-h_0}\right)-\right.$$
$$\left.R\pi+4\sqrt{\Delta h_0}\sqrt{1-\frac{4\Delta h_0}{R^2}}+8\pi\frac{\Delta}{R}(2h_0+\Delta)\right] \tag{3-36}$$

$$M_f=\frac{4}{3}\rho V^2\cos^2\gamma C_{\mathrm{D}}l\left[3\frac{\Delta}{h_0}\arctan\left(\sqrt{\frac{h_0}{\Delta}}\right)(R^2+2R\Delta+2\Delta^2)+(2\Delta+R)\sqrt{\Delta h_0}-3\sqrt{\frac{\Delta}{h_0}}\cdot\right.$$
$$\left.(R^2+2\Delta^2)-6R\sqrt{\Delta}\frac{\Delta}{h_0}\right] \tag{3-37}$$

式中，$\Delta=R-r$；C_{D} 为阻力系数。

航行体尾部与空泡碰撞产生的滑行力为

$$F_{\mathrm{p}}=-\pi\rho V^2r_{\mathrm{ke}}^2\sin\alpha_{\mathrm{w}}\cos\alpha_{\mathrm{w}}\left(\frac{R_{\mathrm{b}}+h_{\mathrm{e}}}{R_{\mathrm{b}}+2h_{\mathrm{e}}}\right)\left[1-\left(\frac{\xi}{\xi+h_{\mathrm{e}}}\right)^2\right] \tag{3-38}$$

式中，ξ 为壳体尾端面空泡半径与壳体半径之差；r_{ke}、R_{b} 分别为壳体尾端面空泡半径与壳体半径；h_{e} 为浸没深度；α_{w} 为浸没角度。ξ、h_{e}、α_{w} 的具体介绍见下文。

F_{p} 是总滑行力，所以超空泡航行体在侧向的滑行力 F_{pz} 为总滑行力在 Oz_{b} 坐标轴方向的分量：

$$F_{\mathrm{pz}}=-\pi\rho V^2r_{\mathrm{ke}}^2\sin\alpha_{\mathrm{w}}\cos\alpha_{\mathrm{w}}\left(\frac{R_{\mathrm{b}}+h_{\mathrm{e}}}{R_{\mathrm{b}}+2h_{\mathrm{e}}}\right)\left[1-\left(\frac{\xi}{\xi+h_{\mathrm{e}}}\right)^2\right]\sin\theta_{\mathrm{sp}} \tag{3-39}$$

$$\xi=r_{\mathrm{ke}}-R_{\mathrm{b}} \tag{3-40}$$

$$h_{\mathrm{e}}=R_{\mathrm{b}}+\sqrt{R_{1y}^2+R_{1z}^2}-r_{\mathrm{ke}} \tag{3-41}$$

$$\alpha_{\mathrm{w}}=\arctan\frac{h_{\mathrm{e}}}{l_{\mathrm{w}}} \tag{3-42}$$

式(3-39)至式(3-42)中，ξ 是壳体尾端面空泡半径与壳体半径之差；r_{ke}、R_{b} 分别为壳体尾端面空泡半径与壳体半径；h_{e} 是浸没深度；R_{1y}、R_{1z} 分别为航行体尾部空泡截面中心坐标；α_{w} 是浸没角度；l_{w} 是沾湿长度；θ_{sp} 是滑行力作用点所在横截面壳体与空泡的接触角，也是航行体中心与空泡中心连线和航行体坐标系 Oy_{b} 轴的夹角，如图 3-10 所示。

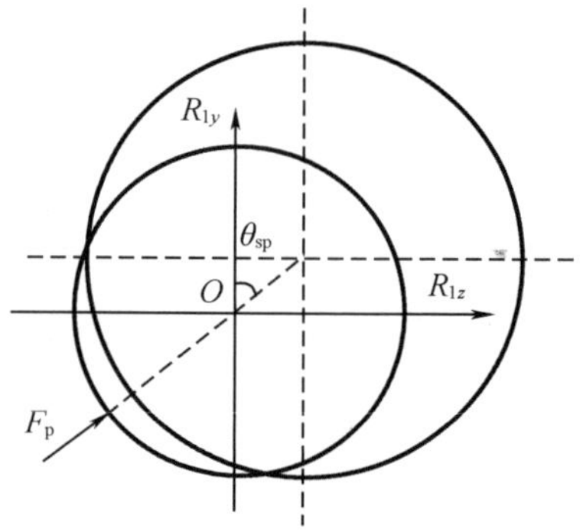

图 3-10　航行体尾部与空泡相对位置

则滑行力产生的力矩为

$$M_{pz}=F_{pz}L_f \tag{3-43}$$

3.5.2　考虑时滞的滑行力

由于航行体所受滑行力具有死区的特性,因此航行体动力学模型会出现变参数,从而导致仿真和控制器设计具有较大的难度。线性变参数航行体系统模型可以解决这种问题,通过公式推导确定参数的变化范围,并对其进行限制,最终化作 LPV 系统模型形式。

计算非线性的滑行力,首先定义航行体尾部浸入深度 h'和浸没角度 α_p:

$$h'=\begin{cases}\dfrac{1}{R}[z(t)+\theta L-z(t-\tau)+R-R_c]\\0\\\dfrac{1}{R}[R-R_c-z(t)-\theta L+z(t-\tau)]\end{cases} \tag{3-44}$$

$$\alpha_p=\begin{cases}\theta-\theta(t-\tau)+\dfrac{\omega(t-\tau)-\dot{R}_c}{V}\\0\\\theta-\theta(t-\tau)+\dfrac{\omega(t-\tau)+\dot{R}_c}{V}\end{cases} \tag{3-45}$$

式(3-44)和式(3-45)中,θ 为航行体的俯仰角; τ 为航行体的时延时间;ω 为航行体质心的纵向速度;V 为航行体前向速度;$\dot{R}_c$ 为出现滑行力位置的空泡半径的收缩率;z 为航行体质心的纵向位移;L 为航行体的长度;R 为航行体的半径;R_c 为空泡半径;t 为航行时间。

定义:

$$R'=\frac{R_c-R}{R}$$

$$\dot{R}_c=-\frac{20}{17}\left(0.82\,\frac{1+\sigma}{\sigma}\right)^{1/2}V\left(1-\frac{4.5\sigma}{1+\sigma}\right)K_1^{23/17}/K_2\left(\frac{1.92}{\sigma}-3\right)$$

$$R_c=R_n\left(0.82\,\frac{1+\sigma}{\sigma}\right)^{1/2}K_2(R_n\ \text{为空化器半径})$$

$$K_2=\left[1-\left(1-\frac{4.5\sigma}{1+\sigma}\right)K_1^{40/17}\right]^{1/2}$$

$$K_1=\frac{L}{R_n}\left(\frac{1.92}{\sigma}-3\right)^{-1}-1$$

在航行体浸没深度和浸没角度的表达式中,当 $z(t)+\theta L-z(t-\tau)>R-R_c$ 时,表示航行体尾部与空泡下壁接触,反之与空泡上壁接触;当 $z(t)+\theta L-z(t-\tau)=R-R_c$ 时,表示航行体在空泡内部不与空泡壁接触。

定义时滞滑行力公式如下:

$$F_p=-\frac{V^2}{mL}\frac{1+h'}{1+2h'}\left[1-\left(\frac{R'}{h'+R'}\right)^2\right]\alpha_p \tag{3-46}$$

式中，m 为航行体质量。

对时滞滑行力进行分解，定义参数如下：

$$\gamma_1=\frac{1+h'}{1+2h'}\left[1-\left(\frac{R'}{h'+R'}\right)^2\right] \tag{3-47}$$

$$\gamma_2=\begin{cases}-\dfrac{\dot{R}_c}{V_m}(\text{与空泡下壁接触,其中 } V_m \text{ 为航行体最大的航行速度})\\ 0\\ \dfrac{\dot{R}_c}{V_m}(\text{与空泡上壁接触})\end{cases} \tag{3-48}$$

$$\gamma_3=z(t)+\theta(t)L-z(t-\tau) \tag{3-49}$$

$$\pi_1=\frac{V_m^2\gamma_1}{mL},\pi_2=\frac{\gamma_2}{\gamma_3},\pi_3=\pi_1\pi_2 \tag{3-50}$$

根据上述参数将滑行力转换为向量形式：

$$F_p=\begin{bmatrix}-\pi_3\\0\\-\pi_1-\pi_3L\\0\end{bmatrix}^T\begin{bmatrix}z(t)\\\omega(t)\\\theta(t)\\q(t)\end{bmatrix}+\begin{bmatrix}\pi_3\\-\dfrac{\pi_1}{V_m}\\\pi_1\\0\end{bmatrix}^T\begin{bmatrix}z(t-\tau)\\\omega(t-\tau)\\\theta(t-\tau)\\q(t-\tau)\end{bmatrix} \tag{3-51}$$

式中，π_1 的范围取决于实际滑行力的大小，根据水洞实验可知，滑行力最大幅值为 865.625 N，故 $\pi_1\in[0,\ 865.625]$，而 π_3 的范围可由 π_1、π_2 共同决定；根据 π_2 的定义，摄动量 R_c 的变化是影响 π_2 大小的主要因素；根据 γ_2 和 γ_3 的定义可知，它们的符号均由滑行力方向决定，所以 π_2 符号为正，且取值范围如下：

$$\pi_2\in\left[0,-\frac{\dot{R}_c}{V_m(R_c-R)}\right] \tag{3-52}$$

设定航行体处于巡航状态，计算出系统无摄动情况下 $\pi_3\in[0,\ 996.73]$。

3.5.3 超空泡航行体简化滑行力模型

针对超空泡航行体在巡航阶段可能会受到强非线性滑行力的影响，以及伴随噪声干扰影响航行体状态等问题，我们可设计简化滑行力的超空泡航行体纵向动力学模型。由于模型中影响滑行力状态的变量很多，并且时滞效应对航行体稳定性的影响主要体现在滑行力上，因此滑行力建模过程较为复杂，不利于设计控制方法。但是航行体在水下巡航过程中相对稳定且可以预测，水洞实验也证明了滑行力存在变化范围，当航行体处在水平直航状态时，对滑行力进行简化有一定的实际依据，针对简化滑行力后的纵向动力学模型进行控制器设计也更加方便，这对航行体控制律的设计及稳定航行有重要意义。

首先对浸没深度公式进行简化，其次对航行体尾部的浸没角度进行简化计算，在确定了浸没深度和浸没角度的最大范围之后，对含有浸没深度和浸没角度的复合计算项进行化简，最后将航行体尾部浸没深度、浸没角度及含有浸没深度和浸没角度复合项的化简结果

代入滑行力的计算模型中，获得简化的滑行力模型。依据已有文献内容，滑行力的表达式可以写成

$$F_p = -\frac{V^2}{mL}\frac{1+h'}{1+2h'}\left[1-\left(\frac{R'}{h'+R'}\right)^2\right]\alpha_p \tag{3-53}$$

式中，浸没深度 h' 和浸没角度 α_p 在考虑空泡的时滞效应时的计算方法如下：

$$h' = \begin{cases} \dfrac{1}{R}[z(t)+\theta L-z(t-\tau)+R-R_c] \\ 0 \\ \dfrac{1}{R}[R-R_c-z(t)-\theta L+z(t-\tau)] \end{cases}$$

$$\alpha_p = \begin{cases} \theta-\theta(t-\tau)+\dfrac{\omega(t-\tau)-\dot{R}_c}{V} \\ 0 \\ \theta-\theta(t-\tau)+\dfrac{\omega(t-\tau)+\dot{R}_c}{V} \end{cases}$$

对于结构已知的航行体，其结构参数为已知且固定的，参数中 R、L 及 R_n 为常数。对于水平直航状态，前向速度恒定的航行体，其中运动参数 V 和空化数 σ 均为常数。又因为在航行体水平直航状态时，航行体质心的纵向位移基本保持不变，即 $z(t)-z(t-\tau)\approx 0$，因此在水平直航时，浸没深度可以化简为

$$h' = \begin{cases} \dfrac{1}{R}(\theta L+R-R_c) \\ 0 \\ \dfrac{1}{R}(R-R_c-\theta L) \end{cases} \tag{3-54}$$

另外，由于在水平直航状态下，航行体的俯仰角在一个角度范围内变化，因此可以获得航行体尾部的浸没深度在 $[h'_{min}, h'_{max}]$ 内变化。对于滑行力的浸没角度，当航行体水平直航时，$\omega(t-\tau)\approx 0$，因此可以对浸没角度进行进一步化简。最终滑行力的化简结果如下：

$$F_p = \begin{cases} -\dfrac{V^2}{2mL}[\theta-\theta(t-\tau)+0.04] \\ 0 \\ -\dfrac{V^2}{2mL}[\theta-\theta(t-\tau)-0.04] \end{cases} \tag{3-55}$$

3.6 超空泡航行体的纵平面运动模型

3.6.1 航行体坐标系原点位于航行体重心时的纵平面运动模型

由于只研究超空泡航行体在垂直平面内的运动,因此假设航行体的重心与浮心重合,只考虑航行体在纵对称面的受力。航行体在 Oz 方向上主要受由航行体质量而引起的向下的重力,以及由位于航行体头部的空化器和位于航行体尾部控制面提供的升力。航行体在 Ox 方向上的受力主要有空化器上的流体阻力、尾舵上的流体阻力(如果模型上安装有尾舵)、推力,如果航行体尾部与水接触还会产生流体的摩擦阻力。对于超空泡航行体的转动,只考虑航行体绕其 Oy 轴转动而产生的转动力矩,主要有空化器上升力相对于航行体重心产生的转动力矩。如果模型有尾舵,尾舵上升力也会产生相对于航行体重心的转动力矩,当航行体尾部有沾湿部分时,所产生的滑行力相对于重心也会产生转动力矩。另外,当航行体采用推力矢量进行控制,推力矢量相对于航行体纵轴有偏转角时,推力矢量在 Oz 轴方向上产生的分量,也会产生相应的转动力矩。

假设航行体是质量为常数的刚体,不考虑由于航行体转动而产生的附加质量,运用牛顿定律及式(3-14)、式(3-15)、式(3-20)、式(3-22)、式(3-23)、式(3-32)、式(3-33)、式(3-34)、式(3-36)可推导出运动的动力学方程为式(3-56)与式(3-57)。

$$\begin{aligned}m(\dot{u}+\omega q-vr)&=F_{\mathrm{c},x}+F_{\mathrm{pr},x}+F_f+F_{f1,x}+F_{f2,x}+F_{\mathrm{grav},x}\\&=-L_{\mathrm{c}}\sin(\delta_{\mathrm{c}}-\alpha)-D_{\mathrm{c}}\cos(\alpha-\delta_{\mathrm{c}})+F_{\mathrm{pr}}\cos\delta_{\mathrm{t}}+\frac{1}{2}\rho V^2\cos^2\gamma C_{\mathrm{D}}S_{\mathrm{w}}-\\&\quad D_{f1}\cos\beta_{f1}-D_{f2}\cos\beta_{f2}+mg\sin\theta\end{aligned}\tag{3-56}$$

$$\begin{aligned}m(\dot{\omega}+pv-uq)&=F_{\mathrm{c},z}+F_{\mathrm{pr},z}+F_{f1,z}+F_{f2,z}+F_{\mathrm{grav},z}+F_{\mathrm{planing}}\\&=L_{f1}\cos(\delta_{f1}-\alpha_{f1})-D_{\mathrm{c}}\cos\beta_{\mathrm{c}}\sin(\alpha_{\mathrm{c}}-\delta_{\mathrm{c}})-L_{\mathrm{c}}\cos(\delta_{\mathrm{c}}-\alpha_{\mathrm{c}})-D_{f1}\cos\beta_{f1}\cdot\\&\quad\sin(\delta_{f1}-\alpha_{f1})-D_{f2}\cos\beta_{f2}\sin(\alpha_{f2}-\delta_{f2})-L_{f2}\cos(\delta_{f2}-\alpha_{f2})+F_{\mathrm{pr}}\sin\delta_{\mathrm{t}}+\\&\quad mg\cos\theta+\frac{1}{2}\pi\rho V^2R^2\sin\gamma\cos\gamma\left[1-\left(\frac{R-r}{h_0+R-r}\right)^2\right]\left(\frac{r+h_0}{r+2h_0}\right)\end{aligned}\tag{3-57}$$

根据超空泡航行体坐标系的定义,Ox 轴和 Oy 轴均处于航行体的对称面内,因而惯性积 J_{xz} 和 J_{zy} 等于零,在 Ox 轴与航行体惯性主轴重合的情况下,$J_{xy}=0$。根据旋转运动的牛顿定律及式(3-16)、式(3-24)、式(3-25)、式(3-27)有

$$\begin{aligned}I_y\dot{q}+rp(I_x-I_z)&=M_{\mathrm{c},y}+M_{f1,y}+M_{f2,y}+M_{\mathrm{planing}}+M_{\mathrm{pr}}\\&=x_{\mathrm{c}}L_{\mathrm{c}}\cos(\delta_{\mathrm{c}}-\alpha_{\mathrm{c}})+x_{\mathrm{c}}D_{\mathrm{c}}\cos\beta_{\mathrm{c}}\sin(\alpha_{\mathrm{c}}-\delta_{\mathrm{c}})-x_{f1}[-D_{f1}\cos\beta_{f1}\sin(\delta_{f1}-\alpha_{f1})+\\&\quad L_{f1}\cos(\delta_{f1}-\alpha_{f1})]-z_{f1}D_{f1}\sin\beta_{f1}+x_{f2}[D_{f2}\cos\beta_{f2}\sin(\alpha_{f2}-\delta_{f2})+F_{\mathrm{pr}}l\sin\delta_{\mathrm{t}}+\\&\quad L_{f2}\cos(\delta_{f2}-\alpha_{f2})]-z_{f2}D_{f2}\sin\beta_{f2}+\frac{1}{2}\pi\rho V^2R^2\cos\gamma\cos\gamma\left(\frac{h_0^{\,2}}{h_0+R-r}\right)\left(\frac{r+h_0}{r+2h_0}\right)\end{aligned}\tag{3-58}$$

式中，I_x、I_y、I_z 分别为航行体绕三个航行体坐标轴的转动惯量；p、q、r 分别为航行体绕三个航行体坐标轴转动的角速度分量。

3.6.2　航行体坐标系原点位于空化器压心时的纵平面运动模型

纵平面内超空泡航行体受到的合力 F_{b}^{z} 与合力矩 M 具有如下形式：

$$F_{\mathrm{b}}^{z}=F_{\mathrm{grav}}^{z}+F_{\mathrm{fin}}^{z}+F_{\mathrm{cav}}^{z}+F_{\mathrm{plane}}^{z} \tag{3-59}$$

$$M^{z}=M_{\mathrm{grav}}^{z}+M_{\mathrm{fin}}^{z}+M_{\mathrm{plane}}^{z} \tag{3-60}$$

式中，F_{cav}^{z} 为空化器偏转产生的流体动力；F_{grav}^{z} 为航行体的自身重力；M_{grav}^{z} 为 F_{grav}^{z} 产生的力矩；F_{fin}^{z} 为尾舵偏转产生的流体动力；M_{fin}^{z} 为 F_{fin}^{z} 产生的力矩；F_{plane}^{z} 为滑行力；M_{plane}^{z} 为 F_{plane}^{z} 产生的力矩。整理并简化得到纵平面的运动模型为

$$\begin{gathered}\dot{z}=\omega\cos\theta-V\sin\theta\\ \dot{\theta}=q\end{gathered} \tag{3-61}$$

$$M_{\mathrm{I}}\begin{bmatrix}\dot{\omega}\\ \dot{q}\end{bmatrix}=A_{\mathrm{I}}\begin{bmatrix}\omega\\ q\end{bmatrix}+B_{\mathrm{I}}\begin{bmatrix}\delta_{f}\\ \delta_{\mathrm{c}}\end{bmatrix}+F_{\mathrm{grav}}^{z}+D_{\mathrm{I}}f_{\mathrm{p}} \tag{3-62}$$

3.7　超空泡航行体的侧平面运动模型

通过分析超空泡航行体水平面的运动特性，得到如下动力学方程：

$$\begin{gathered}mv(\omega_{y}-\dot{\beta})=-F_{z}\\ J\dot{\omega}_{y}=M_{y}\end{gathered} \tag{3-63}$$

$$\dot{\psi}=\omega_{y} \tag{3-64}$$

$$F_{z}=F_{\mathrm{c}}+F_{\mathrm{sd}}+F_{\mathrm{xd}}+F_{\mathrm{pz}} \tag{3-65}$$

$$M_{y}=M_{y}^{\mathrm{n}}+M_{y}^{\mathrm{sd}}+M_{y}^{\mathrm{xd}}+M_{\mathrm{pz}} \tag{3-66}$$

式(3-63)至式(3-66)中，m 为航行体质量；J 为航行体的转动惯量；F_z 为航行体受到的总侧向力；M_y 为航行体产生的合力矩；F_{c} 为空化器受力，M_{y}^{n} 为其产生的力矩；F_{sd} 为上直舵受力，M_{y}^{sd} 为其产生的力矩；F_{xd} 为下直舵受力，M_{y}^{xd} 为其产生的力矩；F_{pz} 为滑行力的侧向分力，M_{pz} 为其产生的力矩。此处，研究超空泡航行体的侧滑角 β、偏航角速度 ω_y、偏航角 ψ 三个状态。

将侧向运动的数学模型写成矩阵形式：

$$\begin{bmatrix}\dot{\beta}\\ \dot{\omega}_{y}\\ \dot{\psi}\end{bmatrix}=\begin{bmatrix}a_{11}&a_{12}&0\\ a_{21}&a_{22}&0\\ 0&1&0\end{bmatrix}\begin{bmatrix}\beta\\ \omega_{y}\\ \psi\end{bmatrix}+\begin{bmatrix}b_{11}&b_{12}&b_{13}\\ b_{21}&b_{22}&b_{23}\\ 0&0&0\end{bmatrix}\begin{bmatrix}\delta_{\mathrm{c}}\\ \delta_{\mathrm{fs}}\\ \delta_{\mathrm{fx}}\end{bmatrix}+\begin{bmatrix}d_{1}\\ d_{2}\\ 0\end{bmatrix}F_{\mathrm{pz}} \tag{3-67}$$

取控制输入 $\boldsymbol{u}=[\delta_{\mathrm{c}}\quad\delta_{\mathrm{fs}}\quad\delta_{\mathrm{fx}}]^{\mathrm{T}}$，状态变量 $\boldsymbol{x}=[\beta\quad w_{y}\quad\psi]^{\mathrm{T}}$，将数学模型表示成如下形式：

$$\dot{\boldsymbol{x}}=\boldsymbol{A}\boldsymbol{x}+\boldsymbol{B}\boldsymbol{u}+\boldsymbol{D}F_{\mathrm{pz}} \tag{3-68}$$

系数矩阵以及各元素计算公式为

$$\boldsymbol{A}=\begin{bmatrix} a_{11} & a_{12} & 0 \\ a_{21} & a_{22} & 0 \\ 0 & 1 & 0 \end{bmatrix},\boldsymbol{B}=\begin{bmatrix} b_{11} & b_{12} & b_{13} \\ b_{21} & b_{22} & b_{23} \\ 0 & 0 & 0 \end{bmatrix},\boldsymbol{D}=\begin{bmatrix} d_1 \\ d_2 \\ 0 \end{bmatrix}$$

其中

$$a_{11}=\frac{F_0(c_y^{\mathrm{n}}-c_z^{\mathrm{sd}}-c_z^{\mathrm{xd}})}{mv},a_{12}=1-\frac{F_0L_f(c_z^{\mathrm{sd}}+c_z^{\mathrm{xd}})}{mv^2}$$

$$a_{21}=-\frac{F_0L_f(c_z^{\mathrm{sd}}+c_z^{\mathrm{xd}})}{J},a_{22}=-\frac{F_0L_f^2(c_z^{\mathrm{sd}}+c_z^{\mathrm{xd}})}{Jv}$$

$$b_{11}=\frac{F_0c_y^{\mathrm{n}}}{mv},b_{12}=\frac{F_0c_z^{\mathrm{sd}}}{mv},b_{13}=\frac{F_0c_z^{\mathrm{xd}}}{mv}$$

$$b_{21}=-\frac{F_0c_y^{\mathrm{n}}L_c}{J},b_{22}=\frac{F_0c_z^{\mathrm{sd}}L_f}{J},b_{23}=\frac{F_0c_z^{\mathrm{xd}}L_f}{J}$$

$$d_1=\frac{1}{mv},d_2=\frac{L_f}{J}$$

$$F_0=0.5\rho v^2S \tag{3-69}$$

式(3-68)中包含具有强非线性特性的滑行力 F_{pz},该模型是一个非线性动力学模型。

3.8 超空泡航行体的六自由度运动模型

结合超空泡航行体的运动方程,并且运用牛顿第二定律,结合航行体上总的力及力矩的和,进行坐标轴分解,可以得到超空泡航行体的通用表达式:

$$\begin{cases} m(\dot{u}+q\omega-vr+gS\Theta)=X \\ m(\dot{v}+ru-p\omega-gC\Theta S\Phi)=Y \\ m(\dot{\omega}+pv-qu-gC\Theta C\Phi)=Z \end{cases} \tag{3-70}$$

$$\begin{cases} I_x\dot{p}+qr(I_z-I_y)=L \\ I_y\dot{q}+rp(I_x-I_z)=M \\ I_z\dot{r}+pq(I_y-I_x)=N \end{cases} \tag{3-71}$$

$$\begin{bmatrix} \dot{\Psi} \\ \dot{\Theta} \\ \dot{\Phi} \end{bmatrix}=\begin{bmatrix} 0 & \dfrac{S\Phi}{C\Theta} & \dfrac{C\Phi}{C\Theta} \\ 0 & C\Phi & -S\Phi \\ 1 & S\Phi\dfrac{S\Theta}{C\Theta} & C\Phi\dfrac{S\Theta}{C\Theta} \end{bmatrix}\begin{bmatrix} p \\ q \\ r \end{bmatrix} \tag{3-72}$$

$$\begin{bmatrix} \dot{x} \\ \dot{y} \\ \dot{z} \end{bmatrix}_E=\begin{bmatrix} C\Theta C\Psi & C\Theta S\Psi & -S\Theta \\ C\Psi S\Phi S\Theta-C\Phi S\Psi & S\Phi S\Theta S\Psi+C\Psi C\Phi & S\Phi C\Theta \\ C\Phi C\Theta C\Psi+S\Phi S\Psi & C\Phi S\Theta S\Psi-S\Phi C\Psi & C\Phi C\Theta \end{bmatrix}\begin{bmatrix} u \\ v \\ \omega \end{bmatrix} \tag{3-73}$$

这些运动方程和状态变量 x 相耦合，并且依赖控制变量。状态变量和控制变量如下：

$$\boldsymbol{x}=[u \quad v \quad \omega \quad p \quad q \quad r \quad \Psi \quad \Theta \quad \Phi \quad x \quad y \quad z]$$

$$\boldsymbol{u}=[\theta_{R1} \quad \theta_{R2} \quad \theta_{E1} \quad \theta_{E2} \quad \delta_{R1} \quad \delta_{R2} \quad \delta_{E1} \quad \delta_{E2} \quad \delta_{c} \quad F_{prop}]$$

参考文献

[1] 赵新华. 水下超高速航行体动力学建模与控制研究[D]. 哈尔滨:哈尔滨工程大学,2008.

[2] DZIELSKI J, KURDILA A. A benchmark control problem for supercavitating vehicles and an initial investigation of solutions[J]. Journal of Vibration and Control,2003, 9(7): 791-804.

[3] LIN G, BALACHANDRAN B, ABED E H. Dynamics and control of supercavitating vehicle[J]. Journal of Dynamic Systems, Measurement, and Control, 2008, 130(2): 1-11.

[4] LIN G, BALACHANDRAN B, ABED E H. Nonlinear dynamics and bifurcations of a supercavitating vehicle[J]. IEEE Journal of Oceanic Engineering, 2007, 32(4): 753-761.

[5] KIRSCHNER I N, KRING D C, STOKES A W,et al. Control strategies for supercavitating vehicles[J]. Journal of Vibration and Control,2002,8(2):219-242.

[6] DZIELSKI J E. Longitudinal stability of a supercavitating vehicle[J]. IEEE Journl of Oceanic Engineering, 2011, 36(4): 562-570.

[7] SAVCHENKO Y N. Modeling the supercavitation processes[J]. International Journal of Fluid Mechanics Research, 2001, 28(5): 16.

[8] SAVCHENKO Y N. Experimental study of the supercavitation flows at subsonic flow velocities[J]. Doklady AN Ukrainy, 1992(2): 64-69.

第4章　超空泡航行体的非线性动力学特性

超空泡航行体的非线性动力学特性体现在包裹航行体的通气空泡非线性和航行体动力学特性的非线性上。超空泡航行体非线性包括分叉、混沌等现象，对以上问题的研究是进行超空泡航行体稳定性及控制问题研究工作的基础。

4.1　非定常通气超空泡的非线性

通气空泡特有的不稳定过程是供气改变或停止时空泡的演变过程，实验表明，这一过程取决于空泡泄气的形式。引起通气空泡自感应振荡是一种不稳定现象，由于太多气体供给空泡，则空泡会变得不稳定。在这种情况下，波在空泡上兴起，并沿其长度和宽度脉动，通过空泡大部分(气袋)分离而实现空泡泄气。当空泡的通气率与泄气率相等或不相等时，都会出现空泡的不稳定现象。

4.1.1　通气率与泄气率相等时的稳定性分析

1. 摄动分析

采用基于 Logvinovich 空泡截面膨胀独立性原理的近似数学模型，对通气超空泡平衡点稳定性进行数值分析，其数学模型为

$$\begin{cases}\dfrac{\partial^2 S(\tau,t)}{\partial t^2}=-\dfrac{k_1\Delta p(\tau,t)}{\rho}\\ x(t)-l(t)\leqslant\xi\leqslant x(t)\\ S(\tau,\tau)=\dfrac{\pi D_n^2}{4}\\ \dfrac{\partial S(\tau,\tau)}{\partial t}=\dfrac{k_1 A}{4}D_n V\sqrt{C_x}\end{cases}\tag{4-1}$$

式中，$\Delta p(\tau,t)=p_\infty(\xi)+p_1(t)-p_c(t)$，为压力差，其中 $\tau\leqslant t$ 为截面 ξ 生成时间；ρ 为流体的密度；$x(t)$ 为空泡发生器当前绝对 x 坐标；$l(t)$ 为空泡长度；C_x 为空泡阻力系数；$k_1=4\pi/A^2$，$A=2$，为经验常数。

用初始空泡长度 l_0 和速度 V_∞ 作为标度，对式(4-1)的第一个式子进行无量纲化处理得

$$\frac{\partial^2 S(\tau,t)}{\partial t^2}=-\frac{k_1\sigma(t)}{2},t-l(t)\leqslant\tau\leqslant t\tag{4-2}$$

简单起见,假设空泡发生器尺寸可以忽略不计,有

$$S(t,t)=S(t-l(t),t)\to 0 \tag{4-3}$$

考虑式(4-3)并运用 Dirichlet 交换积分公式,两次对式(4-2)积分,得

$$S(\tau,t)=\frac{k_1\sigma_0}{4}\left[t-\tau-2\int_{\tau}^{t}(t-u)\overline{\sigma}(u)\mathrm{d}u\right] \tag{4-4}$$

式中,$\overline{\sigma}(u)=\sigma(u)/\sigma_0$。将式(4-4)代入空泡闭合条件式(4-3),得出联系两个未知函数 $\overline{\sigma}(u)$ 和 $l(t)$ 的方程:

$$l(t)=2\int_{t-l(t)}^{t}(t-u)\overline{\sigma}(u)\mathrm{d}u \tag{4-5}$$

空泡平衡气体质量无量纲方程为

$$\frac{\mathrm{d}}{\mathrm{d}t}[(\beta-\overline{\sigma}(t))Q(t)]=\beta[\dot{q}_{\mathrm{in}}-\dot{q}_{\mathrm{out}}(t)] \tag{4-6}$$

式中,β 为动态相似参数(等于蒸汽空化数与其实际数值的比),在计算不稳定空泡流中起重要作用,$\beta=1$ 相当于自然超空泡。当 β 增大时,通气超空泡中的气体弹性增加。

由式(4-5)和式(4-6)可以看出,通气超空泡有唯一的平衡点($\overline{\sigma}(t)=1,l(t)=1$),为了研究非定常通气超空泡在平衡点的稳定性,令

$$\overline{\sigma}(t)=1+\varepsilon\sigma_1(t),\ l(t)=1+\varepsilon l_1(t),\ \varepsilon\approx 0 \tag{4-7}$$

将空泡容积在平衡点处线性化,空泡容积的计算公式为

$$Q(t)=\frac{k_1\sigma_0}{4}\left[-\frac{l^2(t)}{2}+\int_{t-l(t)}^{t}(t-u)^2\overline{\sigma}(u)\mathrm{d}u\right] \tag{4-8}$$

式(4-8)中的积分化为两个第一类 Volterra 积分求解,在平衡点将其线性化,结果为

$$Q_0(t)=\frac{k_1\sigma_0}{4}\left\{-\frac{1}{2}[1+2\varepsilon l(t)]\right\}+\frac{1}{3}[1+3\varepsilon l_1(t)]=\frac{1}{3}-\frac{1}{8}k_1\sigma_0+\left(1-\frac{k_1\sigma_0}{4}\right)\varepsilon l_1(t)$$

$$\dot{Q}_0(t)=\left(1-\frac{k_1\sigma_0}{4}\right)\varepsilon\,\dot{l}_1(t) \tag{4-9}$$

将式(4-7)代入式(4-5),求出 $\sigma_1(t)$ 与 $l_1(t)$ 之间的关系为

$$l_1(t)=\frac{\sigma_1(t)}{2[1-\varepsilon\sigma_1(t)]}$$

$$\dot{l}_1(t)=\frac{2\dot{\sigma}_1(t)[1-\varepsilon\sigma_1(t)]+2\varepsilon\sigma_1(t)\sigma_1(t)}{2[1-\varepsilon\sigma_1(t)]^2}\approx\frac{\dot{\sigma}_1(t)}{1-2\varepsilon\sigma_1(t)}\approx\frac{\dot{\sigma}_1(t)}{1-\varepsilon\sigma_1(t)} \tag{4-10}$$

将式(4-6)展开有

$$[\beta-1-\overline{\sigma}_1(t)]\dot{Q}(t)+[\beta-\dot{\overline{\sigma}}_1(t)]Q(t)=\beta[\dot{q}_{\mathrm{in}}-\dot{q}_{\mathrm{out}}(t)] \tag{4-11}$$

由于超空泡航行体高速航行时重力效应较小,根据重力效应弱小时,稳定轴对称通气空泡的经验公式可得

$$\dot{q}_{\mathrm{in}}=\gamma V_\infty S_{\mathrm{c}}\left(\frac{\sigma_{\mathrm{v}}}{\sigma_0}-1\right),\gamma=0.01\sim 0.02 \tag{4-12}$$

$$\dot{q}_{\mathrm{out}}(t)=\gamma S_{\mathrm{c}}(t)\left[\frac{\beta}{\overline{\sigma}(t)}-1\right] \tag{4-13}$$

将式(4-9)及式(4-7)、式(4-12)、式(4-13)代入式(4-11)可得

$$
\begin{aligned}
&[\beta-1-\bar{\sigma}(t)]\dot{Q}(t)+[\beta-\dot{\bar{\sigma}}_1(t)]Q(t)=\beta[\dot{q}_{\text{in}}-\dot{q}_{\text{out}}(t)]\\
&\Rightarrow[\beta-\varepsilon\dot{\sigma}_1(t)]\left[\frac{1}{3}-\frac{1}{8}k_1\sigma_0+\left(1-\frac{k_1\sigma_0}{4}\right)\varepsilon l_1(t)\right]+[\beta-1-\varepsilon\sigma_1(t)]\left(1-\frac{k_1\sigma_0}{4}\right)\varepsilon\dot{l}_1(t)\\
&=\beta\left\{\gamma V_\infty S_c\left(\frac{\sigma_v}{\sigma_0}-1\right)-\gamma S_c(t)\left[\frac{\beta}{\sigma(t)}-1\right]\right\}
\end{aligned}
\tag{4-14}
$$

整理式(4-14)得

$$
\begin{aligned}
&[\beta-\varepsilon\dot{\sigma}_1(t)]\left(\frac{1}{3}-\frac{1}{8}k_1\sigma_0\right)+\beta\left(1-\frac{k_1\sigma_0}{4}\right)\varepsilon l_1+(\beta-1)\left(1-\frac{k_1\sigma_0}{4}\right)\varepsilon\dot{l}_1\\
&=\beta\left\{\gamma V_\infty S_c\left(\frac{\sigma_v}{\sigma_0}-1\right)-\gamma S_c(t)\left[\frac{\beta}{1+\varepsilon\sigma_1(t)}-1\right]\right\}
\end{aligned}
\tag{4-15}
$$

将式(4-10)代入式(4-15)得

$$
\begin{aligned}
&\left(2\beta-\frac{1}{2}k_1\sigma_0\beta+\frac{3}{4}k_1\sigma_0-\frac{8}{3}\right)\varepsilon\dot{\sigma}_1(t)+\varepsilon\beta\sigma_1(t)\left\{\frac{1}{3}+2\gamma\left[V_\infty S_c\left(\frac{\sigma_v}{\sigma_0}-1\right)+S_c(t)\right]\right\}+\\
&\left(\frac{2}{3}-\frac{1}{4}k_1\sigma_0\right)\beta+2\beta\gamma S_c(t)(\beta-1)-2\beta\gamma V_\infty S_c\left(\frac{\sigma_v}{\sigma_0}-1\right)=0
\end{aligned}
\tag{4-16}
$$

对于通气超空泡,当通气率和泄气率相等,即 $\dot{q}_{\text{in}}=\dot{q}_{\text{out}}$ 时,有

$$
V_\infty S_c\left(\frac{\sigma_v}{\sigma_0}-1\right)=(\beta-1)S_c(t) \tag{4-17}
$$

将式(4-17)代入式(4-16),得到

$$
\left(2\beta-\frac{1}{2}k_1\sigma_0\beta+\frac{3}{4}k_1\sigma_0-\frac{8}{3}\right)\varepsilon\dot{\sigma}_1(t)+\varepsilon\beta\sigma_1(t)\left[\frac{1}{3}+\frac{2\gamma\beta V_\infty S_c\left(\frac{\sigma_v}{\sigma_0}-1\right)}{\beta-1}\right]+\left(\frac{2}{3}-\frac{1}{4}k_1\sigma_0\right)\beta=0 \tag{4-18}
$$

化简后为

$$
\dot{\sigma}_1(t)+\frac{\beta\left[\frac{1}{3}+\frac{2\gamma\beta V_\infty S_c\left(\frac{\sigma_v}{\sigma_0}-1\right)}{\beta-1}\right]}{2\beta-\frac{1}{2}k_1\sigma_0\beta+\frac{3}{4}k_1\sigma_0-\frac{8}{3}}\sigma_1(t)+\frac{\left(\frac{2}{3}-\frac{1}{4}k_1\sigma_0\right)\beta}{\left(2\beta-\frac{1}{2}k_1\sigma_0\beta+\frac{3}{4}k_1\sigma_0-\frac{8}{3}\right)\varepsilon}=0 \tag{4-19}
$$

令 $a=\dfrac{\beta\left[\frac{1}{3}+\frac{2\gamma\beta V_\infty S_c\left(\frac{\sigma_v}{\sigma_0}-1\right)}{\beta-1}\right]}{2\beta-\frac{1}{2}k_1\sigma_0\beta+\frac{3}{4}k_1\sigma_0-\frac{8}{3}}$,$b=\dfrac{\left(\frac{2}{3}-\frac{1}{4}k_1\sigma_0\right)\beta}{\left(2\beta-\frac{1}{2}k_1\sigma_0\beta+\frac{3}{4}k_1\sigma_0-\frac{8}{3}\right)\varepsilon}$,则系统的线性扰动方程为

$$
\begin{cases}
\dot{\sigma}_1(t)=a\sigma_1(t)+b\\
\dot{l}_1(t)=\dfrac{a\sigma_1(t)+2b\varepsilon l_1(t)\sigma_1(t)+b}{2\varepsilon l_1(t)-1}
\end{cases}
\tag{4-20}
$$

求出雅可比矩阵为 $\boldsymbol{J}=\begin{bmatrix} a & 0 \\ a & 4b\varepsilon \end{bmatrix}$，于是，系统的特征方程为

$$\lambda^2-(a+4b\varepsilon)\lambda+4b\varepsilon=0 \tag{4-21}$$

系统的特征值为 $\lambda_1=a,\lambda_2=4b\varepsilon$。

2. 静态分叉及突变分析

根据分叉理论，平衡点的类型、稳定性由其相应的雅可比矩阵的特征根确定。当特征根均位于左半平面时，奇点是稳定节点，当特征根位于右半平面时，奇点是不稳定节点。

于是由 $\lambda_i<0(i=1,2)$ 即 $a<0,4b<0$，$\dfrac{\beta\left[\dfrac{1}{3}+\dfrac{2\gamma\beta V_\infty S_c\left(\dfrac{\sigma_v}{\sigma_0}-1\right)}{\beta-1}\right]}{2\beta-\dfrac{1}{2}k_1\sigma_0\beta+\dfrac{3}{4}k_1\sigma_0-\dfrac{8}{3}}<0$ 得出当 $1\leqslant\beta<2.619\ 6$ 时，奇点 $(\overline{\sigma}(t)=1,l(t)=1)$ 是稳定节点。计算结果与实验数据一致。

由 $\lambda_i>0(i=1,2)$ 即 $a<0,4b<0$ 得出当 $2.619\ 6<\beta$ 时，奇点 $(\overline{\sigma}(t)=1,l(t)=1)$ 是不稳定节点。因此，系统在平衡点处出现跨临界分叉，即产生状态突变，此时系统的稳定性发生突变，由稳定状态变为不稳定状态。图 4-1 为系统的跨临界分叉响应图，也就是在实验中观察到的，通气超空泡随着通气参数的变化会突然从稳定状态变为不稳定状态的现象。

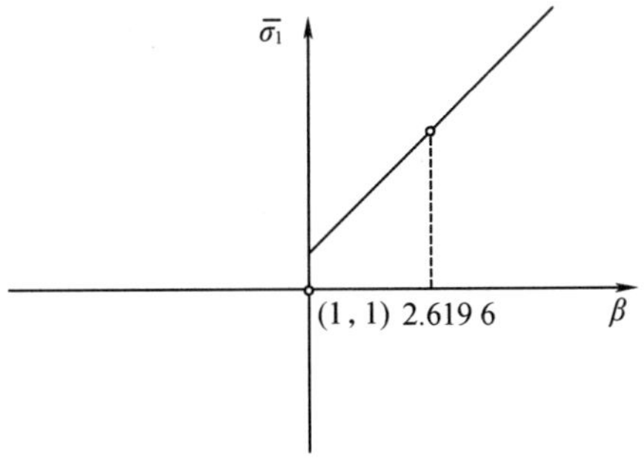

图 4-1　系统的跨临界分叉响应图

图 4-1 表明，当 $\gamma=0$，即空泡内气体质量为常数时，若 $1\leqslant\beta<2.619\ 6$，则空泡渐近稳定，若 $\beta>2.619\ 6$，则空泡不稳定。

4.1.2　通气率与泄气率不相等时稳定性分析

1. 摄动分析

当通气超空泡的通气率与泄气率不相等时，有两组微分方程，即

$$\dot{l}_1(t)=\frac{C_1+\dfrac{1}{6}\beta_1\sigma_1(t)+2\varepsilon C_1 l_1(t)+\dfrac{1}{3}\varepsilon l_1(t)\sigma_1(t)}{\varepsilon[C_2-C_3\sigma_1(t)]} \tag{4-22}$$

$$\dot{\sigma}_1(t)=\frac{C_1+\dfrac{1}{6}\beta_1\sigma_1(t)}{\varepsilon[C_2-C_3\sigma_1(t)]}$$

由于所对应的雅可比矩阵不能存在分叉,故舍去。

$$\dot{\sigma}_1(t)=\frac{-\beta C_2[1-\varepsilon\sigma_1(t)]-\dfrac{C_3[\beta-\varepsilon\sigma_1(t)][1-\varepsilon\sigma_1(t)]}{k[1+\varepsilon\sigma_1(t)]}-\beta\left(1-\dfrac{k_1\sigma_0}{4}\right)\varepsilon l_1(t)[1-\varepsilon\sigma_1(t)]}{C_1+\varepsilon\sigma_1(t)C_2}$$

$$\dot{l}_1(t)=\frac{D_1+\dfrac{1}{6}\beta\sigma_1(t)+2\varepsilon D_1 l_1(t)+\dfrac{1}{3}\varepsilon l_1(t)\sigma_1(t)}{\varepsilon[D_2-D_3\sigma_1(t)]} \tag{4-23}$$

式中,$D_1=\beta\gamma\dfrac{\pi}{4}D_n\dfrac{C_x}{k}$;$D_2=\dfrac{4}{3}-\dfrac{3}{8}k_1\sigma_0-\beta+\dfrac{\beta k_1\sigma_0}{4}$;$D_3=\varepsilon\left(\dfrac{1}{3}-\dfrac{1}{8}k_1\sigma_0\right)$。

系统的平衡点有

$$\sigma_{0(1)}=\frac{1}{\varepsilon}$$

$$l_{0(1)}=\frac{-D_1-\dfrac{\beta}{6\varepsilon}}{2\varepsilon D_1+\dfrac{1}{3}}$$

$$\sigma_{0(2)}=0,l_{0(2)}=\frac{-1}{2\varepsilon}$$

$$\sigma_{0(3)}=-\frac{3k\left[\dfrac{1}{6}\beta\left(1-\dfrac{k_1\sigma_0}{4}\right)-\dfrac{1}{3}\varepsilon\left(\dfrac{1}{3}-\dfrac{1}{8}k_1\sigma_0\right)-\dfrac{1}{3}\ \dfrac{\varepsilon}{k}\beta\gamma\dfrac{\pi}{4}D_nC_x\right]}{\varepsilon^2\beta\gamma\dfrac{\pi}{4}D_nC_x}$$

$$l_{0(3)}=\frac{-D_1-\dfrac{\beta}{6\varepsilon}}{2\varepsilon D_1+\dfrac{1}{3}}$$

2. 稳定性分析

对系统的三组平衡点分别进行讨论,若考虑空泡内气体质量为常量,即 $\gamma=0$,则系统的最后一个平衡点无意义,因此只讨论系统的前两个平衡点。

(1)第一个平衡点

不动点 $\sigma_{0(1)}=\dfrac{1}{\varepsilon},l_{0(1)}=\dfrac{-D_1-\dfrac{\beta}{6\varepsilon}}{2\varepsilon D_1+\dfrac{1}{3}}$处的雅可比矩阵为

$$\boldsymbol{J}_0=\begin{bmatrix}J_{0(11)} & J_{0(12)}\\ J_{0(21)} & J_{0(22)}\end{bmatrix} \tag{4-24}$$

其中

$$J_{0(11)}=\frac{E_1-\dfrac{2\varepsilon C_2}{k}+\varepsilon E_2\dfrac{-D_1-\dfrac{\beta}{6\varepsilon}}{2\varepsilon D_1+\dfrac{1}{3}}}{C_1+C_2}$$

$$J_{0(12)}=0$$

$$J_{0(21)}=\frac{1}{6}\beta$$

$$J_{0(22)}=\frac{2\varepsilon D_1+\dfrac{1}{3}}{\varepsilon D_2-D_3}$$

对于不动点 $\sigma_{0(1)}=\dfrac{1}{\varepsilon},l_{0(1)}=\dfrac{-D_1-\dfrac{\beta}{6\varepsilon}}{2\varepsilon D_1+\dfrac{1}{3}}$的特征方程为

$$\lambda^2-(J_{0(11)}+J_{0(22)})\lambda+J_{0(11)}J_{0(22)}-J_{0(12)}J_{0(21)}=0 \tag{4-25}$$

当$\dfrac{1}{9}+\dfrac{2}{3}\beta^2\varepsilon^2(1-\beta)^2\left(1-\dfrac{k_1\sigma_0}{4}\right)^3>0$时，解得 $\beta>1$，特征方程对应的特征根为实数，此时对应的特征根为

$$\lambda_{0(1)}=0.325\ 5\varepsilon[(\beta-2.124)(1.309\ 8\beta-0.638\ 6)]+\frac{1}{3}$$

$$\lambda_{0(2)}=0.325\ 5\varepsilon[(\beta-2.124)(1.309\ 8\beta-0.638\ 6)]-\frac{1}{3}$$

由于 ε 可以取任意小，因此当 $0.487\ 3<\beta<2.124$ 时，$\lambda_{0(1)}>0,\lambda_{0(2)}<0$。因此，不动点$(\sigma_{0(1)},l_{0(1)})$为指数为 1 的不稳定鞍点。

(2)第二个平衡点

对于不动点 $\sigma_{0(2)}=0,l_{0(2)}=\dfrac{-1}{2\varepsilon}$，当$\dfrac{C_1}{\dfrac{1}{3}-\dfrac{1}{8}k_1\sigma_0}\quad\dfrac{1}{6}\beta^2\varepsilon\left(\dfrac{k_1\sigma_0}{4}-1\right)>0$，即 $\beta>0.738\ 1$ 时，该不动点对应的特征方程的特征根为实数，此时的特征根为

$$\lambda_{1(1)}=-0.166\ 9\beta\varepsilon(0.984\ 3\beta-0.726\ 5)-\frac{0.054\ 3\beta\varepsilon}{(0.984\ 3\beta-0.726\ 5)^2}+\sqrt{0.504\beta^2\varepsilon(0.984\ 3\beta-0.726\ 5)}$$

$$\lambda_{1(2)}=-0.166\ 9\beta\varepsilon(0.984\ 3\beta-0.726\ 5)-\frac{0.054\ 3\beta\varepsilon}{(0.984\ 3\beta-0.726\ 5)^2}-\sqrt{0.504\beta^2\varepsilon(0.984\ 3\beta-0.726\ 5)}$$

可以求出当 $\beta>1$ 时，$\lambda_{1(1)}>0,\lambda_{1(2)}<0$。因此，不动点$(\sigma_{0(2)},l_{0(2)})$为指数为 1 的不稳定鞍点，并且得到 $1<\beta<2.14$。

按照求得的结果，不稳定鞍点会导致系统出现分叉现象，如跨临界分叉。

3. 仿真结果分析

当 $\varepsilon=0.1$ 时,变化 β 的取值,对 (σ,l) 的变化趋势进行数值仿真。

图 4-2 是在 $\beta=1.25$ 时取得的,从图中可以看出随着时间的推移,l 和 σ 是趋于稳定的,并且伴随着小幅振荡,该振荡是由空泡本身的特有性质决定的,因此仿真曲线不可能是光滑的曲线。

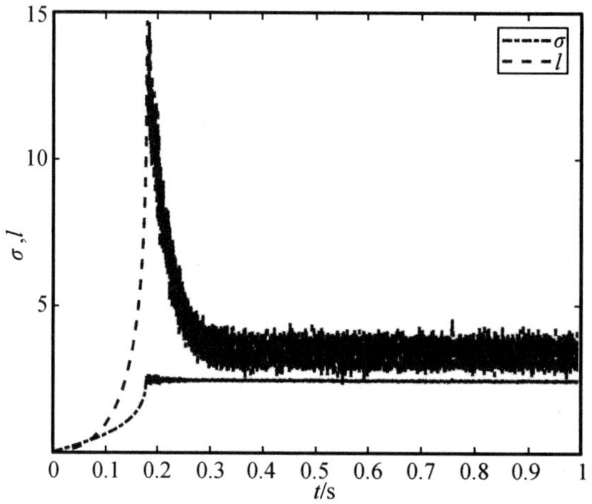

图 4-2 (σ,l) 的变化趋势图

4.2 超空泡航行体纵向运动模型的非线性动力学特性

4.2.1 空化数对超空泡航行体非线性动力学特性的影响

空化数能够影响超空泡的尺寸,改变航行体的头部空化器受力以及尾翼滑行力的幅值,进而改变航行体的运动姿态。较大的空化数往往对应于没有空泡或部分空泡的现象,而由于一些物理条件的限制,较小的空化数没有实际的物理意义。另外,水下超空泡航行体模型的假设、推导和简化也限制了空化数的范围。为了使航行体能够在水下航行,必须使其满足以下三个基本要求。

(1)气泡的半径和长度必须大于航行体的半径与长度。

(2)在求滑行力的公式中所涉及的 K_1、K_2 必须大于零。

(3)航行体尾部伸出空泡垂直长度 h' 必须小于航行体尾部直径长度的 1/3。

综上计算可得,空化数的范围为 $\sigma\in[0.019\ 80,0.036\ 80]$。

根据第 3 章所描述的超空泡航行体非线性动力学模型,分析水下航行体动力学特性。使用反馈控制规律,尾翼偏转角 $\delta_e=0$,空化器偏转角 $\delta_c=15z-30\theta-0.3q$,在整个空化数有效范围内,系统状态变量垂直速度(有时也称垂向速度、纵向速度)ω 随空化数 σ 变化的分叉图如图 4-3 所示。

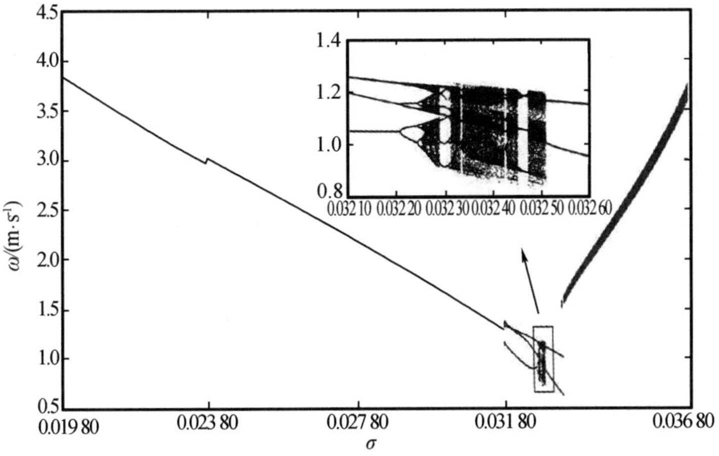

图 4-3　超空泡航行体垂直速度随空化数变化的分叉图

从图 4-3 中可以看出，当 $\sigma \in [0.019\ 80,\ 0.023\ 82]$ 时，系统的运动轨迹被吸引到图中稳定的平衡点上。浸没深度 h 总是大于 0，航行体尾部一直处于浸入水中的状态，由空化器上的升力、尾翼上的升力以及滑行力共同平衡航行体的重力，使之稳定运动。随着 σ 的增加，在 $\sigma=0.023\ 83$ 处发生 Hopf 分叉，系统由稳定的有界点突变到极限环，导致稳定平衡点变成了不稳定平衡点。极限环的出现将使航行体平衡态失稳并产生周期振荡。故 $\sigma \in [0.023\ 83,\ 0.031\ 79]$ 时，产生周期振荡。在 $\sigma=0.031\ 82$ 处，出现了一个分叉，形成了周期 3 轨道，之后一系列倍周期分叉导致 $\sigma=0.032\ 26$ 处出现了混沌现象。

图 4-3 中的小图是在 $0.032\ 10<\sigma<0.032\ 60$ 范围内的放大，当 $\sigma=0.032\ 26$ 时，周期 3 轨道经历倍周期分叉后合并成一个巨大的混沌吸引子。在 $\sigma=0.032\ 28$ 处，混沌状态转变到周期状态，发生切分叉，切分叉引发阵发混沌，形成了周期 6 窗，并在 $\sigma=0.032\ 32$ 处，窗口结束，又突变到混沌状态。

当 $\sigma=0.032\ 33$ 时，系统再由混沌状态突变到周期轨道，形成了周期 5 窗。在 $\sigma=0.032\ 34$ 处，窗口结束，次级混沌带与不稳定的周期轨道相遇，再次引发混沌危机，突变为混沌宽带。然后，混沌宽带分别在 $0.032\ 42<\sigma<0.032\ 43$ 和 $0.032\ 45<\sigma<0.032\ 47$ 范围内被中断，形成了周期 5 窗和周期 2 窗。最终在 $\sigma=0.032\ 52$ 处，该混沌宽带又突变成周期 2 轨道。之后在 $\sigma=0.033\ 45$ 处由周期 2 轨道跳变到周期 1 轨道，而后沿着该轨道做周期运动。

综上所述，当 $0.032\ 10<\sigma<0.032\ 60$ 时，超空泡系统发生了倍周期分叉、混沌危机、切分叉，出现了复杂多样的动力学现象。故在此范围内，系统发生剧烈的振荡与冲击甚至倾覆时，必须采取有效的控制手段以避免该现象的出现。

4.2.2　初始状态对超空泡航行体非线性动力学特性的影响

超空泡航行体在实测中往往受初始运动参数（初始深度、初始垂直速度、初始俯仰角、初始俯仰角速度)的影响而运动失稳,也具有初始条件敏感性。基于超空泡航行体动力学模型,随机地选取初始运动参数,保持空化器偏转角 $\delta_c=15z-30\theta-0.3q$,调整尾翼偏转角 δ_e。根据李雅普诺夫指数判定准则将模型的稳定解、周期解、混沌解分别用红色、绿色、黄色在图 4-4 中表示出来,绘制出以空化数 σ 和尾翼偏转角反馈增益 k 为分叉参数的超空泡航行体动力学图形,刻画了系统动力学行为对 σ、k 的依赖性。图 4-4(a)是(σ,k_z)的动力学图形,尾翼偏转角为 $\delta_e=k_z z$,k_z 为深度 z 的反馈增益;图 4-4(b)是(σ, k_θ)的动力学图形,尾翼偏转角为 $\delta_e=k_\theta q$,k_θ 为俯仰角 θ 的反馈增益;图 4-4(c)是(σ, k_q)的动力学图形,尾翼偏转角为 $\delta_e=k_q q$,k_q 为俯仰角速度 q 的反馈增益。当 σ、k 的取值对应于红色区域的点时,解得动力学模型的最大李雅普诺夫指数小于零,状态变量 z、ω、θ、q 均收敛于稳定平衡点,航行体稳定地运动。在绿色区域中任选一点(σ,k),解得方程的最大李雅普诺夫指数等于零,状态变量 z、ω、θ、q 均以平衡点为中心周期振荡,航行体做周期运动。当 σ、k 在黄色区域内取值时,方程的最大李雅普诺夫指数大于零,z、ω、θ、q 均发生剧烈的非周期混沌振荡,产生振动与冲击,进而导致航行体的倾覆。蓝色区域表示系统发散,航行体无法运动。

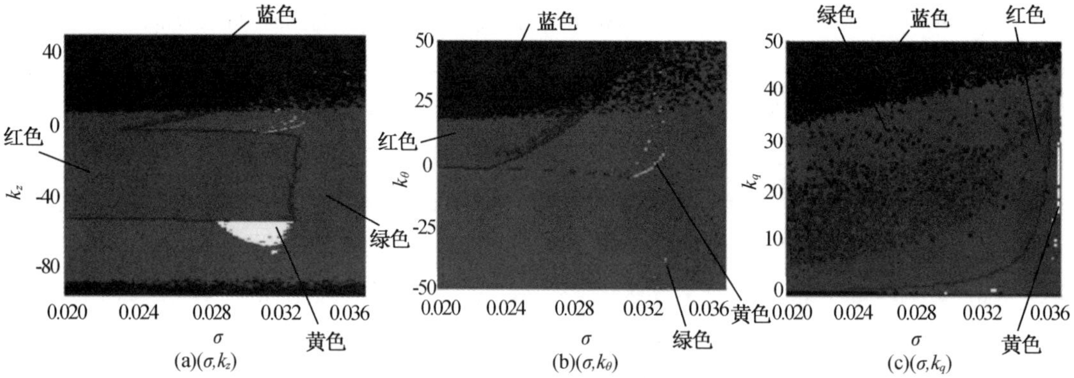

红色—稳定运动;绿色—周期振荡;黄色—混沌振荡;蓝色—系统发散。

图 4-4 超空泡航行体的动力学图形

图 4-4 相对完整地反映了当系统参数 σ、k 同时变化时,航行体在动力学行为上所处的不同状态。利用动力学图形能够确定航行体稳定运动的参数取值范围。当空化数 σ 一定时,在稳定运动的范围内调节尾翼偏转角反馈增益 k 的取值,能够有效实现超空泡航行体的稳定运动,对航行体的稳定控制具有指导意义。观察图 4-4 可以发现,水平切面是系统随 σ 变化的分叉图,竖直切面是系统随 k 变化的分叉图,分叉图反映系统随参数变化的运动规律以及产生的具体非线性物理现象。当系统由稳定状态切换到周期状态时,会发生 Hopf 分叉,所以图中红色区域与绿色区域的交界线即稳定状态和周期状态的临界切换线,也被称为 Hopf 分叉线;绿色区域与黄色区域的边界表示周期状态和混沌状态的切换,在此边界处存在切分叉或倍周期分叉等非线性物理现象。

4.3　以空化数为参数的水下超空泡航行体突变模型

上一节以水下超空泡航行体纵向运动为敏感参数，建立了其尖点突变模型，按照尖点突变的特征分析了航行体航行状态的变化。由于水下超空泡航行体的航行状态与空泡的形态密切相关，而影响空泡形态的关键参数为空化数，因此本节以空化数为敏感参数，分析水下超空泡航行体的不稳定突变特性。

首先，以空化数或其他敏感参数为参变量，建立水下超空泡航行体的突变模型，包括对其纵向运动模型的简化，主要是对非线性滑行力的简化处理；其次，基于简化模型，采用多尺度摄动法，求出系统的近似解析解，分析系统的分叉突变现象；最后，建立水下超空泡航行体定深俯仰运动的折叠突变模型，并对其突变特性进行研究。

4.3.1　水下超空泡航行体简化的纵向运动动力学模型

运用最小二乘法，对航行体的滑行力进行简化，获得水下超空泡航行体简化的纵向运动动力学模型。

水下超空泡航行体是一种新型的水下航行体，由于空泡的存在，航行体所受的流体阻力显著下降，从而大幅度地提高航行速度。然而，超空化包含许多复杂的空泡动力学，航行体经受强非线性，主要表现为非线性滑行力，滑行力使得航行体模型为非光滑的。

最小二乘法的基本原理是选择模型参数极小化模型误差平方和。所谓模型误差是指由模型计算的值和观测值之差，它体现了模型的精度。因误差有正负号问题，为数学处理方便，故以误差平方大小衡量精度。为了在总体上选择最优模型参数，故以极小化模型误差平方和为性能指标来选择模型参数。

根据最小二乘法的基本思想，运用最小二乘法对滑行力模型进行多项式拟合，拟合结果为

$$F_p' = 0.7\omega^3 \tag{4-26}$$

拟合的精度如图 4-5 所示，图中分别对滑行力随时间的变化、拟和结果、拟和误差及平均误差的变化情况进行了比较。

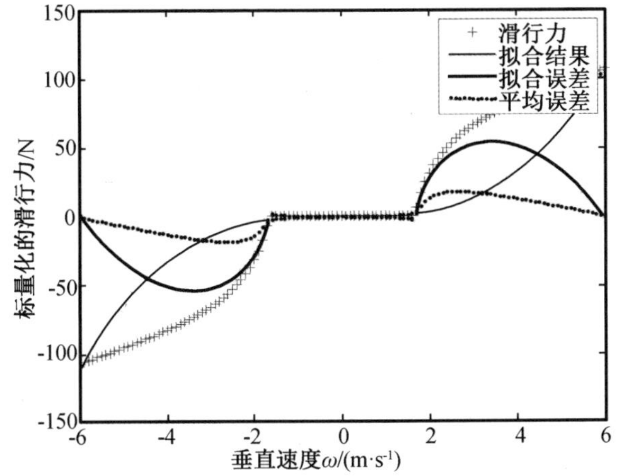

图 4-5　拟合的精度

从图 4-5 中可以看出拟合的误差很小，可以用拟合的多项式代替滑行力的动力学模型。

4.3.2　水下超空泡航行体在航行过程中的分叉突变现象

运用多尺度干扰方法，对描述水下超空泡航行体纵向运动非线性微分方程组进行求解，并且分析这些解的稳定性，得到稳定解的必要条件。计算分叉响应方程，获得稳定解附近的分叉点集，最后确定水下超空泡航行体航行过程中尖点突变类型。

引入小干扰量，获得简化的水下超空泡航行体的动力学模型为

$$\begin{cases}\ddot{Y}_1=\varepsilon a_{22}\dot{Y}_1+\varepsilon a_{22}VY_2+(\varepsilon a_{24}-\varepsilon V)\dot{Y}_2+\varepsilon^3(\dot{Y}_1+VY_2)^3\\ \ddot{Y}_2-a_{42}VY_2=\varepsilon a_{42}\dot{Y}_1+\varepsilon a_{44}\dot{Y}_2+L\varepsilon^3(\dot{Y}_1+VY_2)^3\end{cases}\tag{4-27}$$

式中，ε 为小干扰参数；Y_1和 Y_2 分别为重心位移与俯仰角。运用一阶扩展形式来代替方程的解，解的形式如下：

$$Y_n(t,\varepsilon)=y_{n0}(T_0,T_1)+\varepsilon y_{n1}(T_0,T_1)+\cdots,n=1,2\tag{4-28}$$

式中，$T_0=t$ 表示快变时间尺度，描述自然和激励频率；$T_1=\varepsilon t$ 表示慢变时间尺度，描述振动的调制和相位模式。经过计算获得分叉响应方程为

$$\begin{cases}\sigma=\dfrac{\pm a_{22}^2\eta_1^2\pm(a_{24}-V)^2\eta_2^2}{[(a_{22}\eta_1)^2+(a_{24}-V)^2\eta_2^2]^{1/2}}\\ \sigma_1=\pm1\end{cases}\tag{4-29}$$

式中，$\sigma=\varepsilon D(t)$，$\sigma_1=\varepsilon[C_1(t)+C_2(t)\exp(a_{42}V\varepsilon t)]$。根据 Routh-Hurmitz 判据，线性解满足如下条件时，其是稳定的：

$$R_1>0,R_1R_2-R_3>0,R_3(R_1R_2-R_3)-R_1^2R_4>0,R_4>0$$

最后得到分叉集为

$$(a_{24}-V)^2\eta_2^2D=0\tag{4-30}$$

分叉响应图如图 4-6 所示。

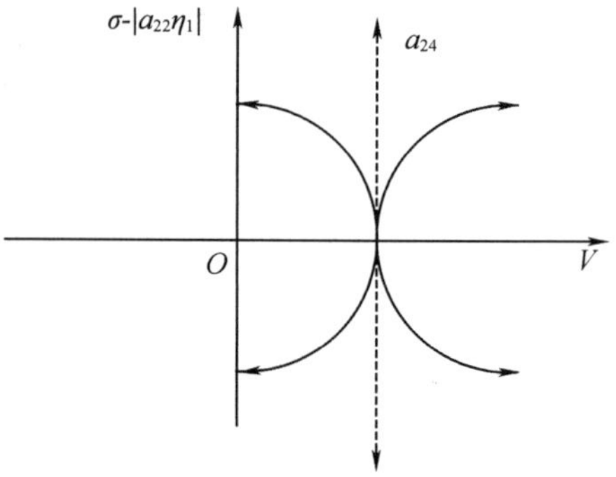

图 4-6　分叉响应图

从图 4-6 中可以看出，当 $V=a_{24}$，$\sigma-|a_{22}\eta_1|=0$ 时，系统是稳定的。当 $V\neq a_{24}$ 时，系统有三个平衡点，$V=a_{24}$是不稳定的，$\sigma=\pm\sqrt{(a_{22}\eta_1)^2+(a_{24}-V)^2\eta_2^2}$ 是对称稳定的。显然当 V

变化时,系统的拓扑结构是不同的。因而,当 $V=a_{24}$ 时,拓扑结构变化显著,此处发生叉形分叉。

4.3.3　水下超空泡航行体纵摇折叠突变模型的建立

保留简化运用最小二乘法拟合的非线性滑行力的 5 次项,其纵向运动模型可以写为

$$\ddot{z}=a_{22}\dot{z}+a_{22}V\theta+(a_{24}-V)\dot{\theta}-0.0004(\dot{z}+V\theta)^5+0.7(\dot{z}+V\theta)^3 \tag{4-31}$$

$$\ddot{\theta}=a_{42}V\theta+a_{42}\dot{z}+a_{44}\dot{\theta}+\frac{d_4}{d_2}[-0.0004(\dot{z}+V\theta)^5+0.7(\dot{z}+V\theta)^3] \tag{4-32}$$

对于水下超空泡航行体的定深俯仰运动,有 $\ddot{z}=\dot{z}=0$, 式(4-32)可以写成如下形式:

$$\ddot{\theta}=a_{42}V\theta+a_{44}\dot{\theta}+\frac{d_4}{d_2}(0.7V^3\theta^3-0.0004V^5\theta^5) \tag{4-33}$$

式(4-33)为非线性微分方程。俯仰角随时间变化的曲线如图 4-7 所示。从图中可以看出,在 1.08 s,俯仰角的幅值趋于无穷大,即俯仰角不稳定并发生突变。

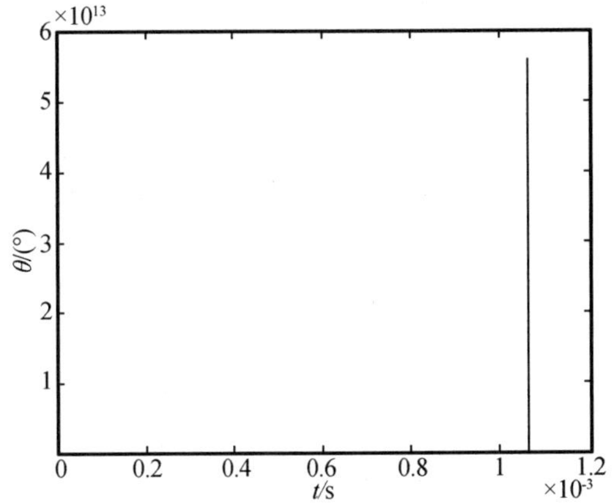

图 4-7　俯仰角随时间变化的曲线

引入小参量 ε,式(4-33)表示为

$$\ddot{\theta}+\omega_0^2\theta+a_3\theta^3+a_5\theta^5=\varepsilon a_{44}\dot{\theta} \tag{4-34}$$

式中,$\omega_0^2=-a_{42}V$;$a_3=\dfrac{0.7V^3d_4}{d_2}$;$a_5=\dfrac{-0.0004V^5d_4}{d_2}$。令 $x=\theta,y=\dot{\theta}$, 那么

$$\begin{cases}\dot{x}=y\\ \dot{y}=-\omega_0^2x-a_3x^3-a_5x^5+\varepsilon a_{44}y\end{cases} \tag{4-35}$$

式(4-35)为受扰 Hamilton 系统的形式,当 $\varepsilon\to0$ 时,化为 Hamilton 系统:

$$\begin{cases}y=0\\ -\omega_0^2-a_3\theta^3-a_5\theta^5=0\end{cases} \tag{4-36}$$

该系统的任意一条轨线的 Hamilton 量为

$$H(x,y)=\frac{1}{2}y^2+\int_0^x(\omega_0^2t+\alpha_3t^3)\,\mathrm{d}t=\frac{1}{2}y^2+\frac{1}{2}\omega_0^2x^2+\frac{1}{4}\alpha_3x^4+\frac{1}{6}\alpha_5x^6 \tag{4-37}$$

根据分裂引理可知,y 为非实质性的变量,从而只需考虑 x 和式(4-37)的相应退化部分,则

$$H(x)=\frac{1}{2}\omega_0^2x^2+\frac{1}{4}\alpha_3x^4+\frac{1}{6}\alpha_5x^6 \tag{4-38}$$

令 $z=x^2$, 代入方程(4-38)中,有

$$H(z)=\frac{1}{2}\omega_0^2z+\frac{1}{4}\alpha_3z^2+\frac{1}{6}\alpha_5z^3 \tag{4-39}$$

做变量代换 $z=t-\frac{\alpha_3}{2\alpha_5}$,代入方程(4-39)并合并相同幂次项,有

$$H(t)=b_3t^3+b_1t+b_0 \tag{4-40}$$

其中

$$\begin{cases}b_0=-\frac{\omega_0^2\alpha_3}{4\alpha_5}+\frac{\alpha_3^3}{24\alpha_5^2}\\ b_1=-\frac{\alpha_3^2}{8\alpha_5}+\frac{\omega_0^2}{2}\\ b_3=\frac{\alpha_5}{6}\end{cases}$$

式(4-40)仍不是折叠突变的标准形式,做进一步变量代换 $t=\frac{s}{\sqrt[3]{b_3}}$,有

$$H(s)=s^3+\frac{b_1}{\sqrt[3]{b_3}}s+b_0 \tag{4-41}$$

式中,b_0 为剪切项,将其忽略。令 $u=\frac{b_1}{\sqrt[3]{b_3}}$,得

$$H(s)=s^3+us \tag{4-42}$$

式(4-42)为折叠突变势函数模型, 因此,水下超空泡航行体定深俯仰时的突变特性得以证明。

4.3.4 基于分叉理论的突变特性分析

考虑方程(4-33),用 Y 表示俯仰角 θ,并引入小参量 ε^3,则方程(4-33)可以表示为

$$\ddot{Y}-a_{42}VY=\varepsilon a_{44}\dot{Y}+L\varepsilon^3V^3Y^3+\varepsilon\alpha_5Y^5 \tag{4-43}$$

设方程(4-43)的近似解为

$$Y(t,\varepsilon)=Y_0(T_0,T_1)+\varepsilon Y_1(T_0,T_1) \tag{4-44}$$

式中,$T_0=t$ 和 $T_1=\varepsilon t$ 为独立的时间变量,分别代表快变时间尺度和慢变时间尺度。记 $D_0=\partial/\partial T_0$,$D_1=\partial/\partial T_1$,则时间变量的导算子变为

$$\mathrm{d}/\mathrm{d}t=D_0+\varepsilon D_1 \tag{4-45}$$

$$\mathrm{d}^2/\mathrm{d}t^2=D_0^2+2\varepsilon D_0D_1 \tag{4-46}$$

将式(4-44)至式(4-46)代入式(4-43),计算 ε 的相同阶数的系数,获得以下的微

分方程：

ε^0：

$$D_0^2Y_0+\omega_0^2Y_0=0 \tag{4-47}$$

ε^1：

$$D_0^2Y_1+\omega_0^2Y_1=-2D_0D_1Y_0+a_{44}D_0Y_0+\alpha_5Y_0^5 \tag{4-48}$$

设式(4-47)的复数解的形式为

$$Y_0=A(T_1)\exp(\mathrm{j}\omega_0T_0)+\bar{A}(T_1)\exp(-\mathrm{j}\omega_0T_0) \tag{4-49}$$

将式(4-49)代入式(4-48)，有

$$D_0^2Y_1+\omega_0^2Y_1=(-2D_1A\mathrm{j}\omega_0+a_{44}A\mathrm{j}\omega_0+10A^3\bar{A}^2)\mathrm{e}^{\mathrm{j}\omega_0T_0}+\alpha_5(A^5\mathrm{e}^{5\mathrm{j}\omega_0T_0}+5A^4\bar{A}\mathrm{e}^{3\mathrm{j}\omega_0T_0})+c.c \tag{4-50}$$

式中，$c.c$ 表示后续项的复数共轭项。

根据常微分方程理论，包含 $\mathrm{e}^{\mathrm{j}\omega_0T_0}$ 的项经微分方程求解后将出现长期项，为了保证式(4-50)可解，必须有

$$-2D_1A\mathrm{j}\omega_0+a_{44}A\mathrm{j}\omega_0+10A^3\bar{A}^2=0 \tag{4-51}$$

A 是关于慢变时间尺度 T_1 的函数，将其表示为指数函数的形式，有

$$A(T_1)=\frac{1}{2}r(T_1)\exp(\mathrm{j}\theta(T_1)) \tag{4-52}$$

分离实部与虚部：

$$\begin{cases}\omega_0(\dot{r}\sin\theta+r\dot{\theta}\cos\theta)-\dfrac{1}{2}a_{44}r\omega_0\sin\theta+\dfrac{5}{16}r^5\cos\theta=0\\ \omega_0(\dot{r}\cos\theta-r\dot{\theta}\sin\theta)-\dfrac{1}{2}a_{44}r\omega_0\cos\theta-\dfrac{5}{16}r^5\sin\theta=0\end{cases} \tag{4-53}$$

获得平均方程：

$$\begin{cases}\dot{r}=\dfrac{1}{2}a_{44}r\\ \dot{\theta}=-\dfrac{5r^4}{32\omega_0}\end{cases} \tag{4-54}$$

对于定常运动，令 $\dot{r}=0$，$\dot{\theta}=0$，得稳态解的分叉响应方程为

$$-16a_{44}a_{42}V=5r^3 \tag{4-55}$$

将参数 a_{44} 和 a_{42} 代入方程(4-55)可得

$$\frac{44C^2V^3T^2nL}{9m}\left(-\frac{17}{36m}-\frac{11n}{36}\right)=5r^3 \tag{4-56}$$

式中，$C=0.5C_{x0}(1+\sigma)\dfrac{R_{\mathrm{n}}^2}{R^2}$，由于 σ 可以表示为 $\sigma(V)$，此处，以 σ 为参数，假定 V 是常数，因此，考虑 V 的性质，用 σ 对式(4-56)进行修正，得修正的分叉响应方程为

$$\frac{44C^2V^3T^2nL|\sigma|^5}{9m}\left(\frac{17}{36m}-\frac{11n}{36}\right)=5r^3 \tag{4-57}$$

采用表 4-1 的相关数据，可得水下超空泡航行体定点俯仰运动的空化数变化的响应曲线，如图 4-8 所示。

表 4-1　系统的仿真参数

参数	意义	数值与单位
C_{x0}	升力系数	0.82
R_n	空化器半径	0.019 1 m
R	航行体半径	0.050 8 m
V	速度	75 m/s
T	常数	9.483 7
n	舵效率	0.5
L	长度	1.8 m
m	常数	2

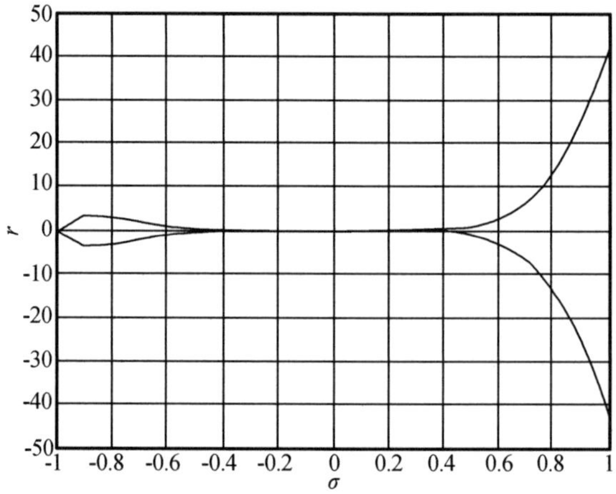

图 4-8　水下超空泡航行体定点俯仰运动的空化数变化的响应曲线

在图 4-8 中，横坐标为空化数 σ，表示空泡的空化程度，纵坐标为俯仰角 θ 的幅值 r。可以看出，当空化数 σ 沿着横轴逐渐增大时，幅值 r 由多值变为唯一值，空化数进一步增大，r 的值又变为多值并且发散。当空化数 σ 在 $-0.4\sim0.4$ 时，幅值 r 有唯一值，当空化数 $\sigma>0.4$ 或 $\sigma<-0.4$ 时，幅值 r 不唯一，水下超空泡航行体定点俯仰运动出现突变现象，系统不稳定。

通过在无控状态下，对水下超空泡航行体定深俯仰运动折叠突变特性的分析，可以知道，通过调节空化数使其在 $0\sim0.4$，航行体能够稳定航行。根据以上的计算可以从两个方面着手设计控制器，分别是基于阻尼调节的线性反馈突变控制器和基于幅值调节的非线性反馈突变控制器，通过合理的设置参数可以抑制突变的发生。

参 考 文 献

[1]　吕一品.超空泡航行体非线性动力学特性与运动稳定性研究[D].南京:南京理工大学,2019.

[2]　赵新华,孙尧,莫宏伟,等. 非定常通气超空泡分叉突变特性研究[J]. 工程力学,2013,30(10):277-281.

[3]　白涛,孙尧,莫宏伟. 水下高速运动体运动稳定性的分叉分析[J]. 哈尔滨工业大学学报,2009,41(5):95-98.

[4]　白涛,孙尧,莫宏伟. 分叉分析在水下高速运动体稳定控制中的应用[J]. 哈尔滨工程大学学报,2008,29(10):1067-1075.

[5]　包伯成. 混沌电路导论[M]. 北京:科学出版社, 2013.

[6]　LIN G, BALACHANDRAN B, ABED E H. Nonlinear dynamics and bifurcations of a supercavitating vehicle[J]. IEEE Journal of Oceanic Engineering, 2007, 32(4): 753-761.

第 5 章　超空泡航行体纵向运动控制方法

5.1　LMI 控　制

5.1.1　LMI 基本原理

近年来,线性矩阵不等式(linear matrix inequality,LMI)被广泛地应用于控制领域中,特别是 H_∞ 控制。LMI 始于 1890 年。20 世纪 90 年代,LMI 技术得到了更多的研究,在控制工程领域、系统识别领域等成为具有强大功能的工具。其实在控制领域的研究初期,大多数是使用 Riccati 方程或者不等式来求解的,但是使用 Riccati 方程求解过程相对烦琐,还会出现无解的情况。LMI 的出现代替了 Riccati 方程方法,以其形式简便、易于理解的特点深受国内外学者的青睐,控制系统存在的一些难点问题可以通过解决 LMI 的可行性问题来处理。同时,与 Riccati 方程方法只能得出某一部分性能的最优解相比,LMI 还可以得到系统大部分的多个最优解,从而满足系统多目标的性能指标。

LMI 具备如下三个特征。

(1)各种设计规范和约束可表示成 LMI 形式。

(2)使用 LMI 表示的问题可以用有效的凸优化算法解决。

(3)LMI 框架易于处理具有多重约束或目标的问题。

这些特征让 LMI 极具吸引力,可以把满足上述三个条件的各种约束写成 LMI 形式。

LMI 的通用表达式如下:

$$\boldsymbol{F}(\boldsymbol{x})=\boldsymbol{F}_0+x_1\boldsymbol{F}_1+x_2\boldsymbol{F}_2\cdots+x_m\boldsymbol{F}_m=\boldsymbol{F}_0+\sum_{i=1}^{m}x_i\boldsymbol{F}_i<\boldsymbol{O} \tag{5-1}$$

式中,$\boldsymbol{F}_i$ 为实对称矩阵;x_i 为决策变量;$\boldsymbol{F}(\boldsymbol{x})<\boldsymbol{O}$ 表示系统是负定的。

在研究控制系统的问题时,通常以矩阵形式来表征系统的状态变量,以李雅普诺夫不等式为例:

$$\boldsymbol{F}(\boldsymbol{x})=\boldsymbol{A}^{\mathrm{T}}\boldsymbol{X}+\boldsymbol{X}\boldsymbol{A}+\boldsymbol{Q}<\boldsymbol{O} \tag{5-2}$$

式中,$\boldsymbol{A}$ 和 $\boldsymbol{Q}$ 为已知的常数矩阵。式(5-2)表示的是一个关于未知对称矩阵 $\boldsymbol{X}$ 的不等式。假设 $\boldsymbol{E}_1,\boldsymbol{E}_2,\cdots,\boldsymbol{E}_m$ 是矩阵 $\mathbf{R}^n$ 中的一组基,则对于任意的对称矩阵 $\boldsymbol{X}\in\mathbf{R}^{n\times n}$,一定存在 x_1,$x_2,\cdots,x_m$,使得 $\boldsymbol{X}=\sum_{i=1}^{m}x_i\boldsymbol{E}_i$,式(5-2)即可由下式表示:

$$
\begin{aligned}
\boldsymbol{F}(\boldsymbol{x}) &= \boldsymbol{F}\left(\sum_{i=1}^{m} x_i \boldsymbol{E}_i\right) \\
&= \boldsymbol{A}^{\mathrm{T}}\left(\sum_{i=1}^{m} x_i \boldsymbol{E}_i\right) + \left(\sum_{i=1}^{m} x_i \boldsymbol{E}_i\right)\boldsymbol{A} + \boldsymbol{Q} \\
&= x_1(\boldsymbol{A}^{\mathrm{T}}\boldsymbol{E}_1+\boldsymbol{E}_1\boldsymbol{A})+\cdots+x_m(\boldsymbol{A}^{\mathrm{T}}\boldsymbol{E}_m+\boldsymbol{E}_m\boldsymbol{A})+\boldsymbol{Q}<\boldsymbol{O}
\end{aligned}
\tag{5-3}
$$

进而将李雅普诺夫矩阵不等式转换为 LMI 形式，所有符合式(5-2)约束的 $\boldsymbol{x}$ 组成一个凸集，LMI 问题可以通过计算凸优化的方法得以解决。

5.1.2　H_∞ 状态反馈控制

在实际应用中，可以通过研究具有同一模式的设计问题来解决很多复杂的控制问题，即标准 H_∞ 控制问题。图 5-1 为 H_∞ 状态反馈控制系统框图。

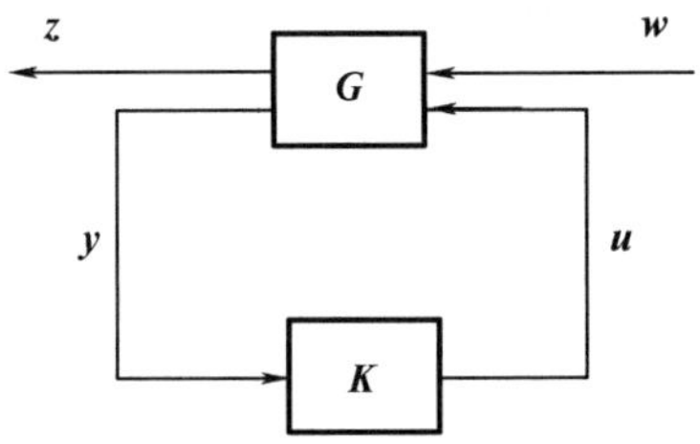

图 5-1　H_∞ 状态反馈控制系统框图

H_∞ 状态反馈控制系统框图中的 $\boldsymbol{K}$ 表示增益矩阵；$\boldsymbol{G}$ 表示系统的广义控制对象，包含被控对象与加权函数。上述框图被定义为

$$
\begin{bmatrix} \boldsymbol{z} \\ \boldsymbol{y} \end{bmatrix} = \boldsymbol{G}\begin{bmatrix} \boldsymbol{w} \\ \boldsymbol{u} \end{bmatrix} = \begin{bmatrix} G_{11} & G_{12} \\ G_{21} & G_{22} \end{bmatrix}\begin{bmatrix} \boldsymbol{w} \\ \boldsymbol{u} \end{bmatrix} \tag{5-4}
$$

以状态空间表达式的形式描述 H_∞ 状态反馈控制问题：

$$
\begin{cases}
\dot{\boldsymbol{x}} = \boldsymbol{A}\boldsymbol{x}+\boldsymbol{B}_1\boldsymbol{w}+\boldsymbol{B}_2\boldsymbol{u} \\
\boldsymbol{z} = \boldsymbol{C}_1\boldsymbol{x}+\boldsymbol{D}_{11}\boldsymbol{w}+\boldsymbol{D}_{12}\boldsymbol{u} \\
\boldsymbol{y} = \boldsymbol{x}
\end{cases} \tag{5-5}
$$

式中，$\boldsymbol{x} \in \mathbf{R}^n$ 表示系统状态变量；$\boldsymbol{w} \in \mathbf{R}^q$ 表示系统扰动输入；$\boldsymbol{u} \in \mathbf{R}^m$ 表示控制输入；$\boldsymbol{y} \in \mathbf{R}^p$ 表示测量输出；$\boldsymbol{z} \in \mathbf{R}^r$ 表示被控输出；$\boldsymbol{A}$ 为状态矩阵；$\boldsymbol{B}_1$ 为干扰系数矩阵；$\boldsymbol{B}_2$ 为输入矩阵；$\boldsymbol{C}_1$ 为输出矩阵；$\boldsymbol{D}_{11}$、$\boldsymbol{D}_{12}$ 为参数矩阵。

假设系统的状态参数都是可测量的，那么 H_∞ 状态反馈控制问题就是设计满足系统要求的控制器：

$$
\boldsymbol{u} = \boldsymbol{K}\boldsymbol{x} \tag{5-6}
$$

将式(5-6)代入式(5-5)得到闭环系统：

$$
\begin{cases}
\dot{\boldsymbol{x}} = (\boldsymbol{A}+\boldsymbol{B}_2\boldsymbol{K})\boldsymbol{x}+\boldsymbol{B}_1\boldsymbol{w} \\
\boldsymbol{z} = (\boldsymbol{C}_1+\boldsymbol{D}_{12}\boldsymbol{K})\boldsymbol{x}+\boldsymbol{D}_{11}\boldsymbol{w}
\end{cases} \tag{5-7}
$$

H_∞ 状态反馈控制就是使从 $\boldsymbol{z}$ 到 $\boldsymbol{w}$ 之间的传递函数 $T_{zw}(s)$ 的 H_∞ 范数 γ 达到最小值，即

传递函数 $T_{zw}(s)$ 需要满足如下条件：

$$\| T_{zw}(s) \|_\infty = \| (\boldsymbol{C}_1+\boldsymbol{D}_{12}\boldsymbol{K})[s\boldsymbol{I}-(\boldsymbol{A}+\boldsymbol{B}_2\boldsymbol{K})]^{-1}\boldsymbol{B}_1+\boldsymbol{D}_{11} \|_\infty <\gamma \tag{5-8}$$

对于 H_∞ 状态反馈控制问题具有多种求解方法，这里主要介绍基于 LMI 的 H_∞ 状态反馈控制问题求解方法。该种方法无须对系统模型设置过多的约束条件，通过相对直接的矩阵运算，求解 H_∞ 状态反馈控制器系统参数凸优化问题，进而解决具有 H_∞ 范数约束形式的多目标控制问题。

H_∞ 状态反馈控制律的条件与方法如下所述。

定理 5-1 针对如式(5-5)表示的系统，假设存在 H_∞ 状态反馈控制律（式(5-6)），当且仅当存在一个对称正定矩阵 $\boldsymbol{X}$ 和矩阵 $\boldsymbol{W}$，使下面的矩阵不等式成立：

$$\begin{bmatrix} \boldsymbol{AX}+\boldsymbol{B}_2\boldsymbol{W}+(\boldsymbol{AX}+\boldsymbol{B}_2\boldsymbol{W})^{\mathrm{T}} & \boldsymbol{B}_1 & (\boldsymbol{C}_1\boldsymbol{X}+\boldsymbol{D}_{12}\boldsymbol{W})^{\mathrm{T}} \\ \boldsymbol{B}_1^{\mathrm{T}} & -\boldsymbol{I} & \boldsymbol{D}_{11}^{\mathrm{T}} \\ \boldsymbol{C}_1\boldsymbol{X}+\boldsymbol{D}_{12}\boldsymbol{W} & \boldsymbol{D}_{11} & -\boldsymbol{I} \end{bmatrix} < \boldsymbol{O} \tag{5-9}$$

对于式(5-9)，如果存在一个可行解 $\boldsymbol{X}^*$、$\boldsymbol{W}^*$，那么 $\boldsymbol{u}=\boldsymbol{W}^*(\boldsymbol{X}^*)^{-1}\boldsymbol{x}$ 便是系统的 H_∞ 状态反馈控制律。

证明 闭环系统式(5-7)是渐近稳定的，并且被控输出到扰动输入之间的传递函数满足式(5-8)的性能要求，当且仅当存在一个对称正定矩阵 $\boldsymbol{P}$，满足如下不等式：

$$\begin{bmatrix} (\boldsymbol{A}+\boldsymbol{B}_2\boldsymbol{K})^{\mathrm{T}}\boldsymbol{P}+\boldsymbol{P}(\boldsymbol{A}+\boldsymbol{B}_2\boldsymbol{K}) & \boldsymbol{PB}_1 & (\boldsymbol{C}_1+\boldsymbol{D}_{12}\boldsymbol{K})^{\mathrm{T}} \\ \boldsymbol{B}_1^{\mathrm{T}}\boldsymbol{P} & -\boldsymbol{I} & \boldsymbol{D}_{11}^{\mathrm{T}} \\ \boldsymbol{C}_1+\boldsymbol{D}_{12}\boldsymbol{K} & \boldsymbol{D}_{11} & -\boldsymbol{I} \end{bmatrix} < \boldsymbol{O} \tag{5-10}$$

对于式(5-10)中的两个未知的矩阵变量 $\boldsymbol{P}$ 和 $\boldsymbol{K}$，其实际的存在形式是非线性的，对其进行直接求解具有一定的难度。通过变量替换法采取适当的变量替换，将非线性矩阵不等式(5-10)转换为一个等价的同时包含新变量的 LMI 形式，对线性矩阵不等式进行计算，进而得到矩阵 $\boldsymbol{P}$ 和 $\boldsymbol{K}$ 的值。

对非线性矩阵不等式(5-10)进行一系列乘积运算，左右分别乘以 $\mathrm{diag}\{\boldsymbol{P}^{-1},\boldsymbol{I},\boldsymbol{I}\}$，可以获得一个与非线性矩阵不等式(5-10)等价的矩阵不等式，即

$$\begin{bmatrix} \boldsymbol{AP}^{-1}+\boldsymbol{B}_2\boldsymbol{KP}^{-1}+(\boldsymbol{AP}^{-1}+\boldsymbol{B}_2\boldsymbol{KP}^{-1})^{\mathrm{T}} & \boldsymbol{B}_1 & (\boldsymbol{C}_1\boldsymbol{P}^{-1}+\boldsymbol{D}_{11}\boldsymbol{KP}^{-1})^{\mathrm{T}} \\ \boldsymbol{B}_1^{\mathrm{T}} & -\boldsymbol{I} & \boldsymbol{D}_{11}^{\mathrm{T}} \\ \boldsymbol{C}_1\boldsymbol{P}^{-1}+\boldsymbol{D}_{12}\boldsymbol{KP}^{-1} & \boldsymbol{D}_{11} & -\boldsymbol{I} \end{bmatrix} < \boldsymbol{O} \tag{5-11}$$

在这里，定义 $\boldsymbol{X}=\boldsymbol{P}^{-1}$，$\boldsymbol{W}=\boldsymbol{KX}$，将其代入式(5-11)中就可以推出式(5-9)形式的矩阵不等式，故证明了定理 5-1。

关于线性矩阵不等式的求解问题，在 Matlab 中有特定的 LMI 工具箱。通过工具箱进行计算获得式(5-11)中符合要求的矩阵变量 $\boldsymbol{P}$ 和 $\boldsymbol{K}$ 的值，进而得到满足系统要求的 H_∞ 状态反馈控制律。

5.1.3 超空泡航行体 H_∞ 状态反馈控制设计

H_∞ 状态反馈控制可以保证系统稳定运动的同时，还对存在外部扰动的系统通过选取合

适的加权系数得到性能输出最优。设计的控制器不仅能够保持系统的稳定性，而且应具有良好的抗扰动性能。选取适当的 H_∞ 状态反馈控制系统参数，可以使设计的控制器满足超空泡航行体综合性能输出的要求。本节结合超空泡航行体非线性动力学模型，使用 H_∞ 状态反馈控制方法，根据航行体综合性能要求选择合适的系统参数，并且设计符合系统要求的控制律，通过求解 LMI 得到系统的控制器参数。

1. 系统数学模型

根据第 3 章关于超空泡航行体数学模型的描述可以知道，式(3-62)中包含具有强非线性特性的滑行力 F_p，使得超空泡航行体是一个非线性动力学模型。当航行体在水下高速航行受到扰动，航行体的垂向速度 ω 超过阈值 $\omega_{th}=1.64$ m/s 时，便会产生滑行力。由滑行力模型可以知道，滑行力具有不连续特性，生成的滑行力会给航行体一个反作用力，使其弹回空泡内。当航行体的垂向速度不超过阈值 1.64 m/s 时，航行体不与空泡壁接触，滑行力为零。基于滑行力的这一特性，可以将滑行力看作航行体的外部扰动输入，即 H_∞ 状态反馈控制系统式(5-5)中的扰动输入 $w=F_p$，这样就可以将 H_∞ 状态反馈控制设计的目的转化为在以滑行力作为外部扰动输入情况下保持系统具有良好的输出性能。因此，超空泡航行体的数学模型可以用如下形式表示：

$$\begin{cases}\dot{\boldsymbol{x}}=\boldsymbol{Ax}+\boldsymbol{B}_1\boldsymbol{w}+\boldsymbol{B}_2\boldsymbol{u}+\boldsymbol{C}\\ \boldsymbol{z}=\boldsymbol{C}_1\boldsymbol{x}+\boldsymbol{D}_{11}\boldsymbol{w}+\boldsymbol{D}_{12}\boldsymbol{u}\\ \boldsymbol{y}=\boldsymbol{x}\end{cases} \tag{5-12}$$

式中，$\boldsymbol{C}$ 项主要影响系统稳态时的静差，并且该稳态静差相对比较小，而 H_∞ 状态反馈控制研究的是系统的性能。因此，在此次 H_∞ 状态反馈控制器设计过程中，忽略 $\boldsymbol{C}$ 项，这样得到的超空泡航行体数学模型可与 H_∞ 状态反馈控制的状态空间描述在形式上相对应。通过设计 H_∞ 状态反馈控制系统参数，得到满足超空泡航行体稳定性能要求的控制律。

具有 H_∞ 状态反馈控制形式的超空泡航行体系数矩阵 $\boldsymbol{C}_1$、$\boldsymbol{D}_{11}$ 以及 $\boldsymbol{D}_{12}$ 具有如下表现形式：

$$\boldsymbol{C}_1=\begin{bmatrix}\lambda_1 & 0 & 0 & 0\\ 0 & \lambda_2 & 0 & 0\\ 0 & 0 & \lambda_3 & 0\\ 0 & 0 & 0 & \lambda_4\\ 0 & 0 & 0 & 0\\ 0 & 0 & 0 & 0\end{bmatrix} \tag{5-13}$$

$$\boldsymbol{D}_{11}=\begin{bmatrix}0\\0\\0\\0\end{bmatrix} \tag{5-14}$$

$$D_{12}=\begin{bmatrix}0&0\\0&0\\0&0\\0&0\\\beta_1&0\\0&\beta_2\end{bmatrix} \tag{5-15}$$

式(5-13)至式(5-15)中,λ_1、λ_2、λ_3、λ_4、β_1、β_2 表示待设计的加权系数,可根据系统实际情况进行选取。本书取 $\lambda_1=2\ 300$,$\lambda_2=0.01$,$\lambda_3=200$,$\lambda_4=1$,$\beta_1=300$,$\beta_2=150$,然后通过求解线性矩阵不等式,推出满足超空泡航行体综合性能要求的控制律。超空泡航行体 H_∞ 状态反馈控制系统框图如图 5-2 所示。

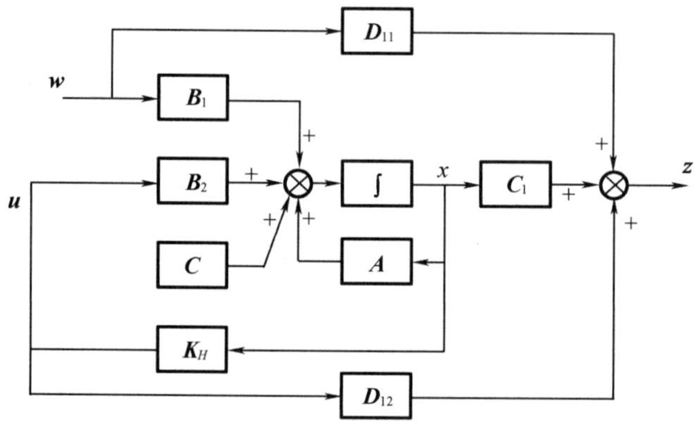

图 5-2 超空泡航行体 H_∞ 状态反馈控制系统框图

2. 控制器设计

结合 H_∞ 状态反馈控制的状态空间描述,为了将超空泡航行体非线性动力学模型设计为 H_∞ 状态反馈控制的形式,针对模型中存在的具有强非线性特性的滑行力,将其看作 H_∞ 状态反馈控制方程中的外部干扰 $\boldsymbol{w}$,建立超空泡航行体 H_∞ 状态反馈控制方程。

系统式(5-12)是镇定模型,将式(5-12)进行变换可以使系统跟踪期望的指令信号。设置超空泡航行体跟踪系统的期望指令,z_d 表示深度期望指令,ω_d 表示垂向速度期望指令,θ_d 表示俯仰角期望指令,q_d 表示俯仰角速率期望指令,所以超空泡航行体状态变量的期望值用 $\boldsymbol{x}_d=[z_d\quad \omega_d\quad \theta_d\quad q_d]^{\mathrm{T}}$ 表示,跟踪误差为 $\boldsymbol{x}_e=\boldsymbol{x}-\boldsymbol{x}_d$。所以式(5-12)可以等价于下式:

$$\dot{\boldsymbol{x}}_e=\boldsymbol{A}\boldsymbol{x}_e+\boldsymbol{B}_1\boldsymbol{w}+\boldsymbol{B}_2\boldsymbol{u}+\boldsymbol{A}\boldsymbol{x}_d-\dot{\boldsymbol{x}}_d \tag{5-16}$$

令

$$\boldsymbol{u}=-(\boldsymbol{B}_2^{\mathrm{T}}\boldsymbol{B}_2)^{-1}\boldsymbol{B}_2^{\mathrm{T}}(\boldsymbol{A}\boldsymbol{x}_d-\dot{\boldsymbol{x}}_d)+\boldsymbol{v} \tag{5-17}$$

式中,$\boldsymbol{v}$ 表示新的控制输入。显然

$$\begin{cases}\dot{\boldsymbol{x}}_e=\boldsymbol{A}\boldsymbol{x}_e+\boldsymbol{B}_1\boldsymbol{w}+\boldsymbol{B}_2\boldsymbol{v}\\ \boldsymbol{z}=\boldsymbol{C}_1\boldsymbol{x}_e+\boldsymbol{D}_{12}\boldsymbol{v}\\ \boldsymbol{y}=\boldsymbol{x}_e\end{cases} \tag{5-18}$$

上述系统的控制输入设计为

$$\boldsymbol{u}_H=\boldsymbol{K}_H\boldsymbol{x}_{\mathrm{e}} \tag{5-19}$$

式中，$\boldsymbol{K}_H$ 表示所设计的 H_∞ 状态反馈控制律。

将式(5-19)代入式(5-18)，得到

$$\begin{cases}\dot{\boldsymbol{x}}_{\mathrm{e}}=(\boldsymbol{A}+\boldsymbol{B}_2\boldsymbol{K}_H)\boldsymbol{x}_{\mathrm{e}}+\boldsymbol{B}_1\boldsymbol{w}\\ z=(\boldsymbol{C}_1+\boldsymbol{D}_{12}\boldsymbol{K}_H)\boldsymbol{x}_{\mathrm{e}}\end{cases} \tag{5-20}$$

要保证闭环系统是渐进稳定的，那么就需要 $T_{zw}(s)$ 的 H_∞ 范数满足：

$$\|T_{zw}(s)\|_\infty=\|(\boldsymbol{C}_1+\boldsymbol{D}_{12}\boldsymbol{K})[s\boldsymbol{I}-(\boldsymbol{A}+\boldsymbol{B}_2\boldsymbol{K})]^{-1}\boldsymbol{B}_1\|_\infty<\gamma \tag{5-21}$$

式中，$T_{zw}(s)$ 表示系统的 $\boldsymbol{z}$ 到 $\boldsymbol{w}$ 之间的传递函数。

参照定理 5-1，对于系统式(5-18)，存在一个 H_∞ 状态反馈控制器，当且仅当存在一个对称正定矩阵 $\boldsymbol{X}$ 和 $\boldsymbol{W}$ 时，使

$$\begin{bmatrix}\boldsymbol{AX}+\boldsymbol{B}_2\boldsymbol{W}+(\boldsymbol{AX}+\boldsymbol{B}_2\boldsymbol{W})^{\mathrm{T}} & \boldsymbol{B}_1 & (\boldsymbol{C}_1\boldsymbol{X}+\boldsymbol{D}_{12}\boldsymbol{W})^{\mathrm{T}}\\ \boldsymbol{B}_1^{\mathrm{T}} & -\boldsymbol{I} & \boldsymbol{O}\\ \boldsymbol{C}_1\boldsymbol{X}+\boldsymbol{D}_{12}\boldsymbol{W} & \boldsymbol{O} & -\boldsymbol{I}\end{bmatrix}<\boldsymbol{O} \tag{5-22}$$

成立，那么

$$\boldsymbol{u}_H=(\boldsymbol{WX}^{-1})\boldsymbol{x}_{\mathrm{e}} \tag{5-23}$$

就是系统的 H_∞ 状态反馈控制器。

线性矩阵不等式(5-22)包含两个未知矩阵变量 $\boldsymbol{X}$ 和 $\boldsymbol{W}$，以及其他常数矩阵。首先，利用 Matlab 工具箱对线性矩阵不等式进行计算，得到满足设计要求的可行解 $\boldsymbol{X}$ 和 $\boldsymbol{W}$，然后由求解的可行解根据式(5-23)得到系统的 H_∞ 状态反馈控制律，使超空泡航行体的各个状态量即使受到外界干扰，依然能够从初始状态迅速到达期望的平衡点，保持航行体稳定运行。

3. H_∞ 状态反馈控制器仿真分析

根据超空泡航行体的数学模型编写程序并设置系统仿真参数，固定步长为 1 ms，仿真时间为 2 s，系统相关参数的选取参考表 4-1。选择 $\boldsymbol{x}_0=[0\quad 1.8\quad 0\quad 0]^{\mathrm{T}}$ 作为系统状态变量的初值，由于控制器的偏转角会受到物理条件的制约，因此这里设置控制器偏转角不超过 0.4 rad。将选定的权系数代入线性矩阵不等式中进行求解，得到系统的 H_∞ 状态反馈控制律：

$$\boldsymbol{K}_H=\begin{bmatrix}-1.74 & 0.09 & -6.59 & 0.14\\ -25.39 & -0.34 & 25.34 & -0.05\end{bmatrix} \tag{5-24}$$

图 5-3 至图 5-5 所示为在 H_∞ 状态反馈控制律作用下超空泡航行体的初始响应。从图中可以看出，航行体深度大约在 0.2 s 时趋于稳定，俯仰角最终在 0.02 rad 上下波动，说明航行体此刻的状态是头部微微上仰。结合滑行力的曲线可以看出，航行体的尾部间歇性碰撞空泡，产生滑行力，并在这种模式下保持航行体的稳定航行。将该仿真结果与相关文献中使用 H_∞ 状态反馈控制器的仿真结果图进行对比，系统稳定后，相关文献中航行体深度的峰值为 0.007 m，本书仿真结果中航行体深度的峰值略小，约为 0.002 m；系统稳定后，相关文献中尾舵偏转角的峰值为 0.1 rad，空化器偏转角的峰值为 0.2 rad，本书仿真结果显示尾舵偏转角的峰值为 0.02 rad，空化器偏转角的峰值为 0.1 rad，控制器的偏转角均满足实际工作情况且小于相关文献中控制器的偏转角。

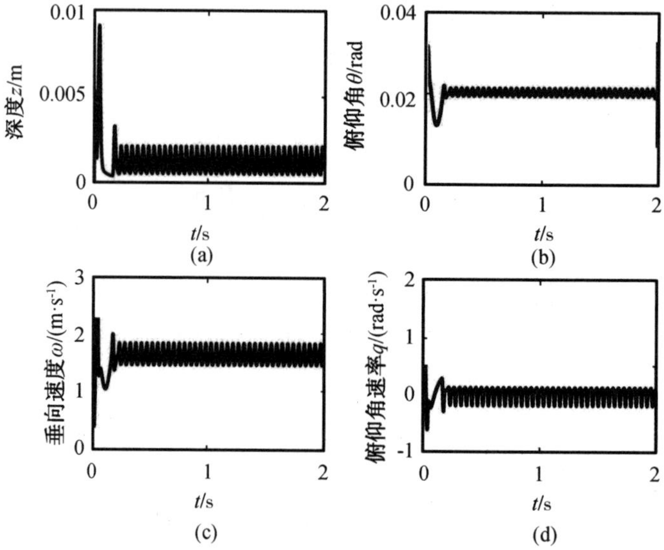

图 5-3　控制律式(5-24)作用下航行体的状态变化曲线

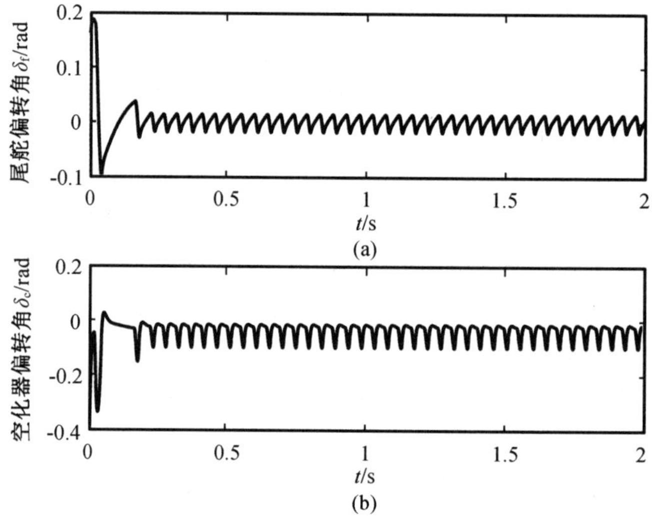

图 5-4　控制律式(5-24)作用下的控制输入

在控制律式(5-24)的作用下,不考虑航行体的重力项对超空泡航行体进行仿真。图 5-6 与图 5-7 描述了当超空泡航行体的期望深度设置为 $z_d = 3$ m 时,各个状态的曲线变化以及相应的控制器输入和滑行力曲线。由图 5-6 可以看出,航行体大约在 0.5 s 时到达设定的期望深度,在此之后,航行体的深度跟踪曲线与期望预定曲线几乎完全吻合,其余状态约在 0.6 s 后相继处于 0 的状态。图 5-7 描述了航行体的控制输入与滑行力的响应情况,尾舵偏转角大约在 0.3 s 后保持稳定,固定在 0.1 rad 的角度,空化器偏转角在 0.1 s 后维持一个微小的角度,大约为 0.03 rad。仿真开始时,有一个幅值为 57 N 的滑行力产生,0.07 s 后滑行力为 0,说明此后航行体到达期望深度并一直处于空泡内部航行状态,执行机构的偏转角保证了航行体力与力矩平衡。

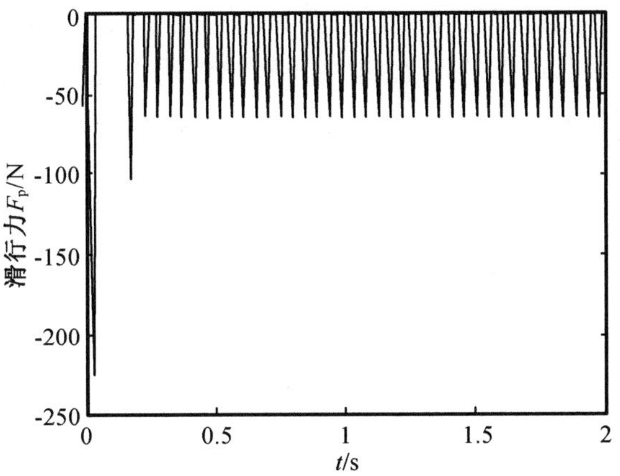

图 5-5　控制律式(5-24)作用下的滑行力

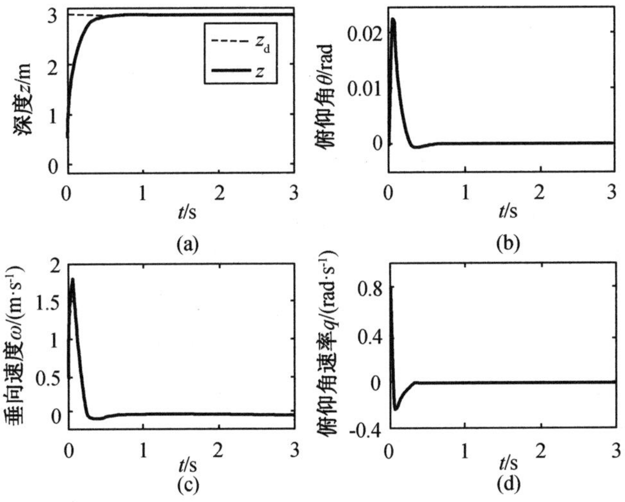

图 5-6　深度跟踪状态响应曲线

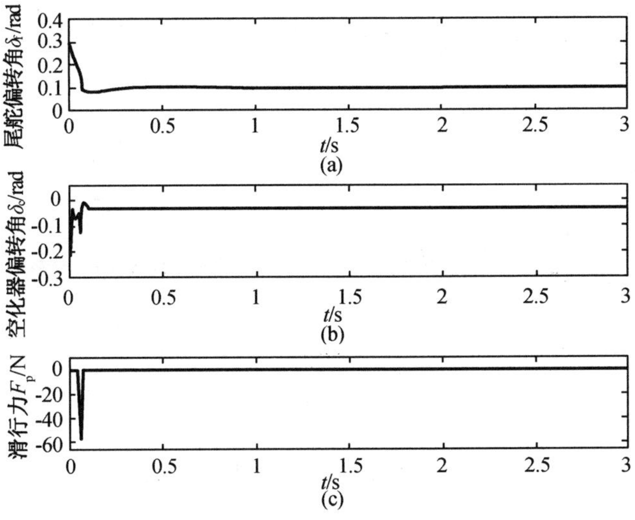

图 5-7　深度跟踪控制输入与滑行力

根据滑行力的计算公式可以知道,滑行力的大小与航行体的垂向速度息息相关。假设航行体在某一时刻受到外部环境的干扰,这个干扰导致垂向速度产生了波动,在这里,取一段维持时间为 0.2 s 且幅值为 1 的方波信号,干扰信号如图 5-8 所示。

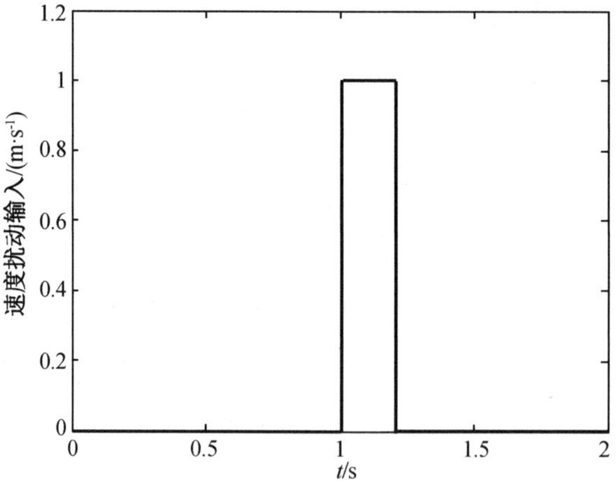

图 5-8　垂向速度扰动输入

在控制律式(5-24)的基础上,垂向速度在加入干扰后,得到如图 5-9 和图 5-10 所示的响应曲线。当航行体的垂向速度在 $t=1$ s 受到方波干扰时,大约在 $t=1.3$ s 时趋于稳定。这一过程产生了一个大约为 230 N 的滑行力,且没有产生反向的滑行力,这说明在航行体的垂向速度受到扰动后,航行体在空泡内部并未产生强烈的来回振荡,而是很快稳定下来,并且受到扰动后执行器的偏转角在允许的工作范围内,最大值为 0.3 rad。以上验证了所设计的 H_∞ 状态反馈控制器的有效性。

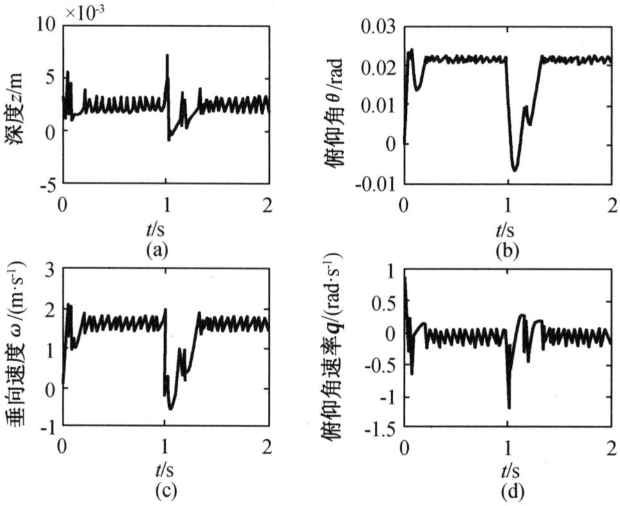

图 5-9　加入扰动后的状态响应曲线

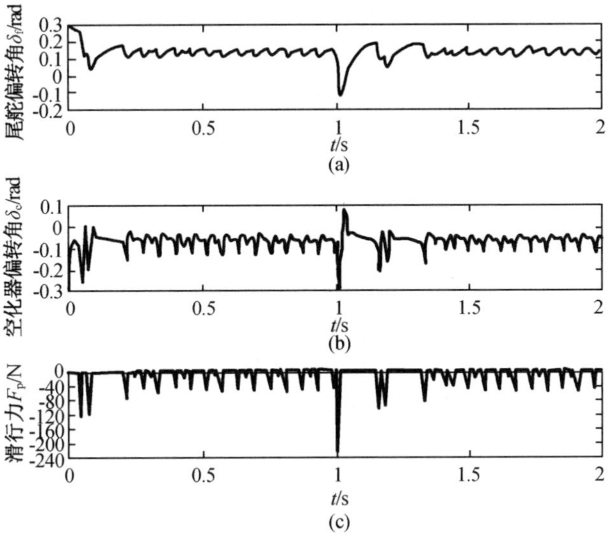

图 5-10　加入扰动后的控制输入与滑行力曲线

5.2　扰动观测器设计

5.2.1　扰动观测器设计过程

第 5.1 节在进行超空泡航行体 H_∞ 状态反馈控制设计时，忽略了航行体重力的影响。其实当航行体包裹在空泡当中航行时，由于没有了水的浮力，航行体在重力的影响下会出现下沉的现象，当航行体下沉到与空泡接触或者穿过空泡时便会产生滑行力，滑行力的方向与重力方向相反。航行体在受到滑行力的作用时会停止下沉现象并回到空泡内，这样滑行力消失之后又会继续下沉，如此周而复始就形成了尾拍现象。尾拍现象产生的滑行力在一定程度上可以提供升力，但同时也会引起航行体的抖动。尾拍现象会使得航行体在航行的过程中形成阻力而消耗能量，不仅会影响航行体的航程与行进速度，还有可能会使空泡的稳定性遭到破坏，因此需要设计一种方法解决航行体频繁的尾拍现象。本节通过设计一种扰动观测器来解决超空泡航行体航行过程中重力的影响，从而解决超空泡航行体频繁的尾拍现象。

我们分析了非线性数学模型式(3-61)、式(3-62)中的状态变量之间的关系后，发现重力项的存在导致超空泡航行体的数学模型没有平衡点。而忽略重力项后，可以通过系统的状态反馈建立一个平衡点，假设平衡点为 $\boldsymbol{x}_{\mathrm{eq}}$，在进行系统动态分析时，可以把平衡点 $\boldsymbol{x}_{\mathrm{eq}}$ 看作常向量。

超空泡航行体动态分析中相对于平衡点的增量方程表示为

$$\boldsymbol{x}=\boldsymbol{x}_{\mathrm{eq}}+\Delta\boldsymbol{x} \tag{5-25}$$

$$\frac{\mathrm{d}}{\mathrm{d}t}(\Delta\boldsymbol{x})=\dot{\boldsymbol{x}}=\boldsymbol{A}(\Delta\boldsymbol{x})+\boldsymbol{B}\boldsymbol{u}+(\boldsymbol{C}+\boldsymbol{A}\boldsymbol{x}_{\mathrm{eq}})+\boldsymbol{D}F_{\mathrm{p}} \tag{5-26}$$

由式(5-26)可以看出,如果想要忽略重力对超空泡航行体的影响,那么可以把包含重力加速度的 $\boldsymbol{C}+\boldsymbol{A}\boldsymbol{x}_{\mathrm{eq}}$ 这一项,当作超空泡航行体系统中的一个未知的常值扰动。当 $\boldsymbol{x}_{\mathrm{eq}}=\boldsymbol{0}$ 时,扰动的这一项指的就是重力加速度。下面就假设平衡点等于0进行扰动观测器的推导。

当需要观测的对象为重力加速度,是常值时,它的一阶导数等于零,即

$$\dot{d}=0 \tag{5-27}$$

式中,d 表示观测器输出,在本节中代表实际系统中的重力加速度,那么扰动观测器的方程可以表示为

$$\dot{\hat{d}}=L(y-\hat{d}) \tag{5-28}$$

式中,y 表示观测器输出 d 的期望值;$\hat{d}$ 表示 d 的估计值;L 表示观测器增益。

将式(3-61)、式(3-62)进行简单处理得到式(5-29),并将其代入式(5-28),得到如下式子:

$$c_2=\dot{\omega}-a_{22}\omega-a_{24}q-b_{21}\delta_{\mathrm{e}}-b_{22}\delta_{\mathrm{c}}-d_2F_{\mathrm{p}} \tag{5-29}$$

$$\dot{\hat{d}}=L(\dot{\omega}-a_{22}\omega-a_{24}q-b_{21}\delta_{\mathrm{e}}-b_{22}\delta_{\mathrm{c}}-d_2F_{\mathrm{p}}-\hat{d}) \tag{5-30}$$

设计观测器变量

$$\eta=\hat{d}-L\omega \tag{5-31}$$

则估计值

$$\hat{d}=\eta+L\omega \tag{5-32}$$

将式(5-32)代入式(5-30)并进行整理,得到

$$\begin{aligned}\dot{\eta}&=-L\eta-(L^2+a_{22}L)\omega-a_{24}Lq-b_{21}L\delta_{\mathrm{e}}-b_{22}L\delta_{\mathrm{c}}-d_2LF_{\mathrm{p}}\\&=-L\eta-\boldsymbol{A}_0\boldsymbol{x}-\boldsymbol{B}_0\boldsymbol{u}-D_0F_{\mathrm{p}}\end{aligned} \tag{5-33}$$

取 $\boldsymbol{A}_0=[0\quad L^2+a_{22}L\quad 0\quad a_{24}L]$,$\boldsymbol{B}_0=[b_{21}L\quad b_{22}L]$,$D_0=d_2L$。根据式(3-32)、式(5-33)的描述建立扰动观测器的系统框图,如图5-11所示。

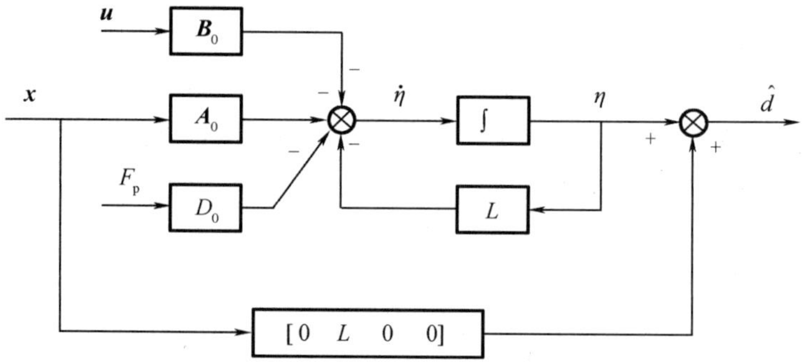

图5-11 扰动观测器的系统框图

得到系统外部干扰的估计值之后,通过控制器的设计消除外部干扰对系统的影响。在这里,采用5.1节已经设计好的控制器,将干扰观测器的控制输入与原来的控制输入进行加权得到一个新的控制器,把这个新的控制器视作系统的控制输入,即超空泡航行体的控制方程表示如下:

$$\dot{\boldsymbol{x}} = \boldsymbol{A}\boldsymbol{x}+\boldsymbol{B}\boldsymbol{u}+\boldsymbol{B}\boldsymbol{u}_{\mathrm{g}}+\boldsymbol{C}+\boldsymbol{D}F_{\mathrm{p}} \tag{5-34}$$

式中，$\boldsymbol{u}_{\mathrm{g}}$ 就是观测器输入。

观测器输入 $\boldsymbol{u}_{\mathrm{g}}$ 与最终的控制输入表示为

$$\boldsymbol{u}_{\mathrm{g}} = \begin{bmatrix} 0 \\ -\hat{d}/b_{22} \end{bmatrix} \tag{5-35}$$

$$\widetilde{\boldsymbol{u}} = \boldsymbol{u}+\boldsymbol{u}_{\mathrm{g}} \tag{5-36}$$

在加入扰动观测器之后，新的超空泡航行体的系统框图如图 5-12 所示。

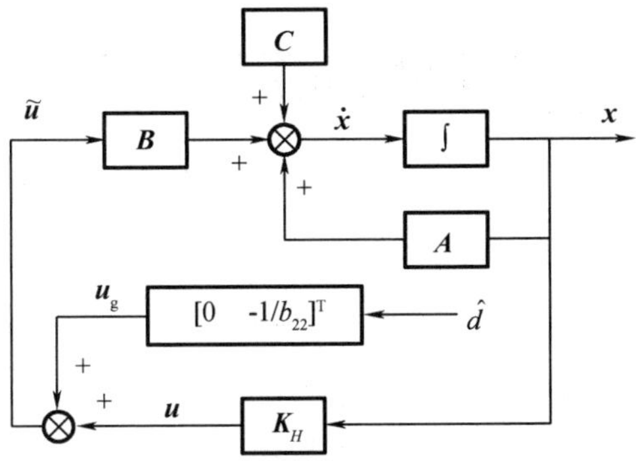

图 5-12　带扰动观测器的超空泡航行体的系统框图

5.2.2　扰动观测器仿真结果

本节主要分析在设计好的控制器中加入扰动观测器的效果。由图 5-3 与图 5-4 可知，此时航行体的运动状态为周期性拍打空泡壁向前航行，在此基础上进行扰动观测器的效果验证。假设航行体开始运动时是处于周期性拍打前行的，$t=1$ s 时加入扰动观测器，在加入扰动观测器后的航行体各个状态、控制输入以及滑行力的响应曲线如图 5-13、图 5-14 所示。

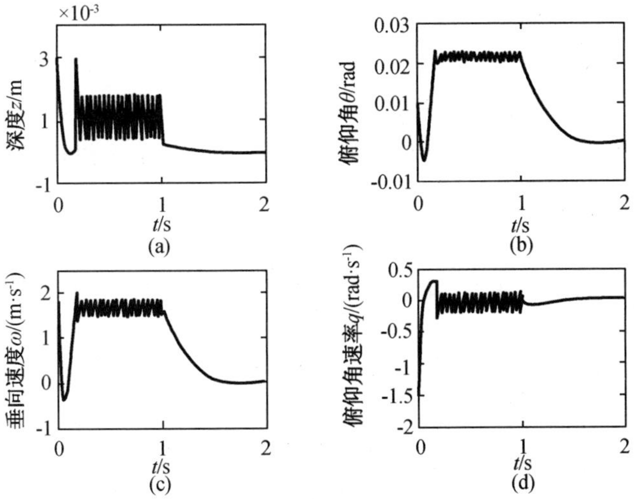

图 5-13　加入扰动观测器后的状态响应曲线

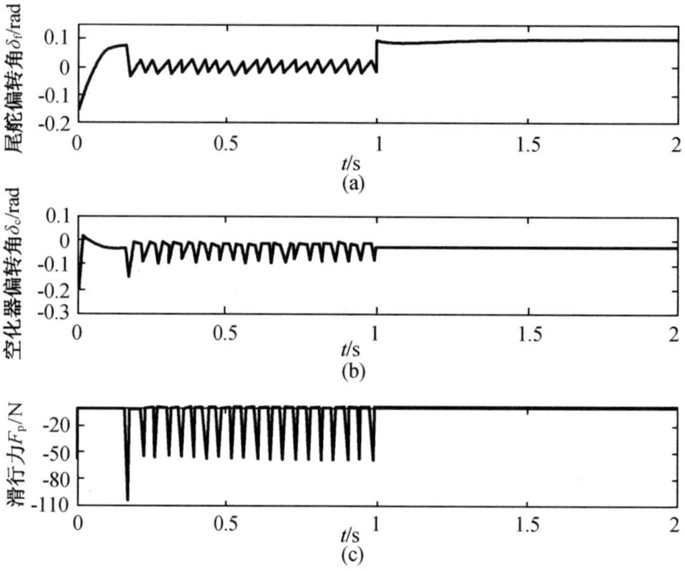

图 5-14　加入扰动观测器后的控制输入与滑行力曲线

由图 5-13 可以看出,在加入了扰动观测器之后,大约在 0.2 s,航行体纵向位置的波动现象消失,0.6 s 左右,航行体各个状态区趋于稳定,解决了航行体拍打空泡壁运动的现象。由图 5-14 可以看到,在加入了扰动观测器之后,航行体的滑行力消失,之后一直处于空泡内部稳定运动,尾舵偏转角保持 0.1 rad 不变,空化器偏转角保持 0.03 rad 不变,尾舵与空化器共同作用,保持航行体的合力与合力矩平衡,并且在整个调整的过程中,执行机构的偏转角不超过 0.3 rad,满足实际工作要求。

5.3　级联反步滑模控制器设计

5.3.1　级联模型

考虑超空泡航行体的数学模型强耦合、非线性的特性,分析系统标准控制模型形式,根据级联控制方法,将纵向运动系统分为两个子系统,子系统 1 由纵向位置和俯仰角组成,子系统 2 由垂向速度和俯仰角速率组成。

故进行如下定义:$\boldsymbol{\eta}=\begin{bmatrix} z \\ \theta \end{bmatrix}$,$\boldsymbol{\zeta}=\begin{bmatrix} \omega \\ q \end{bmatrix}$,$\boldsymbol{u}=\begin{bmatrix} \delta_f \\ \delta_c \end{bmatrix}$,令 $\boldsymbol{A}_1=\begin{bmatrix} 0 & -V \\ 0 & 0 \end{bmatrix}$,$\boldsymbol{A}_2=\begin{bmatrix} a_{22} & a_{24} \\ a_{42} & a_{44} \end{bmatrix}$,$\boldsymbol{B}_0=\begin{bmatrix} b_{21} & b_{22} \\ b_{41} & b_{42} \end{bmatrix}$,$\boldsymbol{C}_2=\begin{bmatrix} c_2 \\ 0 \end{bmatrix}$,$\boldsymbol{D}_2=\begin{bmatrix} d_2 \\ d_4 \end{bmatrix}$。那么,级联控制模型如下:

$$\dot{\boldsymbol{\eta}}=\boldsymbol{A}_1\boldsymbol{\eta}+\boldsymbol{\zeta} \tag{5-37}$$

$$\dot{\boldsymbol{\zeta}}=\boldsymbol{A}_2\boldsymbol{\zeta}+\boldsymbol{B}_0\boldsymbol{u}+\boldsymbol{C}_2+\boldsymbol{D}_2F_p \tag{5-38}$$

5.3.2 反步法基本原理

反步法自提出以来就广泛地应用于线性及非线性控制系统领域,已经成为重要的非线性控制方法之一,它可以用于解决具有参数不确定性的非线性系统。反步法根据系统结构上的特点,通过设计虚拟控制器,构造李雅普诺夫函数,再经过推导获取满足李雅普诺夫意义下稳定的控制律,从而实现系统的稳定控制。

考虑如下形式的 n 维系统:

$$\begin{cases} \dot{x}_1 = x_2 + f_1(x_1) \\ \dot{x}_2 = x_3 + f_2(x_1, x_2) \\ \quad\vdots \\ \dot{x}_i = x_{i+1} + f_i(x_1, x_2, \cdots, x_i) \\ \quad\vdots \\ \dot{x}_n = u + f_n(x_1, x_2, \cdots, x_n) \end{cases} \tag{5-39}$$

式中,$\boldsymbol{x} = [x_1 \quad x_2 \quad \cdots \quad x_n]^{\mathrm{T}} \in \mathbf{R}^n$ 是系统的状态矩阵;$\boldsymbol{u} \in \mathbf{R}$ 表示控制输入;$f_n(x_1, x_2, \cdots, x_n)$ 代表非线性部分。

反步法是将每一个子系统 $\dot{x}_i = x_{i+1} + f_i(x_1, x_2, \cdots, x_i)$ 中的 x_{i+1} 项当作虚拟控制项,并逐步设计和构造中间虚拟控制量 $x_{i+1} = \alpha_i, i = 1, 2, \cdots, n-1$,保证系统前 i 个低阶子系统渐近稳定。由于系统的解不一定完全满足 $x_{i+1} = \alpha_i$,为了使实际的状态尽可能地接近期望的虚拟控制,故在系统设计时引入状态量的误差变量 e_i,通过误差变量的收敛使系统的状态变量 x_{i+1} 与虚拟控制量 α_i 之间存在渐进特性,最终保证整个控制系统的渐近稳定。

先定义 n 个误差变量:

$$\begin{cases} e_1 = x_1 \\ e_2 = x_2 - \alpha_1(x_1) \\ \quad\vdots \\ e_i = x_i + \alpha_{i-1}(x_1, x_2, \cdots, x_{i-1}) \\ \quad\vdots \\ e_n = x_n + \alpha_{n-1}(x_1, x_2, \cdots, x_{n-1}) \end{cases} \tag{5-40}$$

为每一个虚拟控制量定义一个标量函数,保证每一个状态变量都具有适当的渐进特性。式(5-40)其实是式(5-39)的微分同胚变换,因此只需要使状态变量 x_{i+1} 与虚拟控制量 α_i 之间的误差变量 e_i 收敛,那么就可以使整个系统渐进稳定。

第 1 步:对式(5-40)中 e_1 求导,得

$$\dot{e}_1 = \dot{x}_1 = x_2 + f_1(x_1) \tag{5-41}$$

定义一个李雅普诺夫函数:

$$V_1 = \frac{1}{2} e_1^{\ 2} \tag{5-42}$$

取 $\alpha_1 = -x_1 - f_1(x_1) \triangleq \widetilde{\alpha}_1(e_1)$,则

$$\begin{cases}\dot{e}_1=-e_1+e_2\\ \dot{e}_2=x_3+f_2(x_1,x_2)-\dfrac{\partial\widetilde{\alpha}_1}{\partial e_1}\dot{e}_1\triangleq x_3+\tilde{f}_2(e_1,e_2)\\ \dot{V}_1=-{e_1}^2+e_1e_2\end{cases}\tag{5-43}$$

由式(5-43)可知,如果 e_2 等于零,那么 e_1 渐进稳定,但事实上无法保证 e_2 恒为零,此时再设计一个虚拟控制量 α_2,使误差 $e_2=x_2-\widetilde{\alpha}_1(x_1)$ 具有期望的渐进性。

第 2 步:与第一步类似,定义第二个李雅普诺夫函数为

$$V_2(x)=\frac{1}{2}{e_1}^2+\frac{1}{2}{e_2}^2\tag{5-44}$$

取 $\alpha_2=-x_2-f_2(x_1,x_2)\triangleq\widetilde{\alpha}_2(e_1,e_2)=-e_1-e_2+\tilde{f}_2(e_1,e_2)$,则

$$\begin{cases}\dot{e}_1=-e_1+e_2\\ \dot{e}_2=-e_1-e_2+e_3\\ \dot{e}_3=x_4+f_3(x_1,x_2,x_3)-\displaystyle\sum_{i=1}^{2}\frac{\partial\widetilde{\alpha}_2}{\partial e_i}\dot{e}_i\triangleq x_4+\tilde{f}_3(e_1,e_2,e_3)\\ \dot{V}_2(x)=-{e_1}^2-{e_2}^2+e_2e_3\end{cases}\tag{5-45}$$

由式(5-45)可知,若误差变量 e_3 恒为零,即 $\alpha_2=-e_1-e_2+\tilde{f}_2(e_1,e_2)$,那么误差 e_1 和 e_2 是渐近稳定的。但事实上无法保证 e_3 恒为零,这个时候就需要再引入一个新的虚拟控制量,进而保证系统的误差具有期望的渐进收敛特性。

第 i 步:定义第 i 个李雅普诺夫函数和虚拟控制率为

$$\begin{cases}V_i(x)=\dfrac{1}{2}({e_1}^2+{e_2}^2+\cdots+{e_i}^2)\\ \widetilde{\alpha}_i\triangleq-e_{i-1}-e_i+\tilde{f}_i(e_1,e_2,\cdots,e_i)\end{cases}\tag{5-46}$$

第 n 步:推导到第 n 步就可以得到

$$\begin{cases}\dot{e}_n=x_n+\alpha_n(x_1,x_2,x_3)+u-\displaystyle\sum_{i=1}^{n-1}\frac{\partial\widetilde{\alpha}_{n-1}}{\partial e_i}\dot{e}_i\triangleq x_n+\tilde{f}_n(e_1,e_2,\cdots,e_n)+u\\ \dot{V}_n(x)=-(e_1^2+e_2^2+\cdots+e_{n-1}^2)+e_{n-1}e_n+e_n[u+\tilde{f}_n(e_1,e_2,\cdots,e_n)]\end{cases}\tag{5-47}$$

选取反馈控制律:

$$u=\widetilde{\alpha}_n(e_1,e_2,\cdots,e_n)=-e_{n-1}-e_n+\tilde{f}_n(e_1,e_2,\cdots,e_n)\tag{5-48}$$

联立式(5-47)和式(5-48)可得

$$\begin{cases}\dot{e}_n=-e_n-e_{n-1}\\ \dot{V}_n(x)=-(e_1^2+e_2^2+\cdots+e_{n-1}^2)\end{cases}\tag{5-49}$$

综上所述,在根据反步法设计的虚拟控制律和反馈控制律的作用下,整个系统的李雅

普诺夫函数的导数是半负定的,原非线性系统和误差系统具有期望的渐进特性。研究超空泡航行体的纵向运动,提出级联控制模型,采用反步法对航行体进行控制器设计从而达到误差收敛的目的。

5.3.3　反步控制器设计

反步控制器设计选用了超空泡航行体级联控制模型,该模型根据状态变量之间的关系将纵平面数学模型划分为两个子系统级联的形式。根据子系统的特点,采用反步法思想,设计中间虚拟控制率,再利用李雅普诺夫稳定判据推导出满足系统跟踪性能要求的控制律。最后设计仿真,验证在反步控制器作用下超空泡航行体深度跟踪特性。

1. 控制器设计及稳定性分析

本节的设计目标是超空泡航行体在稳定运行的基础上跟踪期望深度。采用级联控制模型,航行体期望的跟踪状态用 z_{d}、θ_{d}、ω_{d}、q_{d} 表示。那么用两个变量 $\boldsymbol{\eta}_{\mathrm{d}}=\begin{bmatrix} z_{\mathrm{d}} \\ \theta_{\mathrm{d}} \end{bmatrix}$,$\boldsymbol{\zeta}_{\mathrm{d}}=\begin{bmatrix} \omega_{\mathrm{d}} \\ q_{\mathrm{d}} \end{bmatrix}$分别表示子系统的期望指令。

第 1 步:引入误差函数,令 $\boldsymbol{e}=\boldsymbol{\eta}_{\mathrm{d}}-\boldsymbol{\eta}$,且有界,则控制目标发生改变,使 $\boldsymbol{\eta}\to\boldsymbol{\eta}_{\mathrm{d}}$,即$\begin{bmatrix} z \\ \theta \end{bmatrix}\to\begin{bmatrix} z_{\mathrm{d}} \\ \theta_{\mathrm{d}} \end{bmatrix}$,则对 $\boldsymbol{e}$ 求导可得

$$\dot{\boldsymbol{e}}=\dot{\boldsymbol{\eta}}_{\mathrm{d}}-\dot{\boldsymbol{\eta}}=\dot{\boldsymbol{\eta}}_{\mathrm{d}}-\boldsymbol{A}_1\boldsymbol{\eta}-\boldsymbol{\zeta} \tag{5-50}$$

此时的目标是让 $\boldsymbol{e}$ 趋近于 $\mathbf{0}$,由公式(5-50)可知,可通过虚拟控制量 $\boldsymbol{\zeta}$ 实现 $\boldsymbol{e}$ 趋近于 $\mathbf{0}$。

第 2 步:选取合适的李雅普诺夫函数:

$$V_1(\boldsymbol{e})=\frac{1}{2}\boldsymbol{e}^{\mathrm{T}}\boldsymbol{e}>0 \tag{5-51}$$

则 $V(\boldsymbol{e})$ 对时间的导数为

$$\dot{V}_1(\boldsymbol{e})=\frac{\partial V(\boldsymbol{e})}{\partial \boldsymbol{e}}\cdot\frac{\partial \boldsymbol{e}}{\partial t}=\boldsymbol{e}^{\mathrm{T}}\dot{\boldsymbol{e}}=\boldsymbol{e}^{\mathrm{T}}(\dot{\boldsymbol{\eta}}_{\mathrm{d}}-\dot{\eta})=\boldsymbol{e}^{\mathrm{T}}(\dot{\boldsymbol{\eta}}_{\mathrm{d}}-\boldsymbol{A}_1\boldsymbol{\eta}-\boldsymbol{\zeta}) \tag{5-52}$$

当$\dot{\boldsymbol{\eta}}_{\mathrm{d}}-\boldsymbol{A}_1\boldsymbol{\eta}-\boldsymbol{\zeta}=-\boldsymbol{K}_1\boldsymbol{e}$ 时,此时 $\dot{V}_1(\boldsymbol{e})=\boldsymbol{e}^{\mathrm{T}}(\dot{\boldsymbol{\eta}}_{\mathrm{d}}-\boldsymbol{A}_1\boldsymbol{\eta}-\boldsymbol{\zeta})=-\boldsymbol{K}_1\boldsymbol{e}^{\mathrm{T}}\boldsymbol{e}<0$,其中 $\boldsymbol{K}_1$ 表示正定对角矩阵,则子系统 1 是渐近稳定的。

第 3 步:通过第 2 步中的假设,可确定虚拟控制量 $\boldsymbol{\zeta}$ 的期望值,即 $\boldsymbol{\zeta}_{\mathrm{d}}=\dot{\boldsymbol{\eta}}_{\mathrm{d}}-\boldsymbol{A}_1\boldsymbol{\eta}+\boldsymbol{K}_1\boldsymbol{e}$,接下来通过设计控制律 $\boldsymbol{u}$ 来实现 $\boldsymbol{\zeta}\to\boldsymbol{\zeta}_{\mathrm{d}}$。

同理,为实现这一目标,可利用李雅普诺夫直接法,令 $\boldsymbol{\delta}=\boldsymbol{\zeta}_{\mathrm{d}}-\boldsymbol{\zeta}$,对 $\boldsymbol{\delta}$ 进行求导可得

$$\dot{\boldsymbol{\delta}}=\dot{\boldsymbol{\zeta}}_{\mathrm{d}}-\dot{\boldsymbol{\zeta}}=\ddot{\boldsymbol{\eta}}_{\mathrm{d}}-\boldsymbol{A}_1\dot{\boldsymbol{\eta}}+\boldsymbol{K}_1\dot{\boldsymbol{e}}-\boldsymbol{A}_2\boldsymbol{\zeta}-\boldsymbol{B}_2\boldsymbol{u}-\boldsymbol{G}_2-\boldsymbol{D}_2F_{\mathrm{p}}-\boldsymbol{d} \tag{5-53}$$

式中,$\boldsymbol{d}$ 为噪声干扰。

设计李雅普诺夫函数:

$$V_2(\boldsymbol{e},\boldsymbol{\delta})=\frac{1}{2}\boldsymbol{e}^{\mathrm{T}}\boldsymbol{e}+\frac{1}{2}\boldsymbol{\delta}^{\mathrm{T}}\boldsymbol{\delta}>0 \tag{5-54}$$

则 $V_2(\boldsymbol{e},\boldsymbol{\delta})$ 对时间的导数为

$$\dot{V}_2(\boldsymbol{e},\boldsymbol{\delta})=\boldsymbol{e}^{\mathrm{T}}\dot{\boldsymbol{e}}+\boldsymbol{\delta}^{\mathrm{T}}\dot{\boldsymbol{\delta}}=\boldsymbol{e}^{\mathrm{T}}(-\boldsymbol{K}_1\boldsymbol{e}+\boldsymbol{\delta})+\boldsymbol{\delta}^{\mathrm{T}}\dot{\boldsymbol{\delta}}=-\boldsymbol{K}_1\boldsymbol{e}^{\mathrm{T}}\boldsymbol{e}+\boldsymbol{\delta}^{\mathrm{T}}(\boldsymbol{e}+\dot{\boldsymbol{\delta}}) \tag{5-55}$$

令

$$\boldsymbol{e}+\dot{\boldsymbol{\delta}}=-\boldsymbol{K}_2\boldsymbol{\delta} \tag{5-56}$$

式中，$\boldsymbol{K}_2$ 表示正定对角矩阵，则 $\dot{V}_2(\boldsymbol{e},\boldsymbol{\delta})=-\boldsymbol{K}_1\boldsymbol{e}^{\mathrm{T}}\boldsymbol{e}-\boldsymbol{K}_2\boldsymbol{\delta}^{\mathrm{T}}\boldsymbol{\delta}<0$，得证。将式(5-53)代入式(5-56)得，$\boldsymbol{e}+\dot{\boldsymbol{\delta}}=\boldsymbol{e}+(\dot{\boldsymbol{\zeta}}_{\mathrm{d}}-\dot{\boldsymbol{\zeta}})=\boldsymbol{e}+[\ddot{\boldsymbol{\eta}}_{\mathrm{d}}-\boldsymbol{A}_1\dot{\boldsymbol{\eta}}+\boldsymbol{K}_1\dot{\boldsymbol{e}}-(\boldsymbol{A}_2\boldsymbol{\zeta}+\boldsymbol{B}_2\boldsymbol{u}+\boldsymbol{G}_2+\boldsymbol{D}_2\boldsymbol{F}_{\mathrm{p}}+\boldsymbol{d})]=-\boldsymbol{K}_2\boldsymbol{\delta}$，推出

$$\boldsymbol{u}=\boldsymbol{B}_2^{-1}[\boldsymbol{K}_2\boldsymbol{\delta}+\boldsymbol{e}+\ddot{\boldsymbol{\eta}}_{\mathrm{d}}-(\boldsymbol{A}_1+\boldsymbol{K}_1)\dot{\boldsymbol{\eta}}+\boldsymbol{K}_1\dot{\boldsymbol{\eta}}_{\mathrm{d}}-\boldsymbol{A}_2\boldsymbol{\zeta}-\boldsymbol{G}_2-\boldsymbol{D}_2\boldsymbol{F}_{\mathrm{p}}-\boldsymbol{d}] \tag{5-57}$$

2. 真分析

首先，结合反步控制器式(5-57)，搭建仿真环境并设计反步控制器的性能仿真。设置固定仿真步长为 1 ms，时间取 4 s，关于参数的设定参考表 4-1。采用反步控制器，针对以下参考轨迹进行仿真分析：

$$\boldsymbol{\eta}_{\mathrm{d}}=\begin{bmatrix} z_{\mathrm{d}} \\ \theta_{\mathrm{d}} \end{bmatrix}$$

$$\boldsymbol{\zeta}_{\mathrm{d}}=\begin{bmatrix} \omega_{\mathrm{d}} \\ q_{\mathrm{d}} \end{bmatrix} \tag{5-58}$$

仿真过程中，航行体初始状态条件设置为 $z_0=0,\theta_0=0,\omega_0=1.8\ \mathrm{m/s},q_0=0$。

为了验证参数摄动对系统的影响，假设系统的系数矩阵存在±20%的摄动，黑色点画线代表期望参考值，绿色实线则代表系统响应曲线，蓝色实线代表系数矩阵存在+20%的摄动，红色点画线代表系数矩阵存在-20%的摄动。如图 5-15 所示的是超空泡航行体的初始状态响应，状态变量最终收敛为零，参数摄动对垂向速度产生相对明显的影响，其余状态曲线吻合度较高。图 5-16 中的控制输入由于初值的影响在刚开始时数值较大，其中绿色曲线的尾舵偏转角最大输出为 0.2 rad，空化器偏转角最大输出为 0.06 rad，之后均维持在一个稳定的偏转角度，受参数摄动的影响红色曲线的控制器偏转范围相对较大一些，最大偏转角度不超过 0.3 rad。仿真开始时由于航行体垂向速度的设置初值大于阈值 $\omega_{\mathrm{th}}=1.64\ \mathrm{m/s}$，根据滑行力特性曲线可知，此时有滑行力产生，由滑行力曲线可知对应的滑行力的最大值为 57 N，紧接着由于执行器的作用使得滑行力很快收敛为零，航行体处于空泡内部。

设定两个深度跟踪指令，分别是阶跃信号和正弦信号。期望的深度阶跃和正弦曲线深度指令分别表示如下：

$$z_{\mathrm{d}}=1,\theta_{\mathrm{d}}=\omega_{\mathrm{d}}=q_{\mathrm{d}}=0 \tag{5-59}$$

$$z_{\mathrm{d}}=\sin\left(\frac{\pi}{3}t\right),\theta_{\mathrm{d}}=\omega_{\mathrm{d}}=q_{\mathrm{d}}=0 \tag{5-60}$$

初始条件均与上述仿真设置相同。另外，空化器偏转角和尾舵偏转角的饱和值都设置为 25°。根据上面提到的设定信息进行数值仿真，得到了如图 5-17 至图 5-20 所示的系统响应曲线。由图 5-17 与图 5-18 可以看出，当航行体开始进行深度调整时，其余三个状态变量迅速变化，并且在执行器的影响下逐渐减小，最终都趋向于 0。除了航行体的垂向速度之外，标称系统与具有参数摄动的系统的状态响应曲线基本重合。由图 5-17 中的深度曲

线来看,航行体在 1.5 s 左右实现期望指令跟踪,垂向速度、俯仰角和俯仰角速率均在 2 s 的时候达到稳定的状态。图 5-18 中的控制输入均在允许范围内,其中绿色曲线的尾舵最大偏转角为 0.3 rad,大约在 2 s 之后固定在 0.1 rad,空化器的最大偏转角为 0.058 rad,大约在 2 s 之后维持在 0.032 rad 的角度,受垂向速度初值的影响,滑行力的最大幅值为 70 N,约在 0.1 s 后收敛为零,之后航行体保持在空泡内,和空泡之间没有碰撞现象出现。

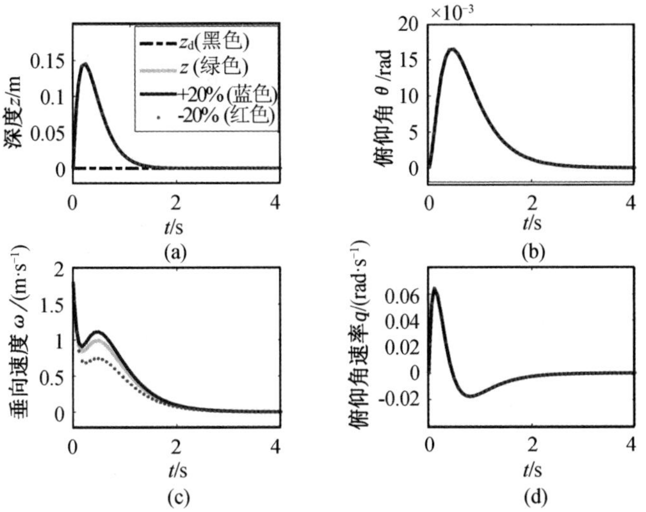

图 5-15　航行体状态初始响应曲线

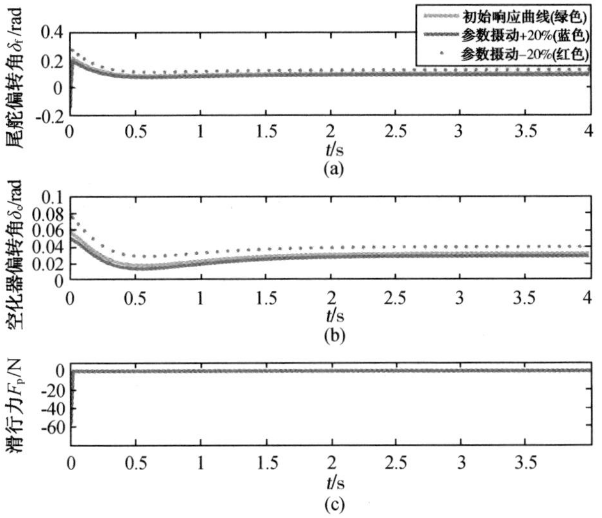

图 5-16　航行体控制输入和滑行力的初始响应曲线

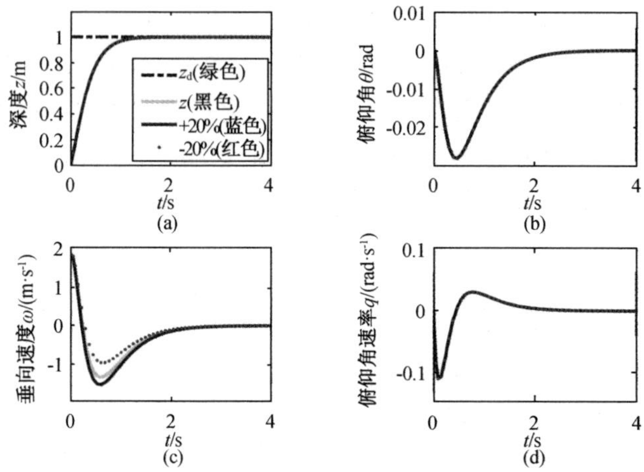

图 5-17　航行体状态阶跃响应曲线

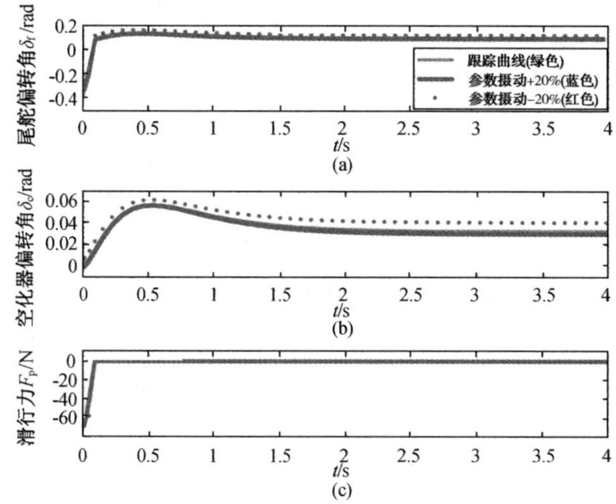

图 5-18　航行体控制输入和滑行力阶跃响应曲线

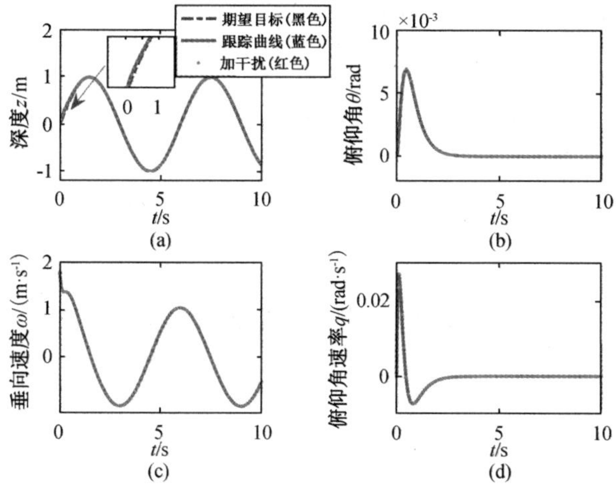

图 5-19　航行体状态正弦响应曲线

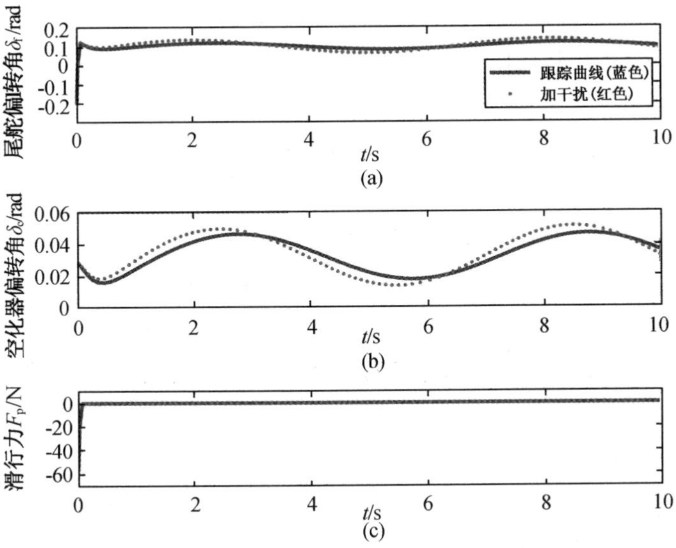

图 5-20　航行体控制输入和滑行力正弦响应曲线

进一步对控制器的抗干扰性能进行验证。系统状态变量的初始条件设置为 $\boldsymbol{x}_0=[0\quad 0\quad 1.8\quad 0]^{\mathrm{T}}$,噪声干扰 $d(t)=2\sin(2t)$,标称模型与扰动模型的正弦指令跟踪响应曲线如图 5-19 和图 5-20 所示。从图中我们可以看到系统状态迅速跟踪上期望指令曲线,与期望参考值基本一致。受到垂向速度初值的影响,滑行力的最大值约为 57 N,在 0.03 s 后收敛为 0,此后一直保持为零。在仿真开始时,标称模型的尾舵偏转角幅值达到最大值,约为 0.2 rad,大约在 0.03 s 后,维持在 0.1 rad 小幅度波动,空化器偏转角始终在 0.015 rad 和 0.048 rad 之间波动,没有出现饱和现象,控制器偏转形成的力与力矩使得航行体的合力与合力矩达到平衡状态,使航行体在控制器的作用下能够在空泡内稳定运动,实现高速航行。在系统加入干扰后,对系统状态的跟踪几乎没有影响,控制器的偏转存在微小的波动,均在允许的范围内。仿真结果证明在存在扰动的情况下,该控制系统也能够快速、准确地跟踪指令曲线。

5.3.4　滑模控制方法基本原理及控制器设计

1. 滑模控制方法基本原理

滑模控制是一种可以使系统的控制律按照一定的规则,随着时间的变化从一个结构变化到另一个结构,同时具有不连续性的一种变结构控制策略。与传统控制器只可改变某些参数,结构基本固定相比,滑模变结构可通过切换本身的控制结构,实现对系统运动状态的控制。按照系统的期望目标设计滑模面,可以解决复杂的控制问题,因滑动模态与相应参数和外部干扰无关而具备良好的控制性能。

滑模控制具备良好的鲁棒性能,对系统存在的不确定现象具有自适应性。实现滑模控制需要满足三个条件,即滑模运动的存在性、可达性以及稳定性。根据被控对象的状态方程设计适合的滑模面,结合李雅普诺夫函数推导出使系统具备稳定性能的控制策略,从而实现滑模控制。关于滑模面的设计方法主要包括线性、积分和终端滑模面,本节采用的是线性滑模面,其基本形式为

$$s=cx_1+x_2, c>0 \tag{5-61}$$

假设具有一个如下的非线性系统：

$$\dot{\boldsymbol{x}}=f(\boldsymbol{x},u,t) \tag{5-62}$$

式中，$\boldsymbol{x}\in\mathbf{R}^n$，$u\in\mathbf{R}$，$t\in\mathbf{R}$，设计如下的滑模切换面函数：

$$s=s(\boldsymbol{x}) \tag{5-63}$$

按照所设计的切换开关对输入量进行切换：

$$u(\boldsymbol{x})=\begin{cases}u^+(\boldsymbol{x}) & s(\boldsymbol{x})>0\\ u^-(\boldsymbol{x}) & s(\boldsymbol{x})<0\end{cases} \tag{5-64}$$

当 $u^+\neq u^-$ 时，上式成立。系统满足滑模控制的三个条件，当系统状态变量进入滑动模态后，就可以实现快速收敛。

为了制约切换开关带来的抖振现象，可以选择不同趋近律的方法。趋近律其实就是指 $\dot{s}$，目的是使系统能够尽快到达滑模面。下面介绍几种常见的趋近律设计方法。

(1)等速趋近律：$\dot{s}=-\varepsilon\operatorname{sgn}(s)$，其中 $\varepsilon>0$。

(2)指数趋近律：$\dot{s}=-\varepsilon\operatorname{sgn}(s)-ks$，其中 $k>0,\varepsilon>0$。

(3)幂次趋近律：$\dot{s}=-k|s|^\alpha\operatorname{sgn}(s)$，其中 $k>0,1>\alpha>0$。

(4)一般趋近律：$\dot{s}=-\varepsilon\operatorname{sgn}(s)-f(s)$，其中 $\varepsilon>0,f(0)=0,sf(s)>0$。

采用的是指数趋近律，k 值的选取关乎系统的收敛速度，并且

$$s(t)=\begin{cases}\dfrac{\varepsilon}{k}+\left(s_0-\dfrac{\varepsilon}{k}\right)\mathrm{e}^{-kt}, & s>0\\[2ex] \dfrac{-\varepsilon}{k}+\left(s_0+\dfrac{\varepsilon}{k}\right)\mathrm{e}^{-kt}, & s<0\end{cases} \tag{5-65}$$

由式(5-65)可解出

$$t^*=\frac{1}{k}\left[\ln\left(s_0+\frac{\varepsilon}{k}\right)-\ln\frac{\varepsilon}{k}\right] \tag{5-66}$$

由此显示，减小 ε，增大 k 能够实现加速趋近过程。通过选取合适的参数，使系统实现快速到达滑模面，并且抑制系统的抖振现象。

2. 控制器设计

垂向速度 ω 和俯仰角速率 q 的微分方程中只包含它们本身和控制输入，与纵向深度 z 和俯仰角 θ 无关。因此，将航行体的纵平面数学模型划分为两个子系统，子系统 1 包含状态变量 z 和 θ，子系统 2 包含状态变量 ω 和 q。根据级联系统模型特点，将反步控制方法与滑模控制方法相结合设计控制器，实现系统跟踪期望指令。如图 5-21 所示为反步滑模控制系统结构图。

针对系统参数存在不确定性以及外部环境干扰等现象，考虑如下的超空泡航行体级联控制模型：

$$\begin{aligned}\dot{\boldsymbol{x}}_1&=\boldsymbol{A}_1\boldsymbol{x}_1+\boldsymbol{x}_2\\ \dot{\boldsymbol{x}}_2&=(\boldsymbol{A}_2+\Delta\boldsymbol{A}_2)\boldsymbol{x}_2+(\boldsymbol{B}_2+\Delta\boldsymbol{B}_2)\boldsymbol{u}+\boldsymbol{G}+\boldsymbol{D}F_\mathrm{p}+\boldsymbol{d}(t)\end{aligned} \tag{5-67}$$

式中，$\Delta\boldsymbol{A}_2$ 和 $\Delta\boldsymbol{B}_2$ 分别表示矩阵 $\boldsymbol{A}_2$ 和 $\boldsymbol{B}_2$ 的参数摄动引发的不确定部分；$\boldsymbol{d}(t)$ 表示外部环境干扰。假设 $\boldsymbol{E}=\Delta\boldsymbol{A}_2\boldsymbol{x}_2+\Delta\boldsymbol{B}_2\boldsymbol{u}+\boldsymbol{d}(t)$，并且 $\boldsymbol{E}$ 有界，满足 $\dot{\boldsymbol{E}}=\boldsymbol{0}$。则数学模型可以有如下的

表现形式,即

$$\begin{aligned}\dot{\boldsymbol{x}}_1&=\boldsymbol{A}_1\boldsymbol{x}_1+\boldsymbol{x}_2\\ \dot{\boldsymbol{x}}_2&=\boldsymbol{A}_2\boldsymbol{x}_2+\boldsymbol{B}_2\boldsymbol{u}+\boldsymbol{G}+\boldsymbol{D}\boldsymbol{F}_{\mathrm{p}}+\boldsymbol{E}\end{aligned} \tag{5-68}$$

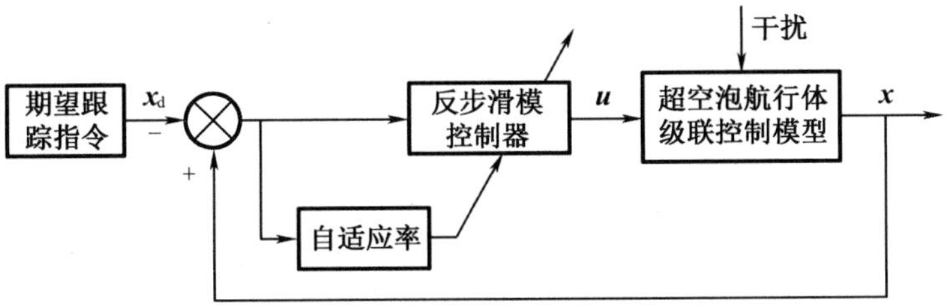

图 5-21　反步滑模控制系统结构图

第 1 步:假设航行体的期望指令为 $\boldsymbol{x}_{1d}$,定义子系统 1 的跟踪误差 $z_1=\boldsymbol{x}_1-\boldsymbol{x}_{1d}$,对跟踪误差 z_1 进行求导,可得

$$\dot{z}_1=\boldsymbol{A}_1\boldsymbol{x}_1+\boldsymbol{x}_2-\dot{\boldsymbol{x}}_{1d} \tag{5-69}$$

定义 $\boldsymbol{x}_2=z_2+\dot{\boldsymbol{x}}_{1d}-\boldsymbol{c}_1z_1-\boldsymbol{A}_1\boldsymbol{x}_1$,其中 $\boldsymbol{c}_1$ 表示正定对角增益矩阵,假设 z_2 为中间虚拟控制量,并且:

$$z_2=\boldsymbol{A}_1\boldsymbol{x}_1+\boldsymbol{x}_2-\dot{\boldsymbol{x}}_{1d}+\boldsymbol{c}_1z_1 \tag{5-70}$$

将式(5-66)代入式(5-69)可得 $\dot{z}_1=z_2-\boldsymbol{c}_1z_1$。

设计第一个李雅普诺夫函数:

$$V_1=\frac{1}{2}z_1^{\mathrm{T}}z_1 \tag{5-71}$$

对 V_1 进行求导,可得

$$\dot{V}_1=z_1^{\mathrm{T}}\dot{z}_1=z_1^{\mathrm{T}}z_2-z_1^{\mathrm{T}}\boldsymbol{c}_1z_1 \tag{5-72}$$

第 2 步:设计切换函数。

$$\boldsymbol{\sigma}=\boldsymbol{k}_1z_1+z_2 \tag{5-73}$$

式中,k_1 为正定对角增益矩阵。因为 $\dot{z}_1=z_2-\boldsymbol{c}_1z_1$,所以 $\boldsymbol{\sigma}=\boldsymbol{k}_1z_1+z_2=(\boldsymbol{k}_1+\boldsymbol{c}_1)z_1+\dot{z}_1$,很显然,如果 $\boldsymbol{\sigma}=0$,那么 $z_1=\boldsymbol{0}$,$z_2=\boldsymbol{0}$ 且 $\dot{V}_1\leqslant 0$。为此,进行下一步设计。

设计第二个李雅普诺夫函数:

$$V_2=V_1+\frac{1}{2}\boldsymbol{\sigma}^{\mathrm{T}}\boldsymbol{\sigma} \tag{5-74}$$

对上式进行求导可得

$$\begin{aligned}\dot{V}_2&=\dot{V}_1+\boldsymbol{\sigma}^{\mathrm{T}}\dot{\boldsymbol{\sigma}}\\ &=z_1^{\mathrm{T}}z_2-z_1^{\mathrm{T}}\boldsymbol{c}_1z_1+\boldsymbol{\sigma}^{\mathrm{T}}\dot{\boldsymbol{\sigma}}\\ &=z_1^{\mathrm{T}}z_2-z_1^{\mathrm{T}}\boldsymbol{c}_1z_1+\boldsymbol{\sigma}^{\mathrm{T}}(\boldsymbol{k}_1\dot{z}_1+\dot{z}_2)\\ &=z_1^{\mathrm{T}}z_2-z_1^{\mathrm{T}}\boldsymbol{c}_1z_1+\boldsymbol{\sigma}^{\mathrm{T}}[\boldsymbol{k}_1(z_2-\boldsymbol{c}_1z_1)+\boldsymbol{A}_1\dot{\boldsymbol{x}}_1+\dot{\boldsymbol{x}}_2-\ddot{\boldsymbol{x}}_{1d}+\boldsymbol{c}_1\dot{z}_1]\\ &=z_1^{\mathrm{T}}z_2-z_1^{\mathrm{T}}\boldsymbol{c}_1z_1+\boldsymbol{\sigma}^{\mathrm{T}}[\boldsymbol{k}_1(z_2-\boldsymbol{c}_1z_1)+\boldsymbol{A}_1\dot{\boldsymbol{x}}_1+\boldsymbol{A}_2\boldsymbol{x}_2+\boldsymbol{B}_2\boldsymbol{u}+\boldsymbol{G}+\boldsymbol{D}\boldsymbol{F}_{\mathrm{p}}+\boldsymbol{E}-\ddot{\boldsymbol{x}}_{1d}+\boldsymbol{c}_1\dot{z}_1]\end{aligned} \tag{5-75}$$

第 3 步:设计第三个李雅普诺夫函数:

$$V_3 = V_2 + \frac{1}{2\gamma}\widetilde{\boldsymbol{E}}^{\mathrm{T}}\widetilde{\boldsymbol{E}} \tag{5-76}$$

式中,$\gamma>0$;$\widetilde{\boldsymbol{E}}=\boldsymbol{E}-\hat{\boldsymbol{E}}$ 表示估计误差;$\hat{\boldsymbol{E}}$ 表示对不确定性的估计。

对第三个李雅普诺夫函数进行求导,得到

$$\begin{aligned}\dot{V}_3 &= \dot{V}_2 - \frac{1}{\gamma}\widetilde{\boldsymbol{E}}\ \dot{\hat{\boldsymbol{E}}}\\ &= \boldsymbol{z}_1^{\mathrm{T}}\boldsymbol{z}_2 - \boldsymbol{z}_1^{\mathrm{T}}\boldsymbol{c}_1\boldsymbol{z}_1 + \boldsymbol{\sigma}^{\mathrm{T}}[\boldsymbol{k}_1(\boldsymbol{z}_2 - \boldsymbol{c}_1\boldsymbol{z}_1) + \boldsymbol{A}_1\dot{\boldsymbol{x}}_1 + \boldsymbol{A}_2\boldsymbol{x}_2 + \boldsymbol{B}_2\boldsymbol{u} + \boldsymbol{G} + \boldsymbol{D}\boldsymbol{F}_{\mathrm{p}} + \boldsymbol{E} - \ddot{\boldsymbol{x}}_{1\mathrm{d}} + \boldsymbol{c}_1\dot{\boldsymbol{z}}_1] - \frac{1}{\boldsymbol{\gamma}}\widetilde{\boldsymbol{E}}\ \dot{\hat{\boldsymbol{E}}}\\ &= \boldsymbol{z}_1^{\mathrm{T}}\boldsymbol{z}_2 - \boldsymbol{z}_1^{\mathrm{T}}\boldsymbol{c}_1\boldsymbol{z}_1 + \boldsymbol{\sigma}^{\mathrm{T}}[\boldsymbol{k}_1(\boldsymbol{z}_2 - \boldsymbol{c}_1\boldsymbol{z}_1) + \boldsymbol{A}_1\dot{\boldsymbol{x}}_1 + \boldsymbol{A}_2\boldsymbol{x}_2 + \boldsymbol{B}_2\boldsymbol{u} + \boldsymbol{G} + \boldsymbol{D}\boldsymbol{F}_{\mathrm{p}} + \hat{\boldsymbol{E}} - \ddot{\boldsymbol{x}}_{1\mathrm{d}} + \boldsymbol{c}_1\dot{\boldsymbol{z}}_1] - \frac{1}{\boldsymbol{\gamma}}\widetilde{\boldsymbol{E}}(\dot{\hat{\boldsymbol{E}}} + \boldsymbol{\gamma\sigma})\end{aligned} \tag{5-77}$$

设计自适应律为

$$\dot{\hat{\boldsymbol{E}}} = -\gamma\boldsymbol{\sigma} \tag{5-78}$$

设计自适应控制器为

$$\boldsymbol{u} = \boldsymbol{B}_2^{-1}[-\boldsymbol{k}_1(\boldsymbol{z}_2 - \boldsymbol{c}_1\boldsymbol{z}_1) - \boldsymbol{A}_1\dot{\boldsymbol{x}}_1 - \boldsymbol{A}_2\boldsymbol{x}_2 - \boldsymbol{G} - \boldsymbol{D}\boldsymbol{F}_{\mathrm{p}} - \hat{\boldsymbol{E}} + \ddot{\boldsymbol{x}}_{1\mathrm{d}} - \boldsymbol{c}_1\dot{\boldsymbol{z}}_1) - \boldsymbol{h}(\boldsymbol{\sigma} + \boldsymbol{\beta}\mathrm{sgn}(\boldsymbol{\sigma}))] \tag{5-79}$$

式中,$\boldsymbol{h}$ 和 $\boldsymbol{\beta}$ 为正定对角矩阵。

将式(5-78)和式(5-79)代入式(5-77),得

$$\dot{V}_3 = \boldsymbol{z}_1^{\mathrm{T}}\boldsymbol{z}_2 - \boldsymbol{z}_1^{\mathrm{T}}\boldsymbol{c}_1\boldsymbol{z}_1 - \boldsymbol{\sigma}^{\mathrm{T}}\boldsymbol{h}\boldsymbol{\sigma} - \boldsymbol{h}\boldsymbol{\beta}|\boldsymbol{\sigma}| \tag{5-80}$$

取

$$\boldsymbol{Q} = \begin{bmatrix} \boldsymbol{c}_1 + \boldsymbol{h}\boldsymbol{k}_1^2 & \boldsymbol{h}\boldsymbol{k}_1 - \dfrac{1}{2}\boldsymbol{I}_{2\times2} \\ \boldsymbol{h}\boldsymbol{k}_1 - \dfrac{1}{2}\boldsymbol{I}_{2\times2} & \boldsymbol{h} \end{bmatrix} \tag{5-81}$$

因为

$$\begin{aligned}\boldsymbol{z}^{\mathrm{T}}\boldsymbol{Q}\boldsymbol{z} &= [\boldsymbol{z}_1^{\mathrm{T}}\quad \boldsymbol{z}_2^{\mathrm{T}}]\begin{bmatrix} \boldsymbol{c}_1 + \boldsymbol{h}\boldsymbol{k}_1^2 & \boldsymbol{h}\boldsymbol{k}_1 - \dfrac{1}{2}\boldsymbol{I}_{2\times2} \\ \boldsymbol{h}\boldsymbol{k}_1 - \dfrac{1}{2}\boldsymbol{I}_{2\times2} & \boldsymbol{h} \end{bmatrix}\begin{bmatrix}\boldsymbol{z}_1\\ \boldsymbol{z}_2\end{bmatrix}\\ &= \boldsymbol{z}_1^{\mathrm{T}}\boldsymbol{c}_1\boldsymbol{z}_1 - \boldsymbol{z}_1^{\mathrm{T}}\boldsymbol{z}_2 + \boldsymbol{h}\boldsymbol{k}_1^2\boldsymbol{z}_1^{\mathrm{T}}\boldsymbol{z}_1 + \boldsymbol{h}\boldsymbol{k}_1\boldsymbol{z}_1^{\mathrm{T}}\boldsymbol{z}_2 + \boldsymbol{h}\boldsymbol{k}_1\boldsymbol{z}_2^{\mathrm{T}}\boldsymbol{z}_1 + \boldsymbol{h}\boldsymbol{z}_2^{\mathrm{T}}\boldsymbol{z}_2\\ &= \boldsymbol{z}_1^{\mathrm{T}}\boldsymbol{c}_1\boldsymbol{z}_1 - \boldsymbol{z}_1^{\mathrm{T}}\boldsymbol{z}_2 + \boldsymbol{h}\boldsymbol{\sigma}^{\mathrm{T}}\boldsymbol{\sigma}\end{aligned} \tag{5-82}$$

在这里,$\boldsymbol{z}^{\mathrm{T}}=[\boldsymbol{z}_1^{\mathrm{T}}\quad \boldsymbol{z}_2^{\mathrm{T}}]$。如果保证 $\boldsymbol{Q}$ 为正定矩阵,那么

$$\dot{V}_3 = -\boldsymbol{z}^{\mathrm{T}}\boldsymbol{Q}\boldsymbol{z} - \boldsymbol{h}\boldsymbol{\beta}|\boldsymbol{\sigma}| \leqslant 0 \tag{5-83}$$

又因为

$$|\boldsymbol{Q}| = \left|\boldsymbol{h}(\boldsymbol{c}_1 + \boldsymbol{h}\boldsymbol{k}_1^2) - \left(\boldsymbol{h}\boldsymbol{k}_1 - \frac{1}{2}\boldsymbol{I}_{2\times2}\right)^2\right| = \left|\boldsymbol{h}(\boldsymbol{c}_1 + \boldsymbol{k}_1) - \frac{1}{4}\boldsymbol{I}_{2\times2}\right| \tag{5-84}$$

通过设计 $\boldsymbol{h}$、$\boldsymbol{c}_1$ 和 $\boldsymbol{k}_1$ 的值,满足 $|\boldsymbol{Q}|>0$,保证 $\boldsymbol{Q}$ 为正定矩阵,进而 $\dot{V}_3\leqslant0$。

为了进一步抑制系统中的抖动现象,采用 $sat(\boldsymbol{\sigma})$ 代替控制器中的 $\mathrm{sgn}(\boldsymbol{\sigma})$。其中饱和函数 $sat(\sigma)$ 为

$$sat(\boldsymbol{\sigma})=\begin{cases}1 & s>\Delta \\ ks & |s|\leqslant\Delta \\ -1 & s<-\Delta\end{cases} \tag{5-85}$$

式中,$k=1/\Delta$;Δ 表示边界层,是可调节参数。

3. 仿真分析

根据设计的反步滑模控制器进行系统仿真。设置系统的期望指令为 $\boldsymbol{x}_{\mathrm{d}}=[1\quad 0\quad 0\quad 0]^{\mathrm{T}}$,同时设置不确定项为系统流体动力参数的+20%,外部干扰为滑行力的 10%。由于执行机构的偏转具有实际物理限制,所以在设计系统仿真的时候,设置控制器的偏转不超过 0.2 rad,尾舵偏转不超过 0.4 rad。

超空泡航行体的状态响应曲线、控制器输入以及滑行力曲线分别如图 5-22 和图 5-23 所示。图中蓝色实线表示不存在不确定性和干扰时的仿真曲线,红色点画线表示航行体出现参数摄动、受到外部环境干扰情况下系统的仿真曲线。由图 5-22 可以看出,反步滑模控制器具有较好的控制效果,能快速地对纵向深度信号做出反应。受控制器的作用,当航行体深度信号在跟踪期望指令的过程中,其余的状态变量迅速增大,而后逐渐趋于稳定。航行体在 0.6 s 时跟踪上深度信号,没有产生超调现象。与第 5.2 节中的反步控制器 1.5 s 跟踪上深度阶跃信号相比,响应速度具有明显的提升。两种情况下的航行体状态响应曲线几乎吻合,图 5-22 中俯仰角速率的稳定值差异是 0.072 rad。

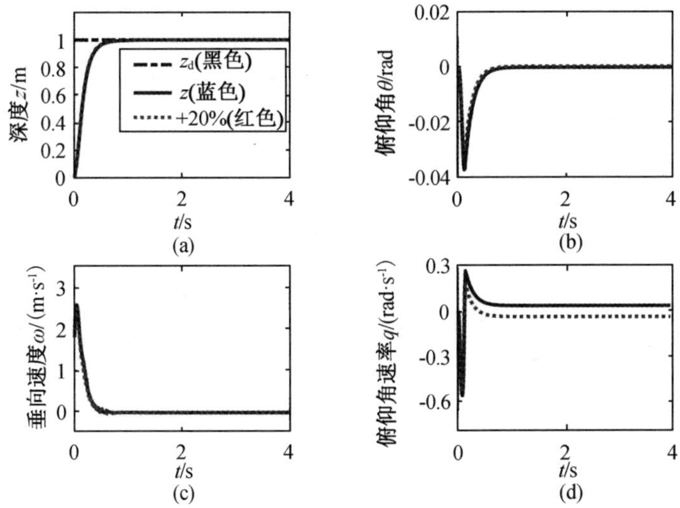

图 5-22　航行体阶跃响应曲线

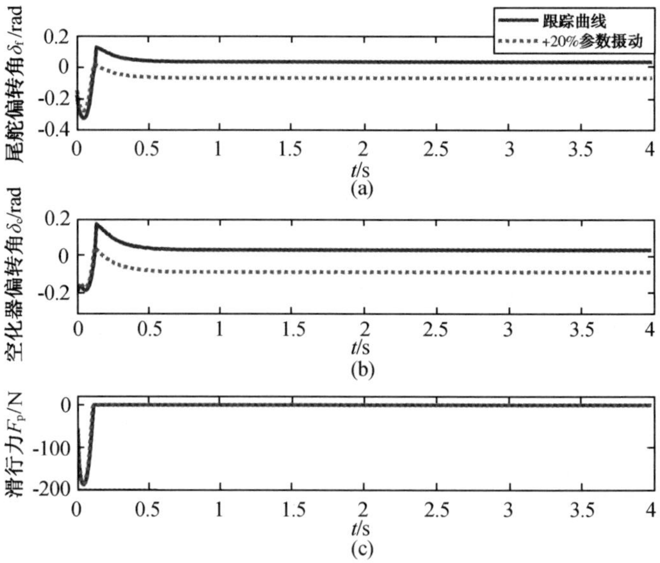

图 5-23　航行体控制输入和滑行力响应曲线

从控制输入与滑行力的仿真结果图可以看出,执行器的偏转均在允许的范围内,在稳定之后,存在干扰与不存在干扰的偏转情况略有不同。不存在干扰情况下,尾舵的偏转角最大值出现在-0.3 rad,约在 0.5 s 后,偏转角趋于稳定值,大约为-0.036 rad;空化器偏转角最大值为-0.17 rad,趋于稳定之后保持 0.03 rad 不变。存在干扰的情况下的稳定值略有不同,尾舵偏转角的值固定在-0.06 rad,空化器偏转角的值固定在-0.09 rad。与第 5.2 节中的反步控制中的执行器偏转情况相比,本节中执行器的偏转角的峰值略大,稳定值略小一点。两种情况下的滑行力曲线基本一致,最大值为 180 N,0.15 s 左右减小到零,整个工作过程中,只产生一侧的滑行力,说明在调整航行体深度的过程中没有因为执行器偏转过度导致航行体另一侧弹出空泡产生滑行力。以上仿真结果表明,本节所设计的反步滑模控制器能够较好地调整航行体深度,提升系统的响应速度,同时对超空泡航行体存在模型参数摄动、受到外部环境干扰等情况具有一定的鲁棒性。

5.4　基于 RBF 神经网络的反步控制器设计

5.4.1　RBF 神经网络控制算法

神经网络是类比生物学的神经系统而提出来的概念,通过模仿人脑的结构和功能而形成一种信息处理系统。神经网络控制是将神经网络和控制理论与控制技术融合,形成的一门交叉学科,可以处理复杂的非线性、不确定系统的控制问题。神经网络控制可以通过自动调整和修正连接权重,使网络的输出达到期望的要求,与传统控制相比,具有以下特征:

(1)充分逼近任意非线性函数;

(2)并行分布处理能力;

(3)学习和自适应性;

(4)多变量处理。

神经网络按照函数逼近功能分为全局逼近和局部逼近,相对于全局逼近网络,局部逼近网络具有更快的收敛速度。RBF 神经网络(RBFNN)于 20 世纪 80 年代提出,是一种具有三层网络结构的前馈神经网络。RBFNN 是以径向基函数作为隐含层的激活函数,具有局部逼近的能力,广泛应用于非线性控制领域的研究中。常见的 RBF 包括高斯函数、Multiquadric 函数和 Inverse Multiquadric 函数,这里使用的便是高斯基函数。RBF 神经网络具有三层网络结构,即输入层、隐含层和输出层。输入层连接外部环境,将系统的状态变量传递给隐含层;隐含层中每个神经元都由一个高斯基函数组成,对输入层的信息进行处理;输出层完成处理结果与网络权重相乘,加权求和之后输出。求 RBFNN 的权值又叫作网络训练,需要确定 RBF 中神经元的数量、每个 RBF 的数据中心,以及每个 RBF 的宽度等。下面给出 RBF 神经网络结构图。

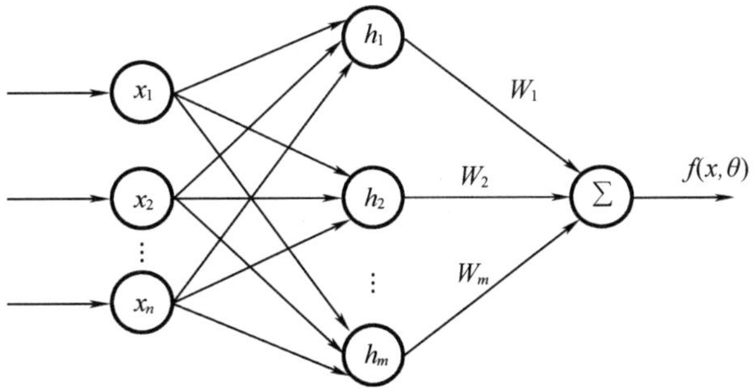

图 5-24　RBF 神经网络结构图

RBF 神经网络中,$\boldsymbol{x}(t)=[x_i(t)]^{\mathrm{T}}$ 表示网络的输入向量,$\boldsymbol{h}(t)=[h_j(t)]^{\mathrm{T}}$ 表示隐含层函数,$h_j(t)$ 表示第 j 个神经元,具体表示如下:

$$h_j(t)=\exp\left(-\frac{\|\boldsymbol{x}(t)-c_j(t)\|^2}{2b_j^2}\right),j=1,2,\cdots,n \tag{5-86}$$

式中,$c_j(t)$ 表示 RBF 的数据中心;b_j 表示 RBF 的宽度;m 表示神经元节点个数。

基于 RBF 神经网络的对非线性函数的局部逼近特性,根据 RBF 神经网络的方法,任意非线性函数 $\boldsymbol{f}(\boldsymbol{x})$ 由如下加权函数实现:

$$\hat{\boldsymbol{f}}(\boldsymbol{x})=\hat{\boldsymbol{W}}^{\mathrm{T}}\boldsymbol{h}(\boldsymbol{x})+\boldsymbol{\varepsilon} \tag{5-87}$$

式中,$\boldsymbol{x}=[x_1\ \ x_2\ \ \cdots\ \ x_n]^{\mathrm{T}}$ 表示 RBF 神经网络输入;$\boldsymbol{h}(\boldsymbol{x})=[h_1\ \ h_2\ \ \cdots\ \ h_n]^{\mathrm{T}}$ 表示高斯基函数,$\hat{\boldsymbol{W}}$ 表示网络权值向量;$\boldsymbol{\varepsilon}$ 表示逼近误差。

为了利用 RBF 神经网络的局部逼近特性,可做如下假设:

(1)RBF 网络的输出 $\hat{f}(x)$ 是连续函数;

(2)假设理想权值向量为 $\boldsymbol{W}^*$,输出为 $\boldsymbol{f}(\boldsymbol{x})$,逼近误差为 $\boldsymbol{\varepsilon}$,且 $\varepsilon<\varepsilon_N$,可将此关系表达如下:

$$\boldsymbol{f}(\boldsymbol{x})=\boldsymbol{W}^{*\mathrm{T}}\boldsymbol{h}(\boldsymbol{x})+\boldsymbol{\varepsilon} \tag{5-88}$$

当满足上面提到的两个条件后,RBF 神经网络可以实现对非线性函数的局部逼近,并且具有很高的逼近精度。

5.4.2 RBF 神经网络反步控制器设计

与传统的水下航行体不同,超空泡航行体的动力学模型存在极大的不确定性。将超空泡航行体的数学模型以级联的形式表示,子系统 1 表示为纵向位置和俯仰角,子系统 2 表示为垂向速度和俯仰角速率。根据李雅普诺夫稳定性定理,确定了回路子系统的虚拟控制变量,设计 RBF 神经网络反步控制器逼近系统模型参数不确定项。

采用超空泡航行体级联控制模型,并进行如下所示:

$$\dot{\boldsymbol{x}}_1=\boldsymbol{A}_1\boldsymbol{x}_1+\boldsymbol{x}_2$$
$$\dot{\boldsymbol{x}}_2=\boldsymbol{f}(\boldsymbol{x})+\boldsymbol{B}\boldsymbol{u}+\boldsymbol{F} \tag{5-89}$$

式中,$\boldsymbol{F}=\boldsymbol{G}+\boldsymbol{D}\boldsymbol{F}_{\mathrm{p}}$;$\boldsymbol{f}(\boldsymbol{x})$表示理想权值下 RBF 神经网络估计;$\boldsymbol{f}^*(\boldsymbol{x})=\boldsymbol{W}^{*\mathrm{T}}\boldsymbol{h}(\boldsymbol{x})+\boldsymbol{\varepsilon}$,其中 $\boldsymbol{\varepsilon}$ 表示估计误差。

定义子系统 1 的误差:

$$\boldsymbol{e}=\boldsymbol{x}_1-\boldsymbol{x}_{1\mathrm{d}} \tag{5-90}$$

式中,$\boldsymbol{x}_{\mathrm{d}}$ 是设定期望信号。误差 $\boldsymbol{e}$ 对时间的导数为

$$\dot{\boldsymbol{e}}=\dot{\boldsymbol{x}}_1-\dot{\boldsymbol{x}}_{1\mathrm{d}} \tag{5-91}$$

结合式(5-89)与式(5-91)得到$\dot{\boldsymbol{e}}=\dot{\boldsymbol{x}}_1-\dot{\boldsymbol{x}}_{1\mathrm{d}}=\boldsymbol{A}_1\boldsymbol{x}_1+\boldsymbol{x}_2-\dot{\boldsymbol{x}}_{1\mathrm{d}}$,设计虚拟控制量为 $\boldsymbol{x}_2$,同时定义

$$\boldsymbol{x}_2=-\boldsymbol{K}_1\boldsymbol{e}-\boldsymbol{A}_1\boldsymbol{x}_1+\boldsymbol{x}_{1\mathrm{d}} \tag{5-92}$$

式中,$\boldsymbol{K}_1$ 表示正定对角增益矩阵。

构造第一个李雅普诺夫函数:

$$V_1(\boldsymbol{e})=\frac{1}{2}\boldsymbol{e}^{\mathrm{T}}\boldsymbol{e}>0 \tag{5-93}$$

对式(5-93)求导并代入式(5-90)和式(5-91)可得

$$\dot{V}_1(\boldsymbol{e})=\frac{\partial V(\boldsymbol{e})}{\partial \boldsymbol{e}}\cdot\frac{\partial \boldsymbol{e}}{\partial \boldsymbol{t}}=\boldsymbol{e}^{\mathrm{T}}\dot{\boldsymbol{e}}=\boldsymbol{e}^{\mathrm{T}}(\boldsymbol{A}_1\boldsymbol{x}_1+\boldsymbol{x}_2-\dot{\boldsymbol{x}}_{1\mathrm{d}})<0 \tag{5-94}$$

定义子系统 2 的误差:

$$\boldsymbol{\delta}=\boldsymbol{x}_2-\boldsymbol{x}_{2\mathrm{d}} \tag{5-95}$$

对式(5-95)进行求导可得

$$\dot{\boldsymbol{\delta}}=\dot{\boldsymbol{x}}_2-\dot{\boldsymbol{x}}_{2\mathrm{d}} \tag{5-96}$$

设计第二个李雅普诺夫函数:

$$V_2(\boldsymbol{e},\boldsymbol{\delta})=\frac{1}{2}\boldsymbol{e}^{\mathrm{T}}\boldsymbol{e}+\frac{1}{2}\boldsymbol{\delta}^{\mathrm{T}}\boldsymbol{\delta}>0 \tag{5-97}$$

通过求导可以得到

$$\begin{aligned}\dot{V}_2(\boldsymbol{e},\boldsymbol{\delta})&=\boldsymbol{e}^{\mathrm{T}}\dot{\boldsymbol{e}}+\boldsymbol{\delta}^{\mathrm{T}}\dot{\boldsymbol{\delta}}\\&=\boldsymbol{e}^{\mathrm{T}}(-\boldsymbol{K}_1\boldsymbol{e}+\boldsymbol{\delta})+\boldsymbol{\delta}^{\mathrm{T}}\dot{\boldsymbol{\delta}}\\&=-\boldsymbol{K}_1\boldsymbol{e}^{\mathrm{T}}\boldsymbol{e}+\boldsymbol{e}^{\mathrm{T}}\boldsymbol{\delta}+\boldsymbol{\delta}^{\mathrm{T}}\dot{\boldsymbol{\delta}}\\&=-\boldsymbol{K}_1\boldsymbol{e}^{\mathrm{T}}\boldsymbol{e}+\boldsymbol{e}^{\mathrm{T}}\boldsymbol{\delta}+\boldsymbol{\delta}^{\mathrm{T}}(\dot{\boldsymbol{x}}_2-\dot{\boldsymbol{x}}_{2\mathrm{d}})\\&=-\boldsymbol{K}_1\boldsymbol{e}^{\mathrm{T}}\boldsymbol{e}+\boldsymbol{e}^{\mathrm{T}}\boldsymbol{\delta}+\boldsymbol{\delta}^{\mathrm{T}}[\boldsymbol{f}(\boldsymbol{x})+\boldsymbol{B}\boldsymbol{u}+\boldsymbol{F}-\dot{\boldsymbol{x}}_{2\mathrm{d}}]\end{aligned}\tag{5-98}$$

为了使上述公式保持负定,设计如下控制器表达式:

$$\boldsymbol{u}=\boldsymbol{B}^{-1}\cdot[-\boldsymbol{f}(\boldsymbol{x})-\boldsymbol{F}+\dot{\boldsymbol{x}}_{2\mathrm{d}}-\boldsymbol{K}_2\boldsymbol{\delta}-\boldsymbol{e}]\tag{5-99}$$

式中,$\boldsymbol{K}_2$ 表示正定对角增益矩阵。将其代入式(5-98)可以得到

$$\dot{V}_2(\boldsymbol{e},\boldsymbol{\delta})=-K_1\boldsymbol{e}^{\mathrm{T}}\boldsymbol{e}-\boldsymbol{K}_2\boldsymbol{\delta}^{\mathrm{T}}\boldsymbol{\delta}<0\tag{5-100}$$

采用 RBF 神经网络设计控制器表示为

$$\boldsymbol{u}=\boldsymbol{B}^{-1}[-\boldsymbol{f}^*(\boldsymbol{x})-\boldsymbol{F}+\dot{\boldsymbol{x}}_{2\mathrm{d}}-\boldsymbol{K}_2\boldsymbol{\delta}-\boldsymbol{e}-\boldsymbol{\eta}\,\mathrm{sgn}(\boldsymbol{\delta})]\quad(\eta>0)\tag{5-101}$$

此时,构造如下的李雅普诺夫函数:

$$V_3=\frac{1}{2}\boldsymbol{e}^{\mathrm{T}}\boldsymbol{e}+\frac{1}{2}\boldsymbol{\delta}^{\mathrm{T}}\boldsymbol{\delta}+\frac{1}{2\gamma}\widetilde{\boldsymbol{W}}^{\mathrm{T}}\widetilde{\boldsymbol{W}}\quad(\gamma>0)\tag{5-102}$$

对李雅普诺夫函数两边进行求导可得

$$\begin{aligned}\dot{V}_3&=-\boldsymbol{K}_1\boldsymbol{e}^{\mathrm{T}}\boldsymbol{e}+\boldsymbol{e}^{\mathrm{T}}\boldsymbol{\delta}+\boldsymbol{\delta}^{\mathrm{T}}[\boldsymbol{f}(\boldsymbol{x})+\boldsymbol{B}\boldsymbol{u}+\boldsymbol{F}-\dot{\boldsymbol{x}}_{2\mathrm{d}}]+\frac{1}{\gamma}\widetilde{\boldsymbol{W}}^{\mathrm{T}}\dot{\hat{\boldsymbol{W}}}\\&=-\boldsymbol{K}_1\boldsymbol{e}^{\mathrm{T}}\boldsymbol{e}-\boldsymbol{K}_2\boldsymbol{\delta}^{\mathrm{T}}\boldsymbol{\delta}+\boldsymbol{\delta}^{\mathrm{T}}[\boldsymbol{f}(\boldsymbol{x})-\boldsymbol{f}^*(\boldsymbol{x})-\boldsymbol{\eta}\,\mathrm{sgn}(\boldsymbol{\delta})]+\frac{1}{\gamma}\widetilde{\boldsymbol{W}}^{\mathrm{T}}\dot{\hat{\boldsymbol{W}}}\\&=-\boldsymbol{K}_1\boldsymbol{e}^{\mathrm{T}}\boldsymbol{e}-\boldsymbol{K}_2\boldsymbol{\delta}^{\mathrm{T}}\boldsymbol{\delta}+\boldsymbol{\delta}^{\mathrm{T}}[-\widetilde{\boldsymbol{W}}^{\mathrm{T}}\boldsymbol{h}(\boldsymbol{x})+\boldsymbol{\varepsilon}-\boldsymbol{\eta}\,\mathrm{sgn}(\boldsymbol{\delta})]+\frac{1}{\gamma}\widetilde{\boldsymbol{W}}^{\mathrm{T}}\dot{\hat{\boldsymbol{W}}}\\&=-\boldsymbol{K}_1\boldsymbol{e}^{\mathrm{T}}\boldsymbol{e}-\boldsymbol{K}_2\boldsymbol{\delta}^{\mathrm{T}}\boldsymbol{\delta}+\widetilde{\boldsymbol{W}}^{\mathrm{T}}\left[-\boldsymbol{\delta}^{\mathrm{T}}\boldsymbol{h}(\boldsymbol{x})+\frac{1}{\gamma}\dot{\hat{\boldsymbol{W}}}\right]+\boldsymbol{\delta}^{\mathrm{T}}\boldsymbol{\varepsilon}-|\boldsymbol{\delta}^{\mathrm{T}}|\boldsymbol{\eta}\end{aligned}\tag{5-103}$$

取自适应率:

$$\dot{\hat{\boldsymbol{W}}}=\gamma\boldsymbol{\delta}\boldsymbol{h}(\boldsymbol{x})\tag{5-104}$$

取 $\boldsymbol{\eta}>\varepsilon_N$,那么可以得到

$$\dot{V}_3=-\boldsymbol{K}_1\boldsymbol{e}^{\mathrm{T}}\boldsymbol{e}-\boldsymbol{K}_2\boldsymbol{\delta}^{\mathrm{T}}\boldsymbol{\delta}+\boldsymbol{\delta}^{\mathrm{T}}\boldsymbol{\varepsilon}-|\boldsymbol{\delta}^{\mathrm{T}}|\eta\leqslant-\boldsymbol{K}_1\boldsymbol{e}^{\mathrm{T}}\boldsymbol{e}-\boldsymbol{K}_2\boldsymbol{\delta}^{\mathrm{T}}\boldsymbol{\delta}<0\tag{5-105}$$

则该系统是渐近稳定的。

5.4.3　基于 RBF 神经网络观测器的级联反步控制器设计

考虑超空泡航行体模型参数不确定和垂向速度不可测的情况,将 RBF 神经网络、Backstepping 方法和状态观测器结合在一起,设计具有状态观测器的超空泡航行体 RBF 神经网络反步控制器。该控制策略采用状态观测器来估计垂向速度的值,在这里假设其他状态变量的测量都是准确的,并可以作为反馈量。由于状态观测器广泛适用于非线性系统,并且对非线性系统的不确定性具有较强的鲁棒性,所以选择了状态观测器设计超空泡航行体纵向运动的控制律。

1. 状态观测器

在现代控制系统的发展中，控制器的设计通常是建立在系统的状态变量均可实时测量的情况下，但在实际的工作过程当中，系统的状态变量并非全部都能通过传感器测量获得，或者得到的值精确度不高。状态估计以解决控制过程中信息不完整性的这一特性被广泛应用，利用动态补偿的方法设计状态观测器，渐进估计出系统的状态，可以解决上述问题。

状态观测根据原系统特性，采用状态重构的思想重新构造一个系统，即对原系统 Σ 构造一个具有相同属性的系统 $\hat{\Sigma}$。新构造系统 $\hat{\Sigma}$ 中的输入信号为原系统 Σ 中的输入向量 $\boldsymbol{u}$ 与输出向量 $\boldsymbol{y}$，并且新构造系统的状态变量在一定的指标下能够渐进的逼近原系统的状态变量。将状态变量 $\hat{\boldsymbol{x}}$ 称作 $\boldsymbol{x}$ 的估计状态，称系统 $\hat{\Sigma}$ 为状态观测器，本节使用的是全维状态观测器。通过设计观测器，获得状态变量 $\boldsymbol{x}$ 的估计值 $\hat{\boldsymbol{x}}$，当 $t\to\infty$ 时，满足 $\hat{\boldsymbol{x}}\to\boldsymbol{x}$。状态观测器设计原理图如图 5-25 所示。

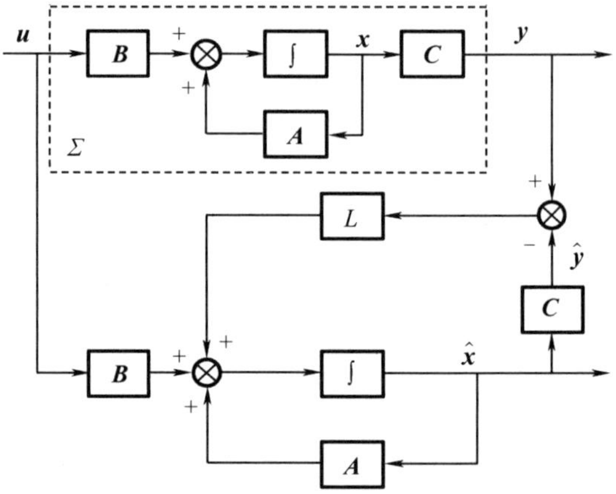

图 5-25　状态观测器原理图

在图 5-25 中，虚线框里表示的是原系统，其余部分则表示状态观测器。$\boldsymbol{u}$ 表示输入向量，$\boldsymbol{y}$ 表示原系统的输出向量，$\hat{\boldsymbol{x}}$ 表示原系统的状态估计值，通过调整观测器增益 L 得到观测输出 $\hat{\boldsymbol{y}}$。观测系统与被观测系统在结构上的不同在于，观测系统引入了 $L(\boldsymbol{y}-\hat{\boldsymbol{y}})$ 这个反馈项，避免了开环型状态观测器在实际使用场景中出现的问题。

考虑如下的被观测系统：

$$\dot{\boldsymbol{x}}=\boldsymbol{Ax}+\boldsymbol{Bu}, x(0)=x_0, t\geqslant 0$$
$$\boldsymbol{y}=\boldsymbol{Cx} \tag{5-106}$$

式中，$\boldsymbol{A}\in\mathbf{R}^{n\times n}$；$\boldsymbol{B}\in\mathbf{R}^{n\times p}$；$\boldsymbol{C}\in\mathbf{R}^{q\times n}$。状态 $\boldsymbol{x}$ 不能直接测量，输出 $\boldsymbol{y}$ 和输入 $\boldsymbol{u}$ 是可以利用的。

定义观测器的状态误差：

$$\tilde{\boldsymbol{x}}=\boldsymbol{x}-\hat{\boldsymbol{x}} \tag{5-107}$$

根据图 5-2 可知状态观测器的状态空间描述为

$$\dot{\hat{\boldsymbol{x}}}=\boldsymbol{A}\hat{\boldsymbol{x}}+\boldsymbol{Bu}-\boldsymbol{LC}\hat{\boldsymbol{x}}+\boldsymbol{Ly}, \hat{x}(0)=\hat{x}_0 \tag{5-108}$$

通过整理，得到

$$\dot{\hat{\boldsymbol{x}}}=(\boldsymbol{A}-\boldsymbol{LC})\hat{\boldsymbol{x}}+\boldsymbol{Bu}+\boldsymbol{Ly}, \hat{x}(0)=\hat{x}_0 \tag{5-109}$$

结合式(5-107)至式(5-109)可以得到

$$\dot{\tilde{\boldsymbol{x}}}=(\boldsymbol{A}-\boldsymbol{LC})\tilde{\boldsymbol{x}},\tilde{x}(0)=\tilde{x}_0\triangleq x_0-\hat{x}_0 \tag{5-110}$$

若想保证误差渐进收敛,即当 $t\to\infty$ 时,$\tilde{x}(t)\to 0$,只需要保证$(\boldsymbol{A}-\boldsymbol{LC})$满足 Hurwitz 矩阵。

2. 控制器设计

根据超空泡航行体级联数学模型,考虑航行体的垂向速度不可直接测量获得,设计状态观测器估计航行体的垂向速度,并将垂向速度的观测值用于超空泡航行体控制律的设计当中。

定义观测器误差为

$$\begin{aligned}\tilde{\boldsymbol{x}}_1&=\boldsymbol{x}_1-\hat{\boldsymbol{x}}_1\\ \tilde{\boldsymbol{x}}_2&=\boldsymbol{x}_2-\hat{\boldsymbol{x}}_2\end{aligned} \tag{5-111}$$

设计的观测器具体形式为

$$\begin{aligned}\dot{\hat{\boldsymbol{x}}}_1&=\boldsymbol{A}_1\hat{\boldsymbol{x}}_1+\hat{\boldsymbol{x}}_2+\boldsymbol{k}_{1\mathrm{o}}\tilde{\boldsymbol{x}}_1\\ \dot{\hat{\boldsymbol{x}}}_2&=\hat{\boldsymbol{f}}(\boldsymbol{x}_2)+\boldsymbol{B}\cdot\boldsymbol{u}_{\mathrm{o}}+\boldsymbol{G}+\boldsymbol{d}(t)+\boldsymbol{k}_{2\mathrm{o}}\tilde{\boldsymbol{x}}_1\end{aligned} \tag{5-112}$$

式中,$\hat{\boldsymbol{x}}_1$、$\hat{\boldsymbol{x}}_2$、$\hat{\boldsymbol{f}}(\boldsymbol{x}_2)$分别表示 $\boldsymbol{x}_1$、$\boldsymbol{x}_2$、$\boldsymbol{f}(\boldsymbol{x}_2)$的估计向量;$\boldsymbol{d}(t)$表示系统存在的干扰;$\boldsymbol{k}_{1\mathrm{o}}$ 和 $\boldsymbol{k}_{2\mathrm{o}}$ 是观测器里待设计的正定参数对角矩阵。

考虑利用 RBF 神经网络来在线估计$\boldsymbol{f}(\boldsymbol{x}_2)$,并且

$$\hat{\boldsymbol{f}}(\boldsymbol{x}_2)=\hat{\boldsymbol{W}}^{\mathrm{T}}\boldsymbol{h}_i(\boldsymbol{x}_2)+\boldsymbol{\varepsilon} \tag{5-113}$$

式中,$\hat{\boldsymbol{W}}$ 表示权值的估计值;$\boldsymbol{\varepsilon}$ 表示估计误差。

联合式(5-111)至式(5-113),可以得到观测器动态误差方程:

$$\begin{aligned}\dot{\tilde{\boldsymbol{x}}}_1&=\boldsymbol{A}_1\tilde{\boldsymbol{x}}_1+\tilde{\boldsymbol{x}}_2-\boldsymbol{k}_{1\mathrm{o}}\tilde{\boldsymbol{x}}_1\\ \dot{\tilde{\boldsymbol{x}}}_2&=\tilde{\boldsymbol{f}}(\boldsymbol{x}_2)-\boldsymbol{d}(t)-\boldsymbol{k}_{2\mathrm{o}}\tilde{\boldsymbol{x}}_1\end{aligned} \tag{5-114}$$

定义如下的李雅普诺夫函数:

$$V=\frac{1}{2}\tilde{\boldsymbol{x}}_1^{\mathrm{T}}\tilde{\boldsymbol{x}}_1+\frac{1}{2}\tilde{\boldsymbol{x}}_2^{\mathrm{T}}\tilde{\boldsymbol{x}}_2+\frac{1}{\gamma}\widetilde{\boldsymbol{W}}_1^{\mathrm{T}}\widetilde{\boldsymbol{W}} \tag{5-115}$$

其中,$\widetilde{\boldsymbol{W}}=\boldsymbol{W}^*-\hat{\boldsymbol{W}}$。对上式的李雅普诺夫函数进行求导,可以得到

$$\begin{aligned}\dot{V}&=\tilde{\boldsymbol{x}}_1^{\mathrm{T}}\dot{\tilde{\boldsymbol{x}}}_1+\tilde{\boldsymbol{x}}_2^{\mathrm{T}}\dot{\tilde{\boldsymbol{x}}}_2+\gamma\widetilde{\boldsymbol{W}}^{\mathrm{T}}\dot{\widetilde{\boldsymbol{W}}}\\ &=\tilde{\boldsymbol{x}}_1^{\mathrm{T}}(\boldsymbol{A}_1\tilde{\boldsymbol{x}}_1+\tilde{\boldsymbol{x}}_2-\boldsymbol{k}_{1\mathrm{o}}\tilde{\boldsymbol{x}}_1)+\tilde{\boldsymbol{x}}_2^{\mathrm{T}}[\tilde{\boldsymbol{f}}(\boldsymbol{x}_2)-\boldsymbol{d}(t)-\boldsymbol{k}_{2\mathrm{o}}\tilde{\boldsymbol{x}}_1]-\gamma\widetilde{\boldsymbol{W}}^{\mathrm{T}}\dot{\hat{\boldsymbol{W}}}\\ &=\tilde{\boldsymbol{x}}_1^{\mathrm{T}}\boldsymbol{A}_1\tilde{\boldsymbol{x}}_1+\tilde{\boldsymbol{x}}_1^{\mathrm{T}}\tilde{\boldsymbol{x}}_2-\tilde{\boldsymbol{x}}_1^{\mathrm{T}}\boldsymbol{k}_{1\mathrm{o}}\tilde{x}_1+\tilde{\boldsymbol{x}}_2^{\mathrm{T}}[\widetilde{\boldsymbol{W}}^{\mathrm{T}}\tilde{\boldsymbol{h}}(\boldsymbol{x}_2)-\boldsymbol{\varepsilon}-\boldsymbol{d}(t)-\boldsymbol{k}_{2\mathrm{o}}\cdot\tilde{\boldsymbol{x}}_1]-\gamma\widetilde{\boldsymbol{W}}^{\mathrm{T}}\dot{\hat{\boldsymbol{W}}}\\ &=\tilde{\boldsymbol{x}}_1^{\mathrm{T}}(\boldsymbol{A}_1-\boldsymbol{k}_{1\mathrm{o}})\tilde{\boldsymbol{x}}_1+\tilde{\boldsymbol{x}}_1^{\mathrm{T}}\tilde{\boldsymbol{x}}_2+\widetilde{\boldsymbol{W}}^{\mathrm{T}}[\tilde{\boldsymbol{x}}_2^{\mathrm{T}}\tilde{\boldsymbol{h}}(\boldsymbol{x}_2)-\gamma\ \dot{\hat{\boldsymbol{W}}}]-\tilde{\boldsymbol{x}}_2^{\mathrm{T}}[\boldsymbol{\varepsilon}+\boldsymbol{d}(t)]-\tilde{\boldsymbol{x}}_2^{\mathrm{T}}\boldsymbol{k}_{2o}\tilde{\boldsymbol{x}}_1\\ &=\tilde{\boldsymbol{x}}_1^{\mathrm{T}}(\boldsymbol{A}_1-\boldsymbol{k}_{1\mathrm{o}})\tilde{\boldsymbol{x}}_1+\tilde{\boldsymbol{x}}_1^{\mathrm{T}}(\boldsymbol{I}-\boldsymbol{k}_{2\mathrm{o}})\tilde{\boldsymbol{x}}_2-\tilde{\boldsymbol{x}}_2^{\mathrm{T}}[\boldsymbol{\varepsilon}+\boldsymbol{d}(t)]+\widetilde{\boldsymbol{W}}^{\mathrm{T}}[\tilde{\boldsymbol{x}}_2^{\mathrm{T}}\tilde{\boldsymbol{h}}(\boldsymbol{x}_2)-\gamma\dot{\hat{\boldsymbol{W}}}]\end{aligned} \tag{5-116}$$

取自适应律:

$$\dot{\hat{\boldsymbol{W}}}=\frac{1}{\gamma}\tilde{\boldsymbol{x}}_2^{\mathrm{T}}\tilde{\boldsymbol{h}}(\boldsymbol{x}_2) \tag{5-117}$$

通过选取合适的观测器增益的值,使得式(5-116)满足 $\dot{V}<0$,那么观测器误差是渐进收敛的。

3. 仿真分析

为了验证控制器的有效性对系统进行仿真分析。采用 RBF 神经网络反步控制策略对具有模型不确定性的超空泡航行体级联控制模型进行仿真。仿真实验中,通过设定航行体纵向运动深度期望信号验证控制器的有效性。

系统初始状态 $[z\ \ \theta\ \ \omega\ \ q]^{\mathrm{T}}=[0\ \ 0\ \ 0\ \ 0]^{\mathrm{T}}$,仿真步长设置为 0.001 s,采用 4-9-2 结构的神经网络,初始权值为任意值,初始隐含层的中心矩阵 $\boldsymbol{c}$ 位于[-4,4],即

$$\boldsymbol{c}=\begin{bmatrix}-4 & -3 & -2 & -1 & 0 & 1 & 2 & 3 & 4\\-4 & -3 & -2 & -1 & 0 & 1 & 2 & 3 & 4\\-4 & -3 & -2 & -1 & 0 & 1 & 2 & 3 & 4\\-4 & -3 & -2 & -1 & 0 & 1 & 2 & 3 & 4\end{bmatrix} \tag{5-118}$$

隐含层的宽度 $b=5$,为保证设计的系统满足李雅普诺夫稳定,设置 RBF 神经网络反步控制器的相关参数为 $\boldsymbol{K}_1=\mathrm{diag}\{100,100\}$,$\boldsymbol{K}_2=\mathrm{diag}\{100,100\}$,$\gamma=0.50$,$\eta=0.1$,关于其他参数的设定参考表 4-1。

将跟踪信号设定为阶跃信号,表达式为

$$z_{\mathrm{d}}=\begin{cases}0, & t<1\ \mathrm{s}\\1, & t\geqslant 1\ \mathrm{s}\end{cases} \tag{5-119}$$

仿真结果如图 5-26 和图 5-27 所示。设定的信号在 $t=1$ s 时产生阶跃指令,航行体的深度 z 大约在 0.2 s 时跟踪期望信号,且系统稳定后没有出现抖振。其余状态只有在信号出现瞬态变化的短时间内有抖动现象,在航行体深度调整完成后,均趋于稳定的状态。系统执行机构的偏转角度最大不超过 0.2 rad,满足实际工作的要求,并且可以保证系统的稳定性。

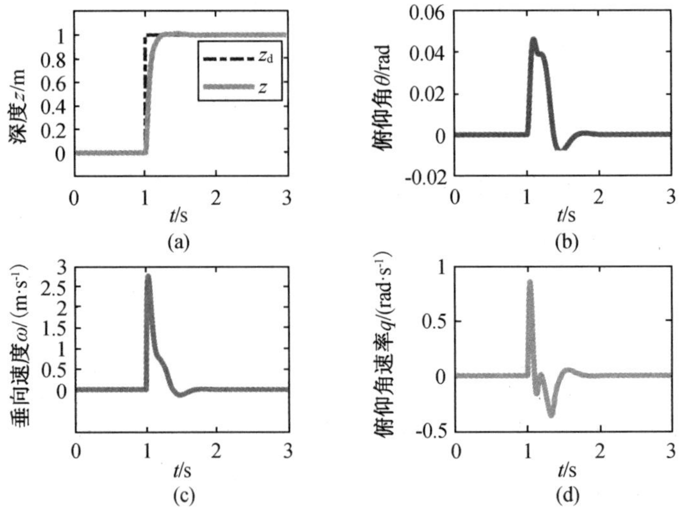

图 5-26　深度阶跃设定与状态跟踪响应

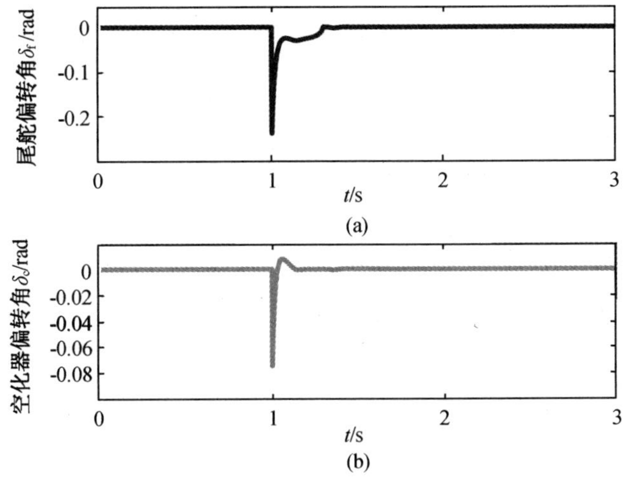

图 5-27　控制输入响应

图 5-28 到图 5-30 反映了观测器系统的控制输入与跟踪设定信号 z_d 的响应曲线。图 5-28 为原系统的深度跟踪状态响应曲线，可以看出，深度跟踪曲线与期望预定曲线吻合度较高，俯仰角和俯仰角速率除了在开始的时候超调量较大外，两者均在零域附近变化。图 5-29 表示了航行体状态变量观测器系统的输出曲线，由垂向速度来看，观测器输出与原系统的状态变量吻合度相对较高，利用观测器输出值代替系统的垂向速度，解决了在实际工作过程当中垂向速度不易直接测量获得的问题。图 5-30 反映了尾舵偏转与空化器偏转的曲线，通过执行器的偏转对航行体进行调整，快速地对纵向深度信号做出反应。尾舵与空化器在刚开始的时候产生相对较大的偏转角，约在 0.4 s 之后，尾舵偏转角固定在 0.1 rad 处，空化器偏转角在 0.02～0.04 rad 波动。通过仿真得到了系统的轨迹跟踪性能和各个状态变量的响应，系统状态均能够渐进地跟踪期望目标且跟踪误差控制在可接受的范围之内，执行器未出现饱和状态，设计的控制器能够较好地调节超空泡航行体纵向深度，结果表明采用 RBF 神经网络观测器补偿模型不确定性的控制策略具有良好的跟踪性能。

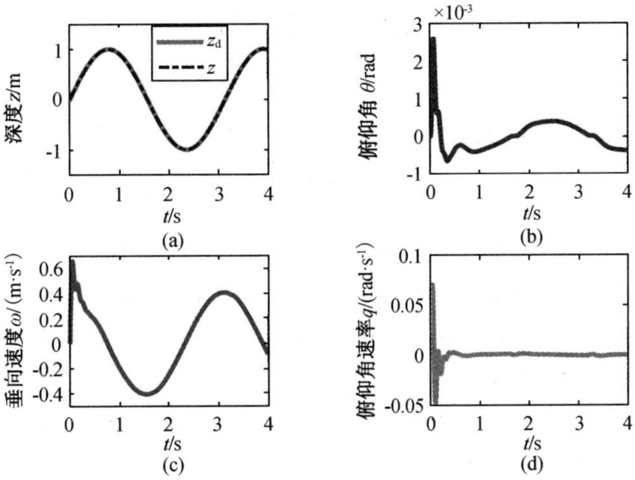

图 5-28　深度 z 设定轨迹与实际状态响应曲线

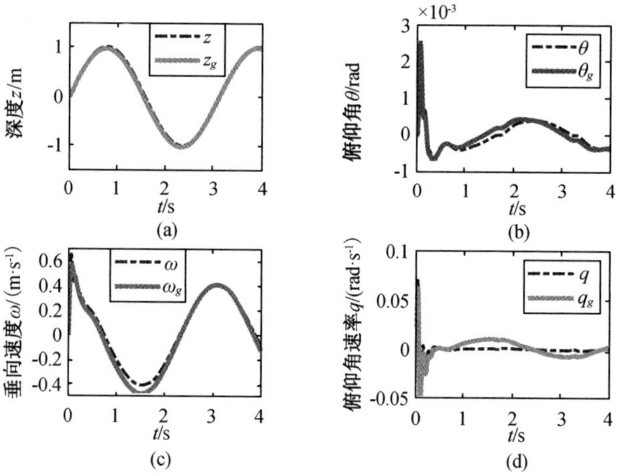

图 5-29　观测器输出状态响应曲线

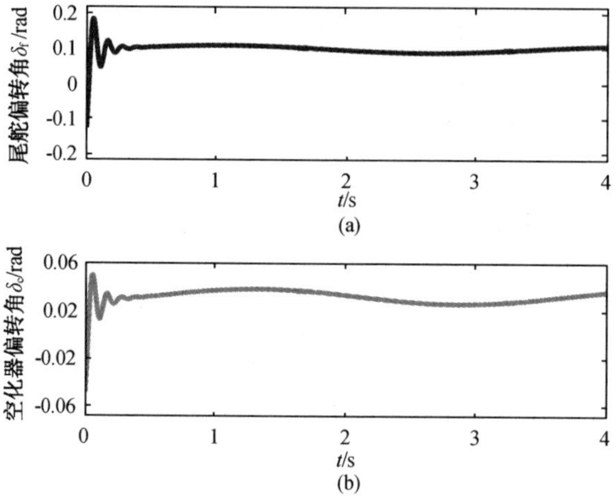

图 5-30　控制输入响应曲线

参 考 文 献

[1]　庞爱平. 超空泡航行体的控制研究[D]. 哈尔滨:哈尔滨工业大学, 2017.

[2]　庞爱平, 何朕. 超空泡航行体的扰动观测器补偿设计[J]. 电机与控制学报, 2018, 22(1): 107-113.

[3]　刘金琨. 滑模变结构控制 MATLAB 仿真[M]. 北京:清华大学出版社, 2006.

[4]　LI R C, YANG Y. Sliding-mode observer-based fault reconstruction for T-S fuzzy descriptor systems[J]. IEEE Transactions on Systems, Man, and Cybernetics: Systems, 2019, 51(8): 5046-5055.

[5]　季晓明, 文怀海. 四旋翼飞行器自适应神经网络轨迹跟踪控制器设计[J]. 机床与液压, 2021, 49(21): 114-120.

[6]　俞立. 鲁棒控制: 线性矩阵不等式处理方法[M]. 北京:清华大学出版社, 2002.

第 6 章　超空泡航行体的时滞特性的控制

6.1　基于简化时滞模型的控制

H_∞ 控制最初是为了解决古典频域控制理论中模型摄动带来的控制器计算困难的问题，是一种具有较好鲁棒性的设计方法。随着对控制方法的不断研究，当前 H_∞ 控制理论已经成为一种具有较完整体系的控制理论，适用对象从线性定常到线性时变、自适应，从集中参数到分布参数、非线性系统及广义系统，为存在模型摄动的多输入多输出（MIMO）系统提供了一种频域的鲁棒控制器设计方法。

经典的 H_∞ 控制器参数求解方法是 Riccati 方程及其不等式，但是求解过程中需要预先计算大量的参数和正定对称矩阵，导致求解问题难度陡然增加，求解时间过长，甚至有解问题求解失败，具有很大的保守性。对任意给定有理传递函数如下：

$$P(s)=\boldsymbol{D}+\boldsymbol{C}(s\boldsymbol{I}-\boldsymbol{A})^{-1}\boldsymbol{B} \tag{6-1}$$

参数定义如下：

$$\boldsymbol{A}\in\mathbf{R}^{n\times n},\boldsymbol{B}\in\mathbf{R}^{n\times m},\boldsymbol{C}\in\mathbf{R}^{q\times n},\boldsymbol{D}\in\mathbf{R}^{q\times m},\boldsymbol{I}\in\mathbf{R}^{n\times n}$$

式中，$\boldsymbol{I}$ 代表为单位阵；$\boldsymbol{A}$ 为在复平面闭右半平面解析的稳定阵；H_∞ 范数小于 1 的充分必要条件为：$\sigma_{\max}(\boldsymbol{D})<1$ 且存在正定阵 $\boldsymbol{X}>\boldsymbol{O}$ 满足如下 Riccati 不等式：

$$\boldsymbol{X}(A+\boldsymbol{B}\boldsymbol{R}^{-1}\boldsymbol{D}^{\mathrm{T}}\boldsymbol{C})+(\boldsymbol{A}+\boldsymbol{B}\boldsymbol{R}^{-1}\boldsymbol{D}^{\mathrm{T}}\boldsymbol{C})\boldsymbol{X}+\boldsymbol{X}\boldsymbol{B}\boldsymbol{R}^{-1}\boldsymbol{B}^{\mathrm{T}}\boldsymbol{X}+\boldsymbol{C}^{\mathrm{T}}(\boldsymbol{I}+\boldsymbol{D}\boldsymbol{R}^{-1}\boldsymbol{D}^{\mathrm{T}})\boldsymbol{C}<\boldsymbol{O} \tag{6-2}$$

式中，$\boldsymbol{R}=\boldsymbol{I}-\boldsymbol{D}^{\mathrm{T}}\boldsymbol{D}$。

根据 Schur 补定理将描述 H_∞ 控制器解的不等式（6-2）分解为矩阵不等式形式，采用 LMI 工具箱进行对应建模求解。这种基于线性矩阵不等式的 H_∞ 设计方法通过给出问题可解的一个凸约束条件，解决控制系统动态情况下，H_∞ 参数计算困难的问题。此外，基于 LMI 的 H_∞ 控制在自由参数和李雅普诺夫函数之间建立了明显联系，根据参数自由度来降低控制器阶次。

6.1.1　控制器设计

存在连续线性时变延迟系统为

$$\begin{aligned}\dot{\boldsymbol{x}}(t)&=\boldsymbol{A}\boldsymbol{x}(t)+\boldsymbol{A}_{\mathrm{d}}\boldsymbol{x}(t-d_1(t))+\boldsymbol{B}_1\boldsymbol{w}(t)+\boldsymbol{B}_2\boldsymbol{u}(t)+\boldsymbol{B}_{\mathrm{d}}\boldsymbol{u}(t-d_2(t))\\ \boldsymbol{z}(t)&=\boldsymbol{C}\boldsymbol{x}(t)+\boldsymbol{C}_{\mathrm{d}}\boldsymbol{x}(t-d_1(t))+\boldsymbol{D}_{11}\boldsymbol{w}(t)+\boldsymbol{D}_{12}\boldsymbol{u}(t)+\boldsymbol{D}_{\mathrm{d}}\boldsymbol{u}(t-d_2(t))\end{aligned} \tag{6-3}$$

满足时滞初态定义如下：

$$x(t)=\boldsymbol{O},t<0,\boldsymbol{x}(0)=\boldsymbol{x}_0 \tag{6-4}$$

对此系统设计一个 H_∞ 状态反馈控制器为

$$\boldsymbol{u}(t)=\boldsymbol{Kx}(t) \tag{6-5}$$

则带有控制器的系统变形为

$$\begin{aligned}\dot{\boldsymbol{x}}(t)&=\boldsymbol{A}_K\boldsymbol{x}(t)+\boldsymbol{A}_\mathrm{d}\boldsymbol{x}(t-d_1(t))+\boldsymbol{B}_1\boldsymbol{w}(t)+\boldsymbol{B}_\mathrm{d}\boldsymbol{Kx}(t-d_2(t))\\ z(t)&=\boldsymbol{C}_K\boldsymbol{x}(t)+\boldsymbol{C}_\mathrm{d}\boldsymbol{x}(t-d_1(t))+\boldsymbol{D}_{11}\boldsymbol{w}(t)+\boldsymbol{D}_\mathrm{d}\boldsymbol{Kx}(t-d_2(t))\end{aligned} \tag{6-6}$$

式中定义矩阵如下：$\boldsymbol{A}_K=\boldsymbol{A}+\boldsymbol{B}_2K,\boldsymbol{C}_K=\boldsymbol{C}+\boldsymbol{D}_{12}\boldsymbol{K}$。

引理 6-1　对于给定常数 $\gamma>0$，如果存在正定矩阵 $\boldsymbol{P}$、$\boldsymbol{R}_1$、$\boldsymbol{R}_2$ 可以使得

$$\begin{bmatrix}\boldsymbol{A}_K^\mathrm{T}\boldsymbol{P}+\boldsymbol{PA}_K+\boldsymbol{R}_1+\boldsymbol{K}^\mathrm{T}\boldsymbol{R}_2\boldsymbol{K} & \boldsymbol{PA}_\mathrm{d} & \boldsymbol{PB}_\mathrm{d} & \boldsymbol{PB}_1 & \boldsymbol{C}_K^\mathrm{T}\\ \boldsymbol{A}_\mathrm{d}^\mathrm{T}\boldsymbol{P} & -\widetilde{\boldsymbol{R}}_1 & 0 & 0 & \boldsymbol{C}_\mathrm{d}^\mathrm{T}\\ \boldsymbol{B}_\mathrm{d}^\mathrm{T}\boldsymbol{P} & 0 & -\widetilde{\boldsymbol{R}}_2 & 0 & \boldsymbol{D}_\mathrm{d}^\mathrm{T}\\ \boldsymbol{B}_1^\mathrm{T}\boldsymbol{P} & 0 & 0 & -\gamma^2 I & \boldsymbol{D}_{11}^\mathrm{T}\\ \boldsymbol{C}_K & \boldsymbol{C}_\mathrm{d} & \boldsymbol{D}_\mathrm{d} & \boldsymbol{D}_{11} & -I\end{bmatrix}<\boldsymbol{O} \tag{6-7}$$

成立，那么连续线性时延系统在 H_∞ 范数为 γ 的控制器式(6-5)约束下是二次稳定的，其中，$\widetilde{\boldsymbol{R}}_i=(1-\beta_i)\boldsymbol{R}_i,i=1,2$。

定理 6-1　在连续线性时延系统式(6-3)中若存在正定的矩阵 $\boldsymbol{Q}$、$\boldsymbol{S}_1$、$\boldsymbol{S}_2$ 和 M 满足：

$$\begin{bmatrix}\boldsymbol{U}_1 & \boldsymbol{B}_1 & \boldsymbol{U}_2 & \boldsymbol{M}^\mathrm{T} & \boldsymbol{Q}\\ \boldsymbol{B}_1^\mathrm{T} & -\gamma^2\boldsymbol{I} & \boldsymbol{D}_{11}^\mathrm{T} & 0 & 0\\ \boldsymbol{U}_2^\mathrm{T} & \boldsymbol{D}_{11} & \boldsymbol{U}_3 & 0 & 0\\ \boldsymbol{M} & 0 & 0 & -\boldsymbol{S}_2 & 0\\ \boldsymbol{Q} & 0 & 0 & 0 & -\boldsymbol{S}_1\end{bmatrix}<\boldsymbol{O} \tag{6-8}$$

则系统式(6-3)在 $\boldsymbol{H}_\infty$ 范数为 γ 的控制器式(6-5)约束下是二次稳定的 。其中

$$\boldsymbol{U}_1=\boldsymbol{QA}^\mathrm{T}+\boldsymbol{AQ}+\boldsymbol{M}^\mathrm{T}\boldsymbol{B}_2^\mathrm{T}+\boldsymbol{B}_2\boldsymbol{M}+(1-\boldsymbol{\beta}_1)^{-1}\boldsymbol{A}_\mathrm{d}\boldsymbol{S}_1\boldsymbol{A}_\mathrm{d}^\mathrm{T}+(1-\boldsymbol{\beta}_2)^{-1}\boldsymbol{B}_\mathrm{d}\boldsymbol{S}_2\boldsymbol{B}_\mathrm{d}^\mathrm{T}$$

$$\boldsymbol{U}_2=\boldsymbol{M}^\mathrm{T}\boldsymbol{D}_{12}^\mathrm{T}+\boldsymbol{QC}^\mathrm{T}+(1-\boldsymbol{\beta}_1)^{-1}\boldsymbol{A}_\mathrm{d}\boldsymbol{S}_1\boldsymbol{C}_\mathrm{d}^\mathrm{T}+(1-\boldsymbol{\beta}_2)^{-1}\boldsymbol{B}_\mathrm{d}\boldsymbol{S}_2\boldsymbol{D}_\mathrm{d}^\mathrm{T}$$

$$\boldsymbol{U}_3=-\boldsymbol{I}+(1-\boldsymbol{\beta}_1)^{-1}\boldsymbol{C}_\mathrm{d}\boldsymbol{S}_1\boldsymbol{C}_\mathrm{d}^\mathrm{T}+(1-\boldsymbol{\beta}_2)^{-1}\boldsymbol{D}_\mathrm{d}\boldsymbol{S}_2\boldsymbol{D}_\mathrm{d}^\mathrm{T}$$

$$\boldsymbol{M}=\boldsymbol{KP}^{-1},\boldsymbol{Q}=\boldsymbol{P}^{-1},\boldsymbol{S}_i=\boldsymbol{R}_i^{-1},i=1,2$$

6.1.2　稳定性分析

针对超空泡航行体运动特点的设计控制器，由于外部扰动不可预测并且难以建立精确的扰动模型，设计控制器时将系统扰动项忽略；相较于状态变量的延迟，控制输入延迟对系统稳定性干扰较小，设计控制器时将输入延迟项忽略不会影响控制器效果。故将外部扰动信号 $\omega(t)$ 和控制器延迟输入信号 d_2 取 0，即在缺少 $\boldsymbol{B}_1$ 阵，$\boldsymbol{B}_\mathrm{d}$ 阵和 d_2 的系统下根据定理 6-1 设计控制器。考虑到超空泡航行体线性连续时间时滞系统如下：

$$\begin{aligned}\dot{\boldsymbol{x}}(t)&=\boldsymbol{A}\boldsymbol{x}(t)+\boldsymbol{A}_{\mathrm{d}}\boldsymbol{x}(t-\tau)+\boldsymbol{B}_2\boldsymbol{u}(t)\\ \boldsymbol{y}(t)&=\boldsymbol{C}\boldsymbol{x}(t)\end{aligned}\tag{6-9}$$

式中,$\boldsymbol{x}(t)\in\mathbf{R}^4$ 是状态变量;$\boldsymbol{u}(t)\in\mathbf{R}^2$ 是控制输入;$\boldsymbol{y}(t)\in\mathbf{R}^4$ 是受控输出信号,设定固定延迟为

$$\tau=\frac{L}{V}\tag{6-10}$$

设计时滞系统式(6-9)的控制器:

$$\boldsymbol{u}(t)=\boldsymbol{K}\boldsymbol{x}(t)\tag{6-11}$$

则带有控制器的系统如下:

$$\begin{aligned}\dot{\boldsymbol{x}}(t)&=(\boldsymbol{A}+\boldsymbol{B}_2\boldsymbol{K})\boldsymbol{x}(t)+\boldsymbol{A}_{\mathrm{d}}\boldsymbol{x}(t-\tau)\\ \boldsymbol{y}(t)&=\boldsymbol{C}\boldsymbol{x}(t)\end{aligned}\tag{6-12}$$

证明　在缺少 $\boldsymbol{B}_1$ 阵,$\boldsymbol{B}_{\mathrm{d}}$ 阵和 $\boldsymbol{d}_2$ 的情况下设计的控制器依然可以保持系统稳定。

首先,定义李雅普诺夫函数为

$$V(\boldsymbol{x}(t)):=\boldsymbol{x}(t)^{\mathrm{T}}\boldsymbol{P}\boldsymbol{x}(t)+\int_{t-d_1(t)}^{t}\boldsymbol{x}(\tau)^{\mathrm{T}}\boldsymbol{R}_1\boldsymbol{x}(\tau)\,\mathrm{d}\tau\tag{6-13}$$

根据引理 6-1 不定式中:

$$\begin{bmatrix}\boldsymbol{A}_K^{\mathrm{T}}\boldsymbol{P}+\boldsymbol{P}\boldsymbol{A}_K+\boldsymbol{R}_1+\boldsymbol{K}^{\mathrm{T}}\boldsymbol{R}_2\boldsymbol{K} & \boldsymbol{P}\boldsymbol{A}_{\mathrm{d}}\\ \boldsymbol{A}_{\mathrm{d}}^{\mathrm{T}}\boldsymbol{P} & -\widetilde{\boldsymbol{R}}_1\end{bmatrix}<\boldsymbol{O}\tag{6-14}$$

沿航行体数学模型等式(6-9)的解对李雅普诺夫函数求导得到:

$$\dot{V}(\boldsymbol{x}(t))=\dot{\boldsymbol{x}}(t)^{\mathrm{T}}\boldsymbol{P}\boldsymbol{x}(t)+\boldsymbol{x}(t)^{\mathrm{T}}\boldsymbol{R}_1\boldsymbol{x}(t)-(1-\dot{d}_1(t))\boldsymbol{x}(t-d_1(t))^{\mathrm{T}}\boldsymbol{R}_1\boldsymbol{x}(t-d_1(t))\tag{6-15}$$

当矩阵负定时:

$$\dot{V}_a(\boldsymbol{x}(t))=\dot{\boldsymbol{x}}(t)^{\mathrm{T}}\boldsymbol{P}\boldsymbol{x}(t)+x(t)^{\mathrm{T}}\boldsymbol{R}_1\boldsymbol{x}(t)-(1-\dot{d}_1(t))\boldsymbol{x}(t-d_1(t))^{\mathrm{T}}\boldsymbol{R}_1\boldsymbol{x}(t-d_1(t))<0\tag{6-16}$$

假设系统零输入,则有

$$\begin{bmatrix}\boldsymbol{x}(t)\\ \boldsymbol{x}(t-d_1(t))\end{bmatrix}^{\mathrm{T}}\begin{bmatrix}\boldsymbol{A}_K^{\mathrm{T}}\boldsymbol{P}+\boldsymbol{P}\boldsymbol{A}_K+\boldsymbol{R}_1+\boldsymbol{K}^{\mathrm{T}}\boldsymbol{R}_2\boldsymbol{K} & \boldsymbol{P}\boldsymbol{A}_{\mathrm{d}}\\ \boldsymbol{A}_{\mathrm{d}}^{\mathrm{T}}\boldsymbol{P} & -\widetilde{\boldsymbol{R}}_1\end{bmatrix}\begin{bmatrix}\boldsymbol{x}(t)\\ \boldsymbol{x}(t-d_1(t))\end{bmatrix}<0\tag{6-17}$$

为了确保带控制器的系统(6-12)的二次稳定性,假设初始条件为零,引入描述系统渐近稳定性的目标函数:

$$J=\int_0^{\infty}[z(t)^{\mathrm{T}}z(t)]\,\mathrm{d}t\tag{6-18}$$

$$J\leqslant\int_0^{\infty}[z(t)^{\mathrm{T}}z(t)+\dot{V}(\boldsymbol{x}(t))]\,\mathrm{d}t\leqslant\int_0^{\infty}[z(t)^{\mathrm{T}}z(t)+\dot{V}_{\mathrm{a}}(\boldsymbol{x}(t))]\,\mathrm{d}t\tag{6-19}$$

将 $\boldsymbol{\zeta}(t)=[\boldsymbol{x}(t)^{\mathrm{T}}\boldsymbol{x}(t-d_1(t))^{\mathrm{T}}]^{\mathrm{T}}$ 代入式(6-1)中得到

$$J\leqslant\int_0^{\infty}\boldsymbol{\zeta}(t)^{\mathrm{T}}\boldsymbol{Z}\boldsymbol{\zeta}(t)\,\mathrm{d}t\tag{6-20}$$

其中 $\boldsymbol{Z}$ 的定义为

$$
\boldsymbol{Z}=\begin{bmatrix} \boldsymbol{H} & \boldsymbol{P}\boldsymbol{A}_{\mathrm{d}} & 0 & 0 \\ \boldsymbol{A}_{\mathrm{d}}^{\mathrm{T}}\boldsymbol{P} & -(1-\beta_1)\boldsymbol{R}_1 & 0 & 0 \\ 0 & 0 & -\boldsymbol{R}_2 & 0 \\ 0 & 0 & 0 & -\gamma^2\boldsymbol{I} \end{bmatrix} \tag{6-21}
$$

$$
\boldsymbol{H}=\boldsymbol{A}_K^{\mathrm{T}}\boldsymbol{P}+\boldsymbol{P}\boldsymbol{A}_K+\boldsymbol{I}+\boldsymbol{R}_1+\boldsymbol{K}^{\mathrm{T}}\boldsymbol{R}_2\boldsymbol{K}
$$

当 $\boldsymbol{Z}<\boldsymbol{O}, t>0$ 时，超空泡航行体系统(6-9)在 H_∞ 范数为 γ 的控制器(6-11)约束下是二次稳定的。

根据 Schur 补定理，当 $\boldsymbol{Z}<\boldsymbol{O}$ 时可以推出：

$$
\begin{bmatrix} \boldsymbol{A}_K^{\mathrm{T}}\boldsymbol{P}+\boldsymbol{P}\boldsymbol{A}_K+\boldsymbol{R}_1+\boldsymbol{K}^{\mathrm{T}}\boldsymbol{R}_2\boldsymbol{K} & \boldsymbol{P}\boldsymbol{A}_{\mathrm{d}} & 0 & \boldsymbol{C}^{\mathrm{T}} \\ \boldsymbol{A}_{\mathrm{d}}^{\mathrm{T}}\boldsymbol{P} & -(1-\beta_1)\boldsymbol{R}_1 & 0 & 0 \\ 0 & 0 & -\gamma^2\boldsymbol{I} & 0 \\ \boldsymbol{C} & 0 & 0 & -\boldsymbol{I} \end{bmatrix}<\boldsymbol{O} \tag{6-22}
$$

使用 Schur 补方法并修改其中一些变量，则上式等于：

$$
\Leftrightarrow\begin{bmatrix} \boldsymbol{A}_K^{\mathrm{T}}\boldsymbol{P}+\boldsymbol{P}\boldsymbol{A}_K & \boldsymbol{P}\boldsymbol{A}_{\mathrm{d}} & 0 & \boldsymbol{C}^{\mathrm{T}} & \boldsymbol{K}^{\mathrm{T}} & \boldsymbol{I} \\ * & -\widetilde{\boldsymbol{R}}_1 & 0 & 0 & 0 & 0 \\ * & * & -\gamma^2\boldsymbol{I} & 0 & 0 & 0 \\ * & * & * & -\boldsymbol{I} & 0 & 0 \\ * & * & * & * & -\boldsymbol{I} & 0 \\ * & * & * & * & * & -\boldsymbol{R}_1^{-1} \end{bmatrix}<\boldsymbol{O}
$$

$$
\Leftrightarrow\begin{bmatrix} \boldsymbol{A}_K^{\mathrm{T}}\boldsymbol{P}+\boldsymbol{P}\boldsymbol{A}_K+\boldsymbol{P}\boldsymbol{A}_{\mathrm{d}}\widetilde{\boldsymbol{R}}_1^{-1}\boldsymbol{A}_{\mathrm{d}}^{\mathrm{T}}\boldsymbol{P} & 0 & \boldsymbol{C}^{\mathrm{T}} & \boldsymbol{K}^{\mathrm{T}} & \boldsymbol{I} \\ * & -\gamma^2\boldsymbol{I} & 0 & 0 & 0 \\ * & * & -\boldsymbol{I} & 0 & 0 \\ * & * & * & -\boldsymbol{I} & 0 \\ * & * & * & * & -\boldsymbol{R}_1^{-1} \end{bmatrix}<\boldsymbol{O}
$$

$$
\Leftrightarrow\begin{bmatrix} \boldsymbol{P}^{-1}\boldsymbol{A}_K^{\mathrm{T}}+\boldsymbol{A}_K\boldsymbol{P}^{-1}+\boldsymbol{A}_{\mathrm{d}}\widetilde{\boldsymbol{R}}_1^{-1}\boldsymbol{A}_{\mathrm{d}}^{\mathrm{T}} & 0 & \boldsymbol{P}^{-1}\boldsymbol{C}^{\mathrm{T}} & \boldsymbol{P}^{-1}\boldsymbol{K}^{\mathrm{T}} & \boldsymbol{P}^{-1} \\ * & -\gamma^2\boldsymbol{I} & 0 & 0 & 0 \\ * & * & -\boldsymbol{I} & 0 & 0 \\ * & * & * & -\boldsymbol{I} & 0 \\ * & * & * & * & -\boldsymbol{R}_1^{-1} \end{bmatrix}<\boldsymbol{O} \tag{6-23}
$$

其中，* 为不等式对称项中变量的替换，定义以下参数得到

$$
\boldsymbol{M}=\boldsymbol{K}\boldsymbol{P}^{-1}, \boldsymbol{Q}=\boldsymbol{P}^{-1}, \boldsymbol{S}_i=\boldsymbol{R}_i^{-1}, i=1,2
$$

$$
\Leftrightarrow\begin{bmatrix} \boldsymbol{U}_1 & 0 & \boldsymbol{QC}^{\mathrm{T}} & \boldsymbol{M}^{\mathrm{T}} & \boldsymbol{Q} \\ 0 & -\gamma^2\boldsymbol{I} & 0 & 0 & 0 \\ \boldsymbol{QC}^{\mathrm{T}} & 0 & -\boldsymbol{I} & 0 & 0 \\ \boldsymbol{M}^{\mathrm{T}} & 0 & 0 & -\boldsymbol{I} & 0 \\ \boldsymbol{Q} & 0 & 0 & 0 & -\boldsymbol{S}_1 \end{bmatrix}<0 \tag{6-24}
$$

式中，$\boldsymbol{U}_1=\boldsymbol{P}^{-1}\boldsymbol{A}_K^{\mathrm{T}}+\boldsymbol{A}_K\boldsymbol{P}^{-1}+\boldsymbol{A}_{\mathrm{d}}\widetilde{\boldsymbol{R}}_1^{-1}\boldsymbol{A}_{\mathrm{d}}^{\mathrm{T}}$。

6.1.3 仿真分析

根据这些经典参数计算航行体数学模型并进行仿真设计，参数见表 6-1。

表 6-1　超空泡航行体系统参数

参数符号	参数名称	参数值(单位)
g	重力加速度	9.81 m/s^2
m	航行体密度比	2
n	尾舵相似系数	0.5
R_n	空化器半径	0.019 1 m
R	航行体柱段半径	0.050 8 m
L	航行体总长度	1.8 m
V	航行体巡航阶段速度	87 m/s
σ	巡航阶段空化数	0.03
C_{x0}	升力系数	0.82
r_s	空化器半径	0.07 m
r_{piv}	尾舵支点位置	0.9R
J_y	转动惯量	5.184 7 kg·m^2

水下射弹实验耗费资金巨大，实验周期较长，从以往控制领域项目周期来看，通常经过理论计算、数值仿真实验、半物理模型仿真实验直到联合多部门进行的实弹测试。本书为验证控制器设计的合理性，采用数值计算软件仿真航行体水下巡航过程，为之后的实际使用打下基础。

本节仿真模型采用简化滑行力的时滞超空泡航行体纵向运动模型，对其设计基于 LMI 的 H_∞ 状态反馈控制器，并计算出控制器参数。通过对执行器发出实时的控制指令，模拟真实环境下对航行体系统的控制效果。

控制器计算中，设定闭环系统传递函数的 H_∞ 范数为常数 $\gamma=1$；

仿真实验中，设定执行器滞后参数 $\dot{d}_2(t)\leqslant\beta_2=0.0195$。

仿真情形 1：开闭环系统对比

利用 Matlab 数值计算软件，设置航行体系统初始条件为航行深度 $z=0$、俯仰角 $\theta=0$、垂向速度 $\omega=3$、俯仰速率 $q=0.2$。设定状态变量参数为 $\boldsymbol{x}_\infty=[0\quad 0\quad 0]^{\mathrm{T}}$ 时航行体进入稳定

状态，并以此为控制目标。模拟水下航行体已进入巡航阶段，由于航行体受到某种外部干扰，从抖动状态恢复稳定状态的过程。其中忽略了航行体水平方向横滚运动的对稳定性的影响，令空化器与尾舵协同工作，以达到系统尽快稳定的效果。分别对开环无控制器系统和闭环有控制器系统仿真。

在开环系统的条件下，仿真结果如图所示：

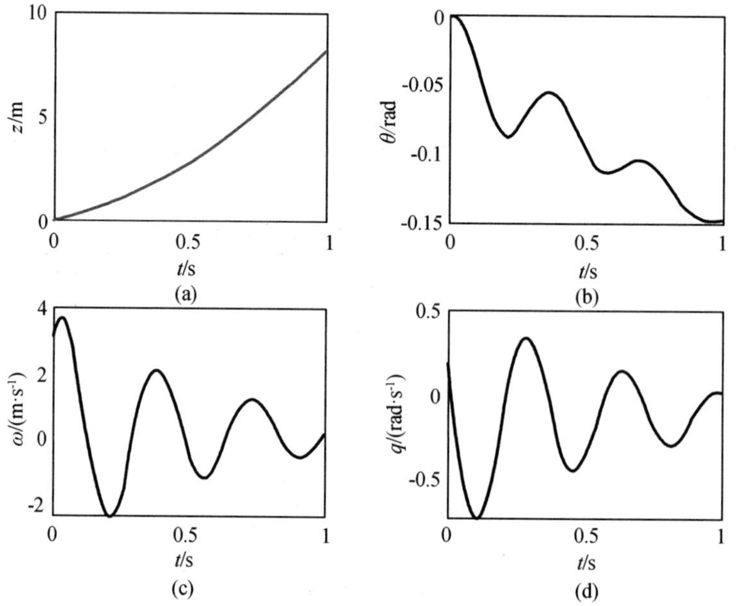

图 6-1　开环航行体系统状态变量曲线

闭环系统，采用 H_∞ 状态反馈控制率，仿真结果如图所示：

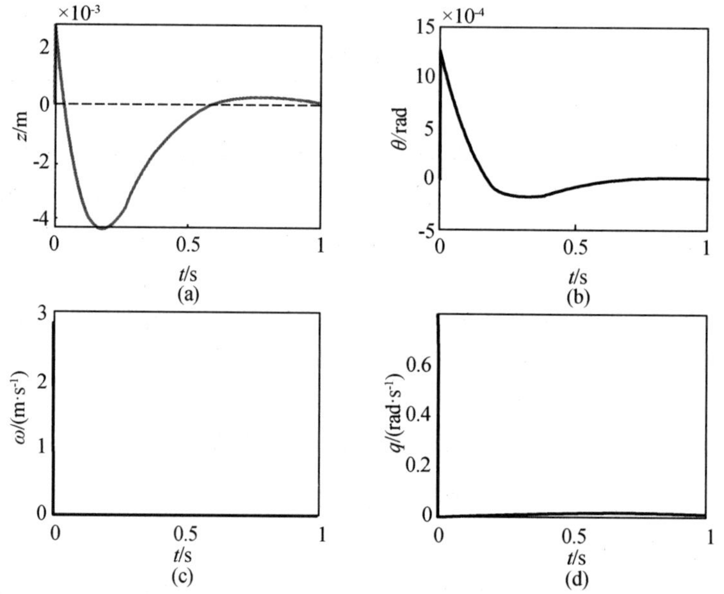

图 6-2　H_∞ 控制器作用下航行体系统状态变量曲线

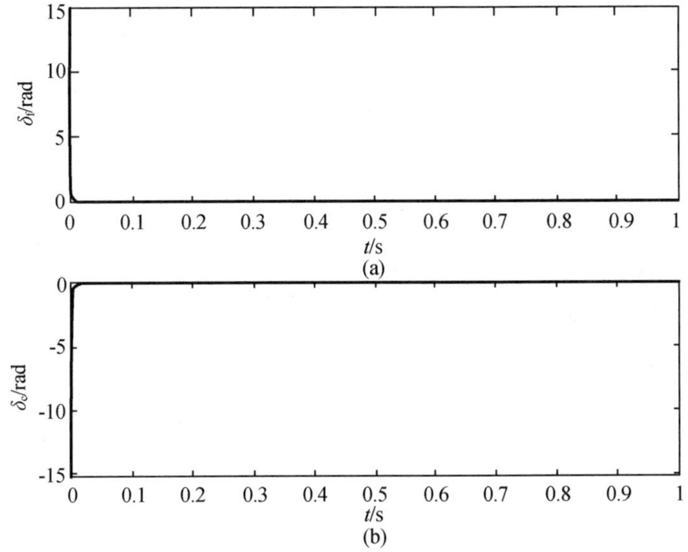

图 6-3　空化器和尾舵执行命令曲线

对比图 6-1 和 6-2 可以看出，在初值相同情况下，开环仿真图像中航行深度持续增加，航行体趋于不稳定；而加入 H_∞ 控制器的状态变量图像中，航行体系统的航行深度在 1 s 内即可恢复稳定状态，系统其他状态变量也可以响应指令。干扰结束后，系统的稳态误差在可控范围内且趋于平稳。稳定状态下，航行体系统受到持续的重力干扰，此时空化器维持 −0.02 rad，尾舵维持 0.1 rad，以抵消重力带来的干扰。仿真实验证明该控制器对维护航行体系统稳定性有一定作用。

H_∞ 状态反馈控制器对系统的参数摄动也具有很强的鲁棒性，也可以用来应对由于系统建模粗糙导致的实验效果不好的问题。考虑到系统状态变量的参数矩阵摄动，为简便起见将状态变量矩阵 $\boldsymbol{A}$ 参数摄动量取±20%加入航行体系统模型中。对系统增加小幅度扰动，取 $\omega(t)=0.1\sin(2\pi t)$，扰动变量矩阵则取单位阵。对含扰动的参数摄动系统，采用基于无摄动系统设计的仿真控制器参数，仿真结果如图 6-2 所示。

对比图 6-1、图 6-4 和图 6-5，由于系统状态变量阵摄动，航行体进入稳定状态的时间有些许滞后，航行体深度状态较未摄动系统图像有小幅度的超调，但总体仿真过程，预设控制器依然可以保证系统在 1 s 内恢复稳定性。仿真结果表明，H_∞ 控制器也可以应对小幅度扰动对航行体稳定性的影响。

仿真情形 2：定深度控制

由仿真结果，可以看出控制器对保持系统稳定性有较大的作用，但其中未给出滑行力始终为 0 的仿真图像。由于实验设定的初始状态到期望目标的过程中深度状态并没有很大变化，根据滑行力的计算公式，深度差过小导致滑行力一直为零。为研究滑行力对系统稳定性的影响，对期望目标提出深度阶跃响应要求。

预设控制目标为固定深度的阶跃响应，将系统镇定问题转化为状态跟踪问题，模拟航行体接收到改变深度信号后的航行过程。系统初始状态为 $x(0)=[0\quad 0\quad 3\quad 0.2]^{\mathrm{T}}$，期望姿态为 $\boldsymbol{x}_{\mathrm{d}}=[z_{\mathrm{d}}\quad \omega_{\mathrm{d}}\quad \theta_{\mathrm{d}}\quad q_{\mathrm{d}}]^{\mathrm{T}}$，则系统的误差状态向量为

$$\widetilde{\boldsymbol{x}}=\boldsymbol{x}-\boldsymbol{x}_{\mathrm{d}}=[\widetilde{x_1}\quad \widetilde{x_2}\quad \widetilde{x_3}\quad \widetilde{x_4}]^{\mathrm{T}} \tag{6-25}$$

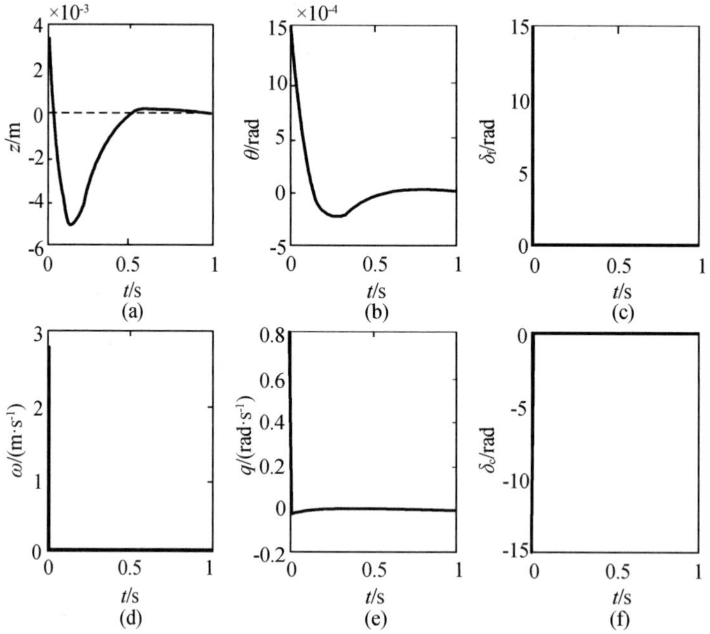

图 6-4　状态变量矩阵摄动+20%系统响应曲线

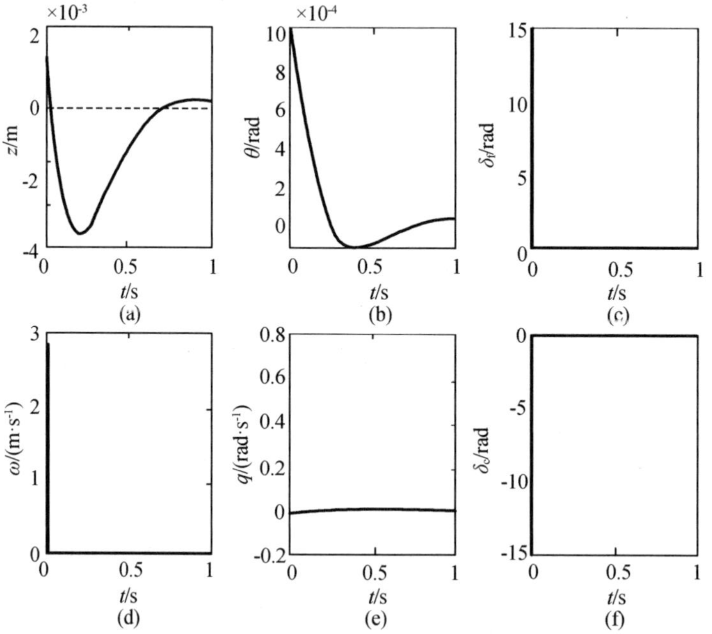

图 6-5　状态变量矩阵摄动-20%系统响应曲线

取航行体跟踪对象为深度 $z_{\mathrm{d}}=1$ 的阶跃信号,航行体稳定状态 $\boldsymbol{x}(t_{\infty})=[1\quad 0\quad 0\quad 0]^{\mathrm{T}}$,采用 H_{∞} 状态反馈控制器仿真结果图像如图 6-6 和图 6-7 所示。

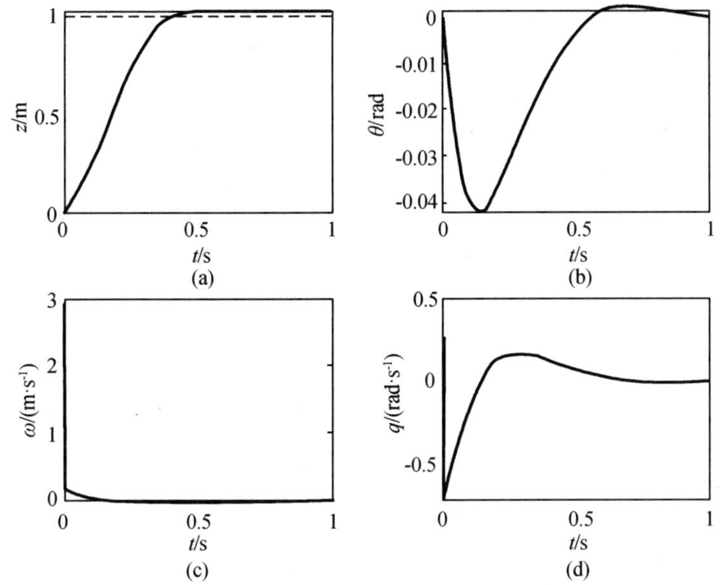

图 6-6　航行体深度阶跃跟踪曲线

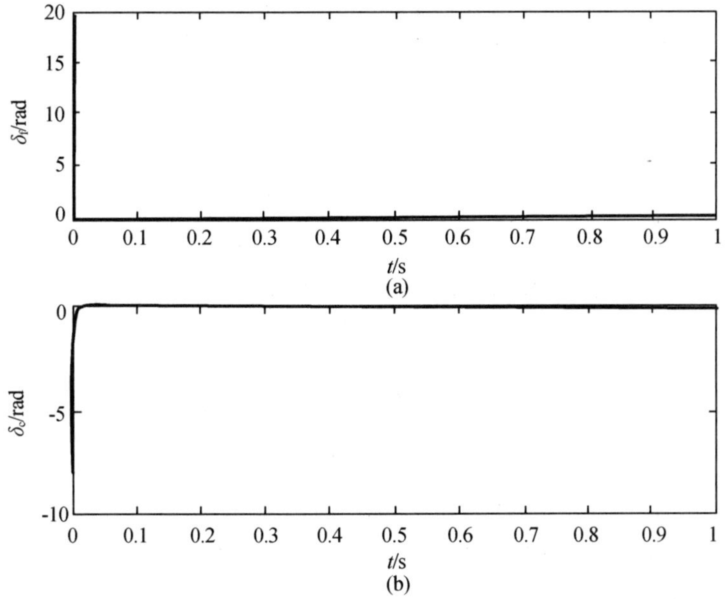

图 6-7　航行体深度阶跃响应系统输入

分析仿真图 6-6，此时阶跃信号幅度较小，航行体仅在 1 s 内即可快速响应，但图像中航行体在这种状态产生滑行力较小，为了验证控制器的鲁棒性和应对非线性滑行力干扰的能力，修改期望姿态为 $\boldsymbol{x}(t_\infty)=[10\quad 0\quad 0\quad 0]^{\mathrm{T}}$，仿真图像如图 6-8 所示。

在图 6-8 中，采用幅度为 10 的深度阶跃响应控制信号，航行体在 1 s 内达到预定目标并进入到稳定状态。分析滑行力变化图像，滑行力最大幅值出现在 0.1 s 内，此时由于航行体姿态和位置的关系，空泡未能包裹住航行体尾部，使航行体受到一个 182 N 的向上滑行力，对此，空化器偏转角与尾舵偏转角执行图 6-9 中命令，使滑行力在 0.06 s 消失。仿真结果表明，在出现较大滑行力时，H_∞ 控制器也能满足系统稳定性需求，跟踪预定目标。

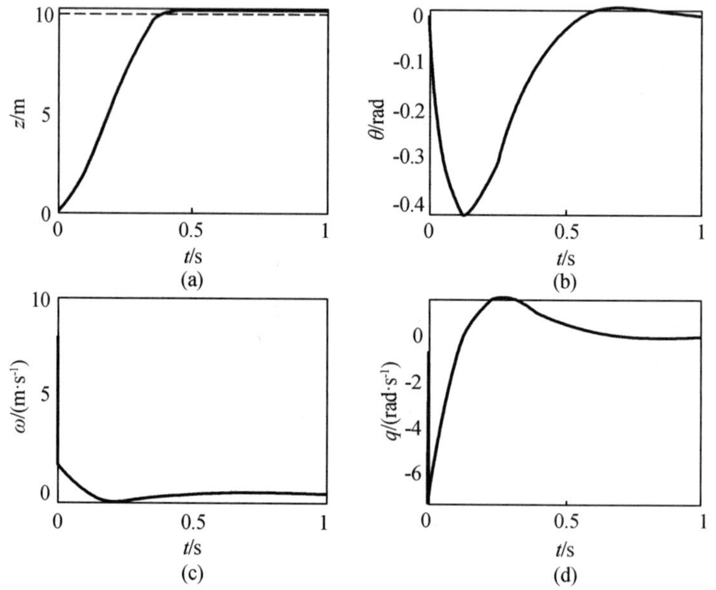

图 6-8　航行体深度阶跃 10 跟踪曲线

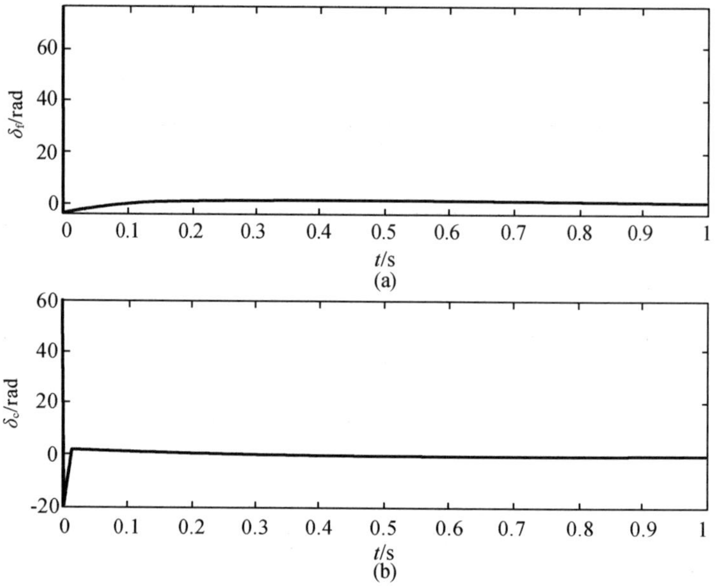

图 6-9　航行体深度阶跃响应系统输入

仿真情形 3：模拟正弦响应

通过上述两种实验，基于 LMI 的 H_∞ 控制器在满足航行体纵向运动稳定性的前提下，对深度阶跃控制信号的响应效果良好。仿真结果验证了控制器的有效性，证明该控制器的设计对水下环境击中目标有着很大作用。

类比对空导弹的研究性能指标，包括击中目标精度和对拦截器的闪躲，水下超空泡鱼雷的打击效果中也有类似需求。本小节对航行体施加一定频率的正弦信号，模拟水下环境航行体纵向躲避拦截器的过程，系统初始状态为 $\boldsymbol{x}(0)=[0\quad 0\quad 3\quad 0.2]^{\mathrm{T}}$，期望姿态为深度状态变量跟踪正弦信号 $\sin(0.25\pi t)$，其他状态变量不做规定。

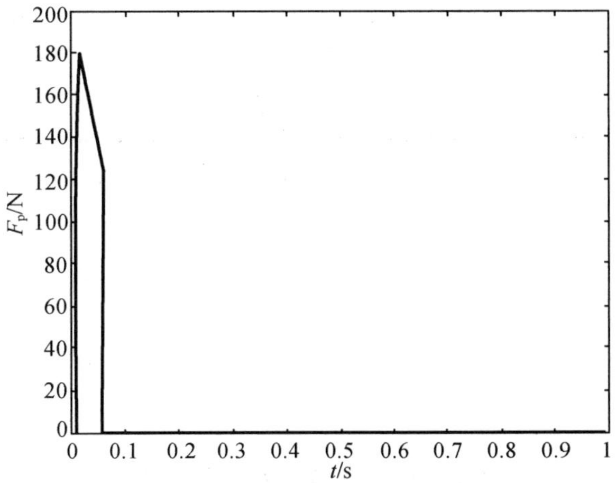

图 6-10　航行体深度阶跃滑行力曲线

在变深度控制图像 6-11 中，航行体能够跟踪正弦信号，俯仰角状态、垂向速度以及俯仰角速度都根据深度跟踪信号进行状态变化。空化器角度和尾舵角度有图 6-12 的动作，在维护航行体系统稳定性的同时也能满足对正弦信号的深度响应，控制器效果良好。由于深度正弦信号幅值变化不大，产生的空泡可以完整包裹住航行体，计算出滑行力一直为 0。仿真结果表明，航行体能够跟踪到给定的变深度正弦信号，并且具有较好的鲁棒性。

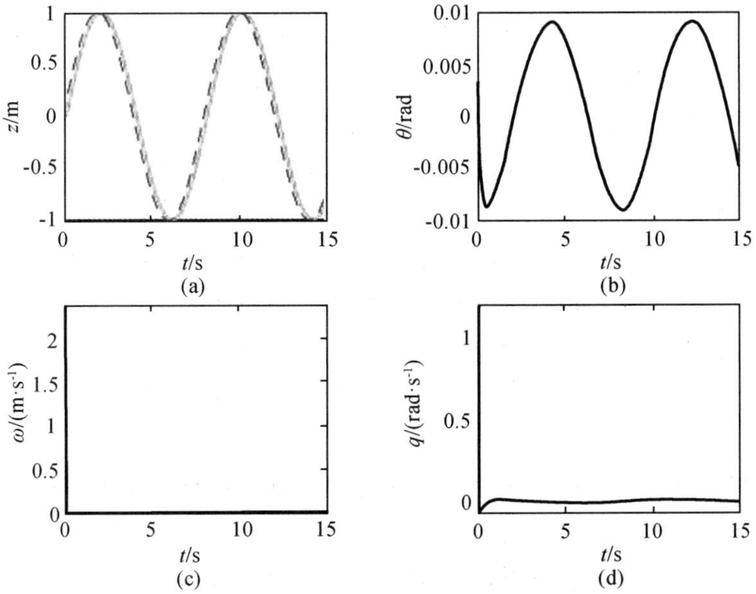

图 6-11　正弦函数深度跟踪效果

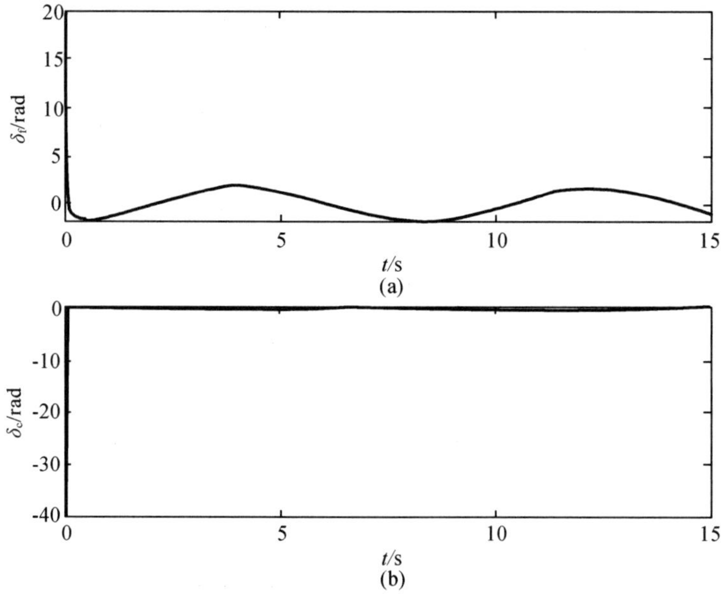

图 6-12　正弦函数深度跟踪输入

6.2　预 测 控 制

6.2.1　基于二次规划的预测控制

预测控制采用有限时域代替最优控制中的无限时域,分解系统响应过程为数个子过程,控制子过程达到相应的控制目标,通过滚动优化满足系统控制要求。预测控制算法的优点在于对数学模型要求不高,模型不必精准描述系统响应过程,也不必通过复杂的辨识分析系统稳定性,常用李雅普诺夫函数进行稳定性分析。预测控制的在线优化特点能够解决系统响应过程中的突发扰动问题。区别于全局最优控制,预测控制关注的是有限区间系统响应过程的最优情况。

预测控制算法的控制效果通过自定义的系统性能指标来判断,当该性能指标满足预测域内收敛即可判断系统性能良好。将系统被控量与期望轨迹关系作为优化目标设计控制系统即可判断系统跟踪性能。预测控制的另一优点是控制器设计过程中就可以规定状态变量和输入执行器的饱和数值,避免了过饱和现象,不同于第 3 章在设计控制器后再加入抗饱和功能的设计,预测控制设计更为简单。

二次规划算法是常用的求解预测控制器方法。对于预测控制中系统状态变量和控制量的非线性饱和约束,优化最大或最小值受线性变量影响的二次函数问题,是一种特殊类型的非线性规划问题。二次规划研究的问题一般如下形式:

$$\min_{x} J(x)=\frac{1}{2}\boldsymbol{x}^{\mathrm{T}}\boldsymbol{H}\boldsymbol{x}+\boldsymbol{x}^{\mathrm{T}}\boldsymbol{f}$$

$$\text{s.t.}\quad \boldsymbol{a}_i^{\mathrm{T}}\boldsymbol{x}=b_i, i\in\varepsilon$$
$$\boldsymbol{a}_i^{\mathrm{T}}\boldsymbol{x}\geqslant b_i, i\in\xi \tag{6-26}$$

式中,$\boldsymbol{x}$、$\boldsymbol{f}$、$\boldsymbol{a}_i\in\mathbf{R}^n$,$\boldsymbol{H}\in\mathbf{R}^{n\times n}$,当 $\boldsymbol{H}$ 满足正定矩阵时,式(6-26)为严格凸二次优化问题,根据拉格朗日法可以求解全局最优解,是非线性规划问题求解的特殊情形。

采用基于二次规划工具的预测控制设计方法,对离散的时滞超空泡航行体设计控制率,并进行跟踪参考轨迹的仿真实验。由于航行体建模并不精确可能导致控制器失效,预测控制对解决此类航行体控制问题将会很有作用。

6.2.2　预测控制器设计

存在具有时滞环节的离散线性变参数系统为

$$\boldsymbol{x}^+=\boldsymbol{A}\boldsymbol{x}+\boldsymbol{B}\boldsymbol{u}+\boldsymbol{A}_{\mathrm{d}}\boldsymbol{x}_\tau+\boldsymbol{D} \tag{6-27}$$

对状态变量以及控制量有如下饱和约束:

$$\boldsymbol{x}_{\min}(k+i|k)\leqslant\boldsymbol{x}(k+i|k)\leqslant\boldsymbol{x}_{\max}(k+i|k)\quad i=0,1,2,\cdots,N_{p-1} \tag{6-28}$$

$$\boldsymbol{u}_{\min}(k+i|k)\leqslant\boldsymbol{u}(k+i|k)\leqslant\boldsymbol{u}_{\max}(k+i|k)\quad i=0,1,2,\cdots,N_{p-1} \tag{6-29}$$

设计一个描述系统跟踪性能指标的参数 J 如下:

$$J_{(k,N_{\mathrm{p}})}=\min\sum_{t=k,\tau=k-1}^{k+N_{\mathrm{p}}}(\boldsymbol{x}'_t\boldsymbol{Q}\boldsymbol{x}_t+\boldsymbol{u}'_t\boldsymbol{R}\boldsymbol{u}_t+\boldsymbol{x}'_\tau\boldsymbol{Q}\boldsymbol{x}_\tau) \tag{6-30}$$

式中包含了针对状态量的代价函数 $\boldsymbol{x}'_k\boldsymbol{Q}\boldsymbol{x}_k+\boldsymbol{x}'_{k-\tau}\boldsymbol{Q}\boldsymbol{x}_{k-\tau}$ 和针对控制量的代价函数 $\boldsymbol{u}'_k\boldsymbol{R}\boldsymbol{u}_k$。式中以系统延迟时间 τ 为一个步长,N_{p} 为滚动预测步长,表示一个预测步长内的优化目标函数。当优化目标趋近于零时,意味着使用最少能量使系统状态达到稳定零点。

根据预测控制算法思路,采用关于控制量 $\boldsymbol{u}$ 的优化函数以预测步长 N_{p} 为一个周期,将预测时域内每一时刻的系统状态变量展开,系统函数如下:

$$\begin{gathered}
\boldsymbol{x}_{k+1|k}=\boldsymbol{A}\boldsymbol{x}_k+\boldsymbol{B}\boldsymbol{u}_k+\boldsymbol{A}_{\mathrm{d}}\boldsymbol{x}_\tau\\
\boldsymbol{x}_{k+2|k}=\boldsymbol{A}\boldsymbol{x}_{k+1|k}+\boldsymbol{B}\boldsymbol{u}_{k+1|k}+\boldsymbol{A}_{\mathrm{d}}\boldsymbol{x}_{\tau+1|k}=\boldsymbol{A}^2\boldsymbol{x}_k+\boldsymbol{A}\boldsymbol{B}\boldsymbol{u}_k+\boldsymbol{B}\boldsymbol{u}_{k+1}+\boldsymbol{A}\boldsymbol{A}_{\mathrm{d}}x_\tau+\boldsymbol{A}_{\mathrm{d}}\boldsymbol{x}_{\tau+1}\\
\cdots\cdots\\
\boldsymbol{x}_{k+N_{\mathrm{p}}|k}=\boldsymbol{A}^{N_{\mathrm{p}}}x_k+\boldsymbol{A}^{N_{\mathrm{p}}-1}\boldsymbol{B}\boldsymbol{u}_k+\boldsymbol{A}^{N_{\mathrm{p}}-2}\boldsymbol{B}\boldsymbol{u}_{k+1}+\cdots+\boldsymbol{B}\boldsymbol{u}_{k+N_{\mathrm{p}}-1}+\boldsymbol{A}^{N_{\mathrm{p}}-1}\boldsymbol{A}_{\mathrm{d}}x_\tau+\boldsymbol{A}^{N_{\mathrm{p}}-2}\boldsymbol{A}_{\mathrm{d}}+\boldsymbol{x}_{\tau+1}+\cdots+\boldsymbol{A}_{\mathrm{d}}\boldsymbol{x}_{\tau+N_{\mathrm{p}}-1}
\end{gathered} \tag{6-31}$$

整理系统函数矩阵形式如下:

$$\begin{bmatrix}\boldsymbol{x}_{k+1|k}\\\boldsymbol{x}_{k+2|k}\\\vdots\\\boldsymbol{x}_{k+N_{\mathrm{p}}|k}\end{bmatrix}=\begin{bmatrix}\boldsymbol{A}\\\boldsymbol{A}^2\\\vdots\\\boldsymbol{A}^{N_{\mathrm{p}}}\end{bmatrix}\boldsymbol{x}_k+\begin{bmatrix}\boldsymbol{B}&0&\cdots&0\\\boldsymbol{A}\boldsymbol{B}&\boldsymbol{B}&\cdots&0\\\vdots&\vdots&&\vdots\\\boldsymbol{A}^{N_{\mathrm{p}}-1}\boldsymbol{B}&\boldsymbol{A}^{N_{\mathrm{p}}-2}\boldsymbol{B}&\cdots&\boldsymbol{B}\end{bmatrix}\begin{bmatrix}\boldsymbol{u}_k\\\boldsymbol{u}_{k+1}\\\vdots\\\boldsymbol{u}_{k+N_{\mathrm{p}}-1}\end{bmatrix}+$$
$$\begin{bmatrix}\boldsymbol{A}_{\mathrm{d}}&0&\cdots&0\\\boldsymbol{A}\boldsymbol{A}_{\mathrm{d}}&\boldsymbol{A}_{\mathrm{d}}&\cdots&0\\\vdots&\vdots&&\vdots\\\boldsymbol{A}^{N_{\mathrm{p}}-1}\boldsymbol{A}_{\mathrm{d}}&\boldsymbol{A}^{N_{\mathrm{p}}-2}\boldsymbol{A}_{\mathrm{d}}&\cdots&\boldsymbol{A}_{\mathrm{d}}\end{bmatrix}\begin{bmatrix}\boldsymbol{x}_\tau\\\boldsymbol{x}_{\tau+1}\\\vdots\\\boldsymbol{x}_{\tau+N_{\mathrm{p}}-1}\end{bmatrix}$$

则系统的状态预测模型可表示为：

$$\boldsymbol{X}=\widetilde{\boldsymbol{A}}\boldsymbol{x}_k+\widetilde{\boldsymbol{B}}\boldsymbol{U}+\widetilde{\boldsymbol{A}}_{\rm d}\boldsymbol{X}_\tau \tag{6-32}$$

其中对应控制量集合分别表示为

$$\boldsymbol{X}=[\boldsymbol{x}_{k+1|k}\quad \boldsymbol{x}_{k+2|k}\quad \cdots\quad \boldsymbol{x}_{k+N_{\rm p}|k}]^{\rm T} \tag{6-33}$$

$$\boldsymbol{U}=[\boldsymbol{u}_{k+1|k}\quad \boldsymbol{u}_{k+2|k}\quad \cdots\quad \boldsymbol{u}_{k+N_{\rm p}|k}]^{\rm T} \tag{6-34}$$

$$\boldsymbol{X}_\tau=\sum_{t=k-\tau}^{k+N_{\rm p}-\tau}\boldsymbol{x}_t \tag{6-35}$$

式中，$\widetilde{\boldsymbol{A}}$、$\widetilde{\boldsymbol{B}}$、$\widetilde{\boldsymbol{A}}_{\rm d}$ 分别是对应的参数矩阵。

为了使用二次规划算法进行在线跟踪优化，需要替换优化目标 J 为与未来状态量的关系，转换后的优化目标函数如下：

$$\begin{aligned}J_{(k,N_{\rm p})}&=\min\ \boldsymbol{X}'\widetilde{\boldsymbol{Q}}\boldsymbol{X}+\boldsymbol{U}'\widetilde{\boldsymbol{R}}\boldsymbol{U}+\boldsymbol{X}_\tau'\boldsymbol{P}\boldsymbol{X}_\tau\\&=(\widetilde{\boldsymbol{A}}\boldsymbol{x}_k+\widetilde{\boldsymbol{B}}\boldsymbol{U}+\widetilde{\boldsymbol{A}}_{\rm d}\boldsymbol{x}_{k-\tau})'\boldsymbol{Q}_t(\widetilde{\boldsymbol{A}}\boldsymbol{x}_k+\widetilde{\boldsymbol{B}}\boldsymbol{U}+\widetilde{\boldsymbol{A}}_{\rm d}\boldsymbol{x}_{k-\tau})+\boldsymbol{U}'\boldsymbol{R}_t\boldsymbol{U}+\\&\quad(\widetilde{\boldsymbol{A}}\boldsymbol{x}_{k-\tau}+\widetilde{\boldsymbol{B}}\boldsymbol{U}+\widetilde{\boldsymbol{A}}_{\rm d}\boldsymbol{x}_{k-2\tau})'\boldsymbol{P}_t(\widetilde{\boldsymbol{A}}\boldsymbol{x}_{k-\tau}+\widetilde{\boldsymbol{B}}\boldsymbol{U}+\widetilde{\boldsymbol{A}}_{\rm d}\boldsymbol{x}_{k-2\tau})\\&=\boldsymbol{U}'(\widetilde{\boldsymbol{B}}'\boldsymbol{Q}_t\widetilde{\boldsymbol{B}}+\boldsymbol{R}_t+\widetilde{\boldsymbol{B}}'\boldsymbol{P}_t\widetilde{\boldsymbol{B}})\boldsymbol{U}+2\boldsymbol{x}_k'\widetilde{\boldsymbol{A}}'\widetilde{\boldsymbol{Q}}_t\widetilde{\boldsymbol{B}}\boldsymbol{U}+2\boldsymbol{x}_{k-\tau}'\widetilde{\boldsymbol{A}}_{\rm d}'\widetilde{\boldsymbol{Q}}_t\widetilde{\boldsymbol{B}}\boldsymbol{U}+2\boldsymbol{x}_{k-\tau}'\widetilde{\boldsymbol{A}}'\widetilde{\boldsymbol{P}}_t\widetilde{\boldsymbol{B}}\boldsymbol{U}+\\&\quad 2\boldsymbol{x}_{k-2\tau}'\widetilde{\boldsymbol{A}}_{\rm d}'\widetilde{\boldsymbol{P}}_t\widetilde{\boldsymbol{B}}\boldsymbol{U}\end{aligned} \tag{6-36}$$

根据二次规划算法，利用数值计算器优化工具箱表示 Hession 矩阵和雅可比矩阵如下：

$$\begin{aligned}\boldsymbol{H}&=2(\widetilde{\boldsymbol{B}}'\boldsymbol{Q}_t\widetilde{\boldsymbol{B}}+\boldsymbol{R}_t+\widetilde{\boldsymbol{B}}'\boldsymbol{P}_t\widetilde{\boldsymbol{B}})\\f&=2\boldsymbol{x}_k'\widetilde{\boldsymbol{A}}'\widetilde{\boldsymbol{Q}}_t\widetilde{\boldsymbol{B}}+2\boldsymbol{x}_{k-\tau}'\widetilde{\boldsymbol{A}}_{\rm d}'\widetilde{\boldsymbol{Q}}_t\widetilde{\boldsymbol{B}}+2\boldsymbol{x}_{k-\tau}'\widetilde{\boldsymbol{A}}'\widetilde{\boldsymbol{P}}_t\widetilde{\boldsymbol{B}}+2\boldsymbol{x}_{k-2\tau}'\widetilde{\boldsymbol{A}}_{\rm d}'\widetilde{\boldsymbol{P}}_t\widetilde{\boldsymbol{B}}\end{aligned} \tag{6-37}$$

将上述各参数代入到二次规划算法中进行滚动优化。

其中 $\boldsymbol{H}>\boldsymbol{O}$ 确保 QP 求解问题严格凸集，即 QP 问题存在唯一最优解 U。假设 $\boldsymbol{x}(t)$ 可观测，即系统任意时刻状态变量代入反馈参数对预测模型，此时状态空间预测模型能够基于系统的时滞状态在线求解和控制。

6.2.3 仿真分析

采用简化滑行力的航行体数学模型，使用基于二次规划的预测控制器设计方法，在线求解控制变量和状态跟踪情况，通过绘制状态变量变化曲线以及控制目标响应状况，分析预测控制器的动态性能和抗干扰能力。

根据航行体执行器实际情况取以下饱和约束范围：

$$\boldsymbol{u}\in[-2,2] \tag{6-38}$$

对航行体状态变量不做约束。

设置仿真实验控制步长 $N=100$，为计算和绘制图像方便，预设预测域为 $N_{\rm y}=4$ 即四个步长，控制域取 $N_{\rm u}=1$，表示每次滚动优化计算四个步长，实际使用一步对航行体进行控制。

为保证 $\boldsymbol{H}$ 矩阵满足正定并且严格大于零，加权矩阵分别取 $\boldsymbol{Q}=\boldsymbol{I}_4$，$\boldsymbol{R}=\boldsymbol{I}_4$；

状态变量初值选取为

$$\boldsymbol{x}(0)=[0\quad 0\quad 3\quad 0.2]^{\rm T}$$

控制目标选取为

$$\boldsymbol{x}(t_{\infty})=[0\quad 0\quad 0\quad 0]^{\mathrm{T}}$$

仿真结果如图 6-13 至图 6-15 所示,其中图 6-13 为航行体深度响应状态变量图像,根据图像绘制信息,航行体在 20 步后跟踪到控制目标。根据时滞步长的定义,第 2 步开始时滞参数参与到航行体系统响应中。为应对幅值达到 350 N 的滑行力扰动,控制器分别做出 −1.8 rad 和 1.5 rad 角度的动作指令,约 30 步后航行体达到稳定状态。仿真实验证明了采用预测控制器的航行体系统具有鲁棒性,能满足系统设计需求。

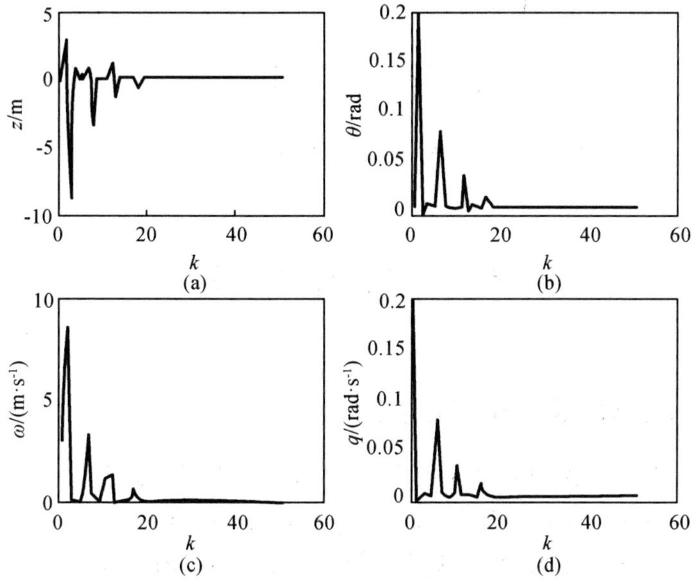

图 6-13　零输入系统响应

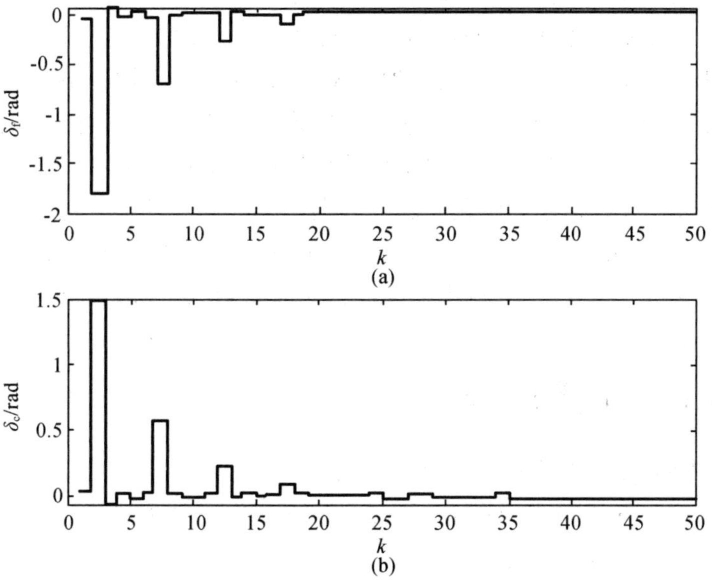

图 6-14　控制器输入曲线

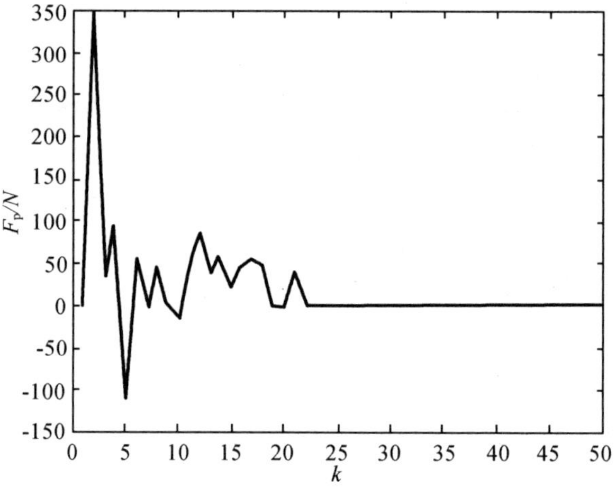

图 6-15　预测控制滑行力曲线

6.3　鲁 棒 控 制

6.3.1　基于 LMI 的鲁棒预测控制

在 6.2 提出的基于二次规划的预测控制中,从仿真图像可以看出预测控制器能在满足约束条件的情况下完成简单的控制目标。但是该方法还存在几点问题,由于简化的时滞超空泡航行体状态矩阵参数很大,预测步长仅能设定在 5 步以内,超过预测步长数值计算工具失效不能预测状态变化。由于仿真过程需要在线计算控制效果,并且每次都需要计算预测步长的控制量,相较于传统的仿真实验计算时间更长,失去了在线计算能够应对突发干扰的优点。将控制目标复杂化并增加扰动后发现,系统稳定性受控制目标影响较大,幅值超调过多,难以应用到实际中。本节提出一种鲁棒预测控制方法用来解决这些问题。

采用 LPV 航行体模型,由于状态变量矩阵参数可变,经过数值计算检验可以提高预测步长。相关文献提出了针对多种不确定系统的鲁棒控制器设计方法,将鲁棒预测控制问题转化为由线性矩阵不等式描述的优化问题。区别于二次规划求解航行过程,鲁棒预测控制保留了执行器的饱和约束条件,以滚动时域的性能分析作为研究核心,利用线性矩阵不等式计算简单快捷的特点,离线计算输出反馈增益矩阵参数,在线凸组合求取控制量,极大地减少了在线计算量。

6.3.2　离散 LPV 时滞系统

考虑具有多胞结构的离散 LPV 时滞系统为

$$\begin{cases}\boldsymbol{x}(k+1)=\boldsymbol{A}(k)\boldsymbol{x}(k)+\boldsymbol{A}_{\mathrm{d}}(k)\boldsymbol{x}(k-\tau)+\boldsymbol{B}(k)\boldsymbol{u}(k)\\ \boldsymbol{y}(k+1)=\boldsymbol{C}\boldsymbol{x}(k)\\ \boldsymbol{u}(k)\in U\end{cases}\tag{6-39}$$

式中,$\boldsymbol{A}(k)$、$\boldsymbol{A}_{\mathrm{d}}(k)$、$\boldsymbol{B}(k)$表示系统模型中的参数不确定性,且参数不确定范围属于凸集 Ω,

定义凸集 Ω 为 N 个顶点 $\Omega_1, \Omega_2, \cdots, \Omega_N$：

$$\Omega := Co\{[\boldsymbol{A}_1, \boldsymbol{A}_{d1}, \boldsymbol{B}_1], [\boldsymbol{A}_2, \boldsymbol{A}_{d2}, \boldsymbol{B}_2], \cdots, [\boldsymbol{A}_L, \boldsymbol{A}_{dL}, \boldsymbol{B}_L]\} \tag{6-40}$$

式中，Co 为多面体凸壳；$[\boldsymbol{A}_i, \boldsymbol{A}_{di}, \boldsymbol{B}_i]$ 表示凸壳各顶点。对此系统定义预测控制的滚动优化性能指标为

$$\min_{u(k+i|k), i=0,1,\cdots,N_c} \max_{[A(k+i), A_d(k+i), B(k+i)], i \geqslant 0} J(k) = \sum_{i=0}^{N_y} \boldsymbol{x}^{\mathrm{T}}(k+i|k)\boldsymbol{Q}\boldsymbol{x}(k+i|k) + \sum_{i=0}^{N_u} \boldsymbol{u}^{\mathrm{T}}(k+i|k)\boldsymbol{R}\boldsymbol{u}(k+i|k) \tag{6-41}$$

式中，N_y 为预测域步长；N_u 为控制域步长，满足 $N_u \leqslant N_y$。该式描述了在模型凸集不确定范围内，鲁棒性能指标的最小化。满足此条件计算出模型预测控制率 $\boldsymbol{u}(k+i|k)$ 可以保证闭环系统渐进稳定性。

为使系统输出能够跟踪预定参考轨迹，给出如下的误差积分器：

$$\boldsymbol{g}(k+1) = \boldsymbol{g}(k) + \boldsymbol{e}(k) = \boldsymbol{g}(k) + \boldsymbol{C}\boldsymbol{x}(k) - \boldsymbol{y}_r(k) \tag{6-42}$$

式中，$y_r(k)$ 为期望参考轨迹；$\boldsymbol{e}(k) = \boldsymbol{C}\boldsymbol{x}(k) - \boldsymbol{y}_r(k)$ 为系统输出跟踪误差。将上述公式代入系统模型式(6-39)，重写系统模型为

$$\begin{cases} \widetilde{\boldsymbol{x}}(k+1) = \widetilde{\boldsymbol{A}}(k)\widetilde{\boldsymbol{x}}(k) + \widetilde{\boldsymbol{A}}_d(k)\widetilde{\boldsymbol{x}}(k-\tau) + \widetilde{\boldsymbol{B}}(k)\boldsymbol{u}(k) - \boldsymbol{B}_r\boldsymbol{y}_r(k) \\ \boldsymbol{y}(k) = \boldsymbol{C}_0\widetilde{\boldsymbol{x}}(k) \end{cases} \tag{6-43}$$

其中

$$\widetilde{\boldsymbol{A}}(k) = \begin{bmatrix} \boldsymbol{A}(k) & 0 \\ \boldsymbol{C} & \boldsymbol{I} \end{bmatrix} \in \mathbf{R}^{\tilde{n}\times\tilde{n}}, \widetilde{\boldsymbol{A}}_\tau(k) = \begin{bmatrix} \boldsymbol{A}_\tau(k) \\ 0 \end{bmatrix} \in \mathbf{R}^{\tilde{n}\times\tilde{n}}$$

$$\widetilde{\boldsymbol{B}}(k) = \begin{bmatrix} \boldsymbol{B}(k) \\ 0 \end{bmatrix} \in \mathbf{R}^{\tilde{n}\times m}, \widetilde{\boldsymbol{x}}(k) = \begin{bmatrix} \boldsymbol{x}(k) \\ \boldsymbol{g}(k) \end{bmatrix} \in \mathbf{R}^{\tilde{n}\times 1}$$

$$\tilde{n} = l+n, \widetilde{\boldsymbol{x}}(k-\tau) = \boldsymbol{x}(k-\tau) \in \mathbf{R}^n$$

$$\boldsymbol{B}_r = \begin{bmatrix} 0 \\ \boldsymbol{I} \end{bmatrix} \in \mathbf{R}^{\tilde{n}\times l}, \boldsymbol{C}_0 = [C \quad 0] \in \mathbf{R}^{l\times\tilde{n}}$$

6.3.3　输出反馈预测控制器设计

区别于开环预测控制器，这里采用输出反馈控制器设计思路。存在输出反馈预测控制器如下：

$$\begin{aligned} \boldsymbol{u}(k+i) &= \sum_{j=0}^{N_y} (\boldsymbol{\varphi}_{Pij}[\boldsymbol{y}(k+j) - \boldsymbol{y}_r(k+j)] + \boldsymbol{\varphi}_{Iij}\boldsymbol{g}(k+j)) \\ &= \sum_{j=0}^{N_y} (\boldsymbol{\varphi}_{ij}\widetilde{\boldsymbol{C}}\widetilde{\boldsymbol{x}}(k+j) - \boldsymbol{\varphi}_{ij}\boldsymbol{C}_r\boldsymbol{y}_r(k+j)), i = \{0,1,2,\cdots,N_u-1\} \end{aligned} \tag{6-44}$$

其中对应的输出反馈增益矩阵如下：

$$\boldsymbol{\varphi}_{Pij} \in \mathbf{R}^{m\times l}, \boldsymbol{\varphi}_{Iij} \in \mathbf{R}^{m\times l}, \boldsymbol{\varphi}_{ij} = [\boldsymbol{\varphi}_{Pij} \quad \boldsymbol{\varphi} I_{ij}] \in \mathbf{R}^{m\times 2l}$$

$$\widetilde{\boldsymbol{C}} = \begin{bmatrix} \boldsymbol{C} & 0 \\ 0 & \boldsymbol{I} \end{bmatrix} \in \mathbf{R}^{m\times l}, \boldsymbol{C}_r = [I \quad 0]^{\mathrm{T}} \in \mathbf{R}^{m\times l}$$

在 k 时刻预测的 $k+d$ 时刻的输入输出和期望参考轨迹的预测值分别定义为 $\boldsymbol{u}(k+d)$

$\boldsymbol{y}(k+d)\boldsymbol{y}_{\rm r}(k+d)$，其中 $d\geqslant 1$。定义预测域 $N_{\rm y}$、控制域 $N_{\rm u}$，保证 $N_{\rm u}\leqslant N_{\rm y}$，在一个滚动周期内但是超出控制域部分的反馈增益矩阵 $\boldsymbol{\varphi}_{ij}=\boldsymbol{O}$。则系统在 $k+d$ 时刻预测状态变量为

$$\widetilde{\boldsymbol{x}}(k+d+1)=\widetilde{\boldsymbol{A}}(k)\widetilde{\boldsymbol{x}}(k+d)+\widetilde{\boldsymbol{A}}_{\rm d}(k)\widetilde{\boldsymbol{x}}(k-\tau+d)+\widetilde{\boldsymbol{B}}(k)\boldsymbol{u}(k+d)-\boldsymbol{B}_{\rm r}\boldsymbol{y}_{\rm r}(k+d)$$
$$d=\{0,1,2,\cdots,N_y-1\} \tag{6-45}$$

定义预测步长内状态变量和期望跟踪轨迹的集合为：

$$\begin{cases}\widetilde{\boldsymbol{x}}_{\rm f}(k)=[\widetilde{\boldsymbol{x}}(k+1)^{\rm T} \quad \widetilde{\boldsymbol{x}}(k+1)^{\rm T} \quad \cdots \quad \widetilde{\boldsymbol{x}}(k+N_{\rm y})^{\rm T}]^{\rm T}\\ \boldsymbol{y}_{\rm rf}(k)=[\boldsymbol{y}_{\rm r}(k)^{\rm T} \quad \boldsymbol{y}_{\rm r}(k+1)^{\rm T} \quad \cdots \quad \boldsymbol{y}_{\rm r}(k+N_{\rm y})^{\rm T}]^{\rm T}\end{cases} \tag{6-46}$$

定义预测控制范围内控制量参数集合为

$$\boldsymbol{u}_{\rm f}(k)=[\boldsymbol{u}(k)^{\rm T} \quad \boldsymbol{u}(k+1)^{\rm T} \quad \cdots \quad \boldsymbol{u}(k+N_{\rm y})^{\rm T}]^{\rm T} \tag{6-47}$$

根据上述定义的状态变量和控制变量在预测步长内的集合，得到系统在一个滚动时域内预测状态为

$$\boldsymbol{A}_{\rm f}(k)\widetilde{\boldsymbol{x}}_{\rm f}(k)=\widetilde{A}_x(k)\widetilde{\boldsymbol{x}}(k)+\widetilde{\boldsymbol{A}}_{x\rm d}(k)\widetilde{\boldsymbol{x}}(k-\tau)+\boldsymbol{B}_{\rm f}(k)\boldsymbol{u}_{\rm f}(k)-\boldsymbol{B}_{\rm rf}\boldsymbol{y}_{\rm rf}(k) \tag{6-48}$$

其中

$$A_{\rm f}(k)=\begin{bmatrix}\boldsymbol{I} & 0 & 0 & 0\\ -\widetilde{\boldsymbol{A}}(k) & \boldsymbol{I} & 0 & 0\\ 0 & \ddots & \ddots & \vdots\\ 0 & \cdots & -\widetilde{\boldsymbol{A}}(k) & \boldsymbol{I}\end{bmatrix}\in\mathbf{R}^{\tilde{n}N_{\rm y}\times\tilde{n}N_{\rm y}}$$

$$A_x(k)=[\widetilde{\boldsymbol{A}}(k)^{\rm T} \quad 0 \quad \cdots \quad 0]^{\rm T}\in\mathbf{R}^{\tilde{n}N_{\rm y}\times\tilde{n}}$$

$$\boldsymbol{A}_{x\rm d}(k)=[\widetilde{\boldsymbol{A}}_{\rm d}(k)^{\rm T} \quad 0 \quad \cdots \quad 0]^{\rm T}\in\mathbf{R}^{\tilde{n}N_{\rm y}\times\tilde{n}},\boldsymbol{B}_{\rm f}(k)=[\boldsymbol{B}_{\rm d}(k)^{\rm T} \quad 0]^{\rm T}\in\mathbf{R}^{\tilde{n}N_{\rm y}\times mN_{\rm u}}$$

$$B_{\rm d}(k)={\rm diag}\{\widetilde{\boldsymbol{B}}(k),\widetilde{\boldsymbol{B}}(k),\cdots,\widetilde{\boldsymbol{B}}(k)\}\in\mathbf{R}^{\tilde{n}N_{\rm u}\times mN_{\rm u}},\boldsymbol{B}_{\rm rf}={\rm diag}\{\boldsymbol{B}_{\rm r},\boldsymbol{B}_{\rm r},\cdots,\boldsymbol{B}_{\rm r}\}\in\mathbf{R}^{\tilde{n}N_{\rm y}\times lN_{\rm y}}$$

根据预测状态序列 $\widetilde{\boldsymbol{x}}_{\rm f}(k)$ 以及预测补偿内的期望参考轨迹序列 $\boldsymbol{y}_{\rm rf}(k)$，控制器序列为

$$\boldsymbol{u}(k+i)=\boldsymbol{\varphi}_{i0}\widetilde{\boldsymbol{C}}\widetilde{\boldsymbol{x}}(k)+\boldsymbol{\varphi}_{i\rm h}\boldsymbol{C}_{\rm f}\widetilde{\boldsymbol{x}}_{\rm f}(k)-\boldsymbol{\varphi}_i\boldsymbol{C}_{\rm yrf}\boldsymbol{y}_{\rm rf}(k) \tag{6-49}$$

其中参数定义如下：

$$i=\{0,1,2,\cdots,N_u-1\}$$
$$\boldsymbol{\varphi}_i=[\boldsymbol{\varphi}_{i0} \quad \boldsymbol{\varphi}_{i\rm h}]\in\mathbf{R}^{m\times 2l(N_{\rm y}+1)}$$
$$\varphi_{i\rm h}=[\varphi_{i\rm h} \quad \varphi_{i2} \quad \cdots \quad \varphi_{iN_{\rm y}}]^{\rm T}$$
$$\boldsymbol{C}_{\rm f}={\rm diag}\{\widetilde{\boldsymbol{C}},\widetilde{\boldsymbol{C}},\cdots,\widetilde{\boldsymbol{C}},\}\in\mathbf{R}^{2lN_{\rm y}\times\tilde{n}N_{\rm y}}$$
$$\boldsymbol{C}_{\rm yrf}={\rm diag}\{\boldsymbol{C}_{\rm r},\boldsymbol{C}_{\rm r},\cdots,\boldsymbol{C}_{\rm r}\}\in\mathbf{R}^{2lN_{\rm y}\times lN_{\rm y}}$$

化简为控制器序列：

$$\boldsymbol{u}_{\rm f}(k)=\boldsymbol{\varphi}_x\widetilde{\boldsymbol{C}}\widetilde{\boldsymbol{x}}(k)+\boldsymbol{\varphi}_{\rm f}\boldsymbol{C}_{\rm f}\widetilde{\boldsymbol{x}}_{\rm f}(k)-\boldsymbol{\varphi}\boldsymbol{C}_{\rm yrf}\boldsymbol{y}_{\rm rf}(k) \tag{6-50}$$

进一步将控制器序列代入到滚动时域状态内得到系统闭环状态预测式为

$$\boldsymbol{A}_{\rm cf}(k)\widetilde{\boldsymbol{x}}_{\rm f}(k)=\boldsymbol{A}_{{\rm c},x}(k)\widetilde{\boldsymbol{x}}(k)+\boldsymbol{A}_{x\rm d}(k)\widetilde{\boldsymbol{x}}(k-\tau)-\boldsymbol{B}_{\rm cf}(k)\boldsymbol{y}_{\rm rf}(k) \tag{6-51}$$

其中参数如下：

$$\boldsymbol{A}_{\mathrm{cf}}(k)=\boldsymbol{A}_{\mathrm{f}}(k)-\boldsymbol{B}_{\mathrm{f}}(k)\boldsymbol{\varphi}_{\mathrm{f}}\boldsymbol{C}_{\mathrm{f}}$$

$$\boldsymbol{A}_{\mathrm{c},x}(k)=\boldsymbol{A}_{x}(k)+\boldsymbol{B}_{\mathrm{f}}(k)\boldsymbol{\varphi}_{x}\widetilde{\boldsymbol{C}}$$

$$\boldsymbol{B}_{\mathrm{cf}}(k)=\boldsymbol{B}_{\mathrm{f}}(k)\boldsymbol{\varphi}\boldsymbol{C}_{\mathrm{yrf}}+\boldsymbol{B}_{\mathrm{rf}}$$

在全局最优域内，预测控制滚动优化指标的函数 J 定义为

$$J=\sum_{k=0}^{\infty}J(k) \tag{6-52}$$

$$J(k)=\sum_{d=0}^{N_{\mathrm{y}}}\widetilde{\boldsymbol{x}}^{\mathrm{T}}(k+d)\boldsymbol{Q}_{\mathrm{d}}\widetilde{\boldsymbol{x}}(k+d)+\sum_{d=0}^{N_{\mathrm{u}}-1}\boldsymbol{u}^{\mathrm{T}}(k+d)\boldsymbol{R}_{\mathrm{d}}\boldsymbol{u}(k+d)$$

式中，$\boldsymbol{Q}_{\mathrm{d}}\in\mathbf{R}^{\tilde{n}\times\tilde{n}}$ 为半正定矩阵；$\boldsymbol{R}_{\mathrm{d}}\in\mathbf{R}^{m\times m}$ 为正定矩阵，通过 LMI 工具箱设定。在滚动优化指标函数收敛的情况下，系统满足控制要求且渐近稳定。

6.3.4　稳定性分析

针对系统闭环状态预测式(6-51)进行稳定性分析，为降低系统计算难度，加速预测控制计算过程，本节对跟踪性能不做具体约束，在保证系统渐近稳定性的条件下能够跟踪预定轨迹即可。将跟踪序列 $\boldsymbol{y}_{\mathrm{rf}}(k)$ 取零向量，可以满足李雅普诺夫稳定性分析条件，为求解鲁棒控制器参数，简化后的闭环状态预测式如下：

$$\widetilde{\boldsymbol{x}}_{\mathrm{f}}(k)=\boldsymbol{A}_{\mathrm{c}}\widetilde{\boldsymbol{x}}(k)+\boldsymbol{A}_{\tau}\widetilde{\boldsymbol{x}}(k-\tau)$$

$$(\boldsymbol{A}_{\mathrm{cf}}(k)^{-1}\boldsymbol{A}_{\mathrm{c},x}(k))\widetilde{\boldsymbol{x}}(k)+(\boldsymbol{A}_{\mathrm{cf}}(k)^{-1}\boldsymbol{A}_{x\mathrm{d}}(k))\widetilde{\boldsymbol{x}}(k-\tau) \tag{6-53}$$

对闭环系统式(6-51)，选取如下的李雅普诺夫函数：

$$V(x,k):=\widetilde{\boldsymbol{x}}_{\mathrm{f}}(k-1)^{\mathrm{T}}\overline{\boldsymbol{P}}(k)\widetilde{\boldsymbol{x}}_{\mathrm{f}}(k-1)=\sum_{k=0}^{N_{\mathrm{y}}-1}\widetilde{\boldsymbol{x}}(k+d)^{\mathrm{T}}\boldsymbol{P}(k)\widetilde{\boldsymbol{x}}(k+d) \tag{6-54}$$

为保证函数正定，定义其中参数如下：

$$\widetilde{\boldsymbol{x}}_{\mathrm{f}}(k)=\boldsymbol{A}_{\mathrm{c}}\widetilde{\boldsymbol{x}}(k)+\boldsymbol{A}_{\tau}\widetilde{\boldsymbol{x}}(k-\tau)$$

$$(\boldsymbol{A}_{\mathrm{cf}}(k)^{-1}\boldsymbol{A}_{\mathrm{c},x}(k))\widetilde{\boldsymbol{x}}(k)+(\boldsymbol{A}_{\mathrm{cf}}(k)^{-1}\boldsymbol{A}_{x\mathrm{d}}(k))\widetilde{\boldsymbol{x}}(k-\tau) \tag{6-55}$$

$$\overline{\boldsymbol{P}}(k)=\mathrm{diag}\{p(k)\}\in\mathbf{R}^{\tilde{n}N_{\mathrm{y}}\times\tilde{n}N_{\mathrm{y}}}$$

$$\boldsymbol{P}(k)=\in\mathbf{R}^{\tilde{n}\times\tilde{n}},\boldsymbol{P}(k)\geqslant\boldsymbol{O},\boldsymbol{P}_{i}=\boldsymbol{P}_{i}^{\mathrm{T}}>\boldsymbol{O}$$

李雅普诺夫函数 $V(x,k)$ 的一阶差分方程 $\Delta V(x,k)$ 计算公式如下：

$$\Delta V(x,k)=V(\boldsymbol{x}(k+1),k)-V(\boldsymbol{x}(k),k)=\widetilde{\boldsymbol{x}}(k+N_{\mathrm{y}})\boldsymbol{TP}(k)\widetilde{\boldsymbol{x}}(k+N_{\mathrm{y}})-\widetilde{x}(k)\boldsymbol{TP}(k)\widetilde{\boldsymbol{x}}(k) \tag{6-56}$$

根据李雅普诺夫稳定性理论，当式(6-56)为负定，即选取的李雅普诺夫函数(6-54)递减时，闭环系统稳定，对于闭环系统稳定性分析转化为对一阶差分方程正负的判断。

定理 6-2　对闭环系统式(6-51)，取李雅普诺夫函数为式(6-54)，当且仅当存在矩阵 $\boldsymbol{K}\in\mathbf{R}^{\tilde{n}N_{y}\times\tilde{n}(N_{y}+1)}$ 和矩阵 $\boldsymbol{\varphi}$，使如下 LMI 成立：

$$\boldsymbol{S}(k)=\boldsymbol{G}(k)+\boldsymbol{A}_{\mathrm{d}}(k)\boldsymbol{K}+\boldsymbol{K}^{\mathrm{T}}\boldsymbol{A}_{\mathrm{d}}^{\mathrm{T}}(k)+\boldsymbol{Q}+\boldsymbol{C}_{\mathrm{d}}^{\mathrm{T}}\boldsymbol{\varphi}^{\mathrm{T}}\boldsymbol{R}\boldsymbol{\varphi}\boldsymbol{C}_{\mathrm{d}}\leqslant\boldsymbol{O} \tag{6-57}$$

其中参数矩阵定义如下：

$$G(k)=\mathrm{diag}\{-P(k),I_{N_y}^{\mathrm{T}}P(k)I_{N_y}\}=\mathrm{diag}\{-P(k),0,\cdots,0,P(k)\}$$

$$A_{\mathrm{d}}(k)=[A_{\mathrm{c},x}(k)\quad -A_{\mathrm{c},x}(k)]^{\mathrm{T}}$$

证明 令 $Q_k=O,R_k=O$，定义参数矩阵 $K=[K_x\quad K_f]$，根据 Schur 补定理，将不等式(6-57)重写为

$$S(k)=\begin{bmatrix}S_{11}(k) & S_{12}(k)\\ S_{12}^{\mathrm{T}}(k) & S_{22}(k)\end{bmatrix}\leqslant O \tag{6-58}$$

$$S_{11}(k)=-P(k)+K_x^{\mathrm{T}}A_{\mathrm{c},x}(k)+A_{\mathrm{c},x}^{\mathrm{T}}(k)K_x+Q_0+C^{\mathrm{T}}\varphi_x^{\mathrm{T}}R\varphi_xC$$

$$S_{12}(k)=-K_x^{\mathrm{T}}A_{\mathrm{cf}}(k)+A_{\mathrm{c},x}^{\mathrm{T}}(k)K_{\mathrm{f}}+C^{\mathrm{T}}\varphi_x^{\mathrm{T}}R\varphi_{\mathrm{f}}C_{\mathrm{f}}$$

$$S_{22}(k)=I_{N_y}^{\mathrm{T}}P(k)I_{N_y}-K_f^{\mathrm{T}}A_{\mathrm{c},x}(k)-A_{\mathrm{cf}}^{\mathrm{T}}(k)K_{\mathrm{f}}+Q_{\mathrm{f}}+C_{\mathrm{f}}^{\mathrm{T}}\varphi_{\mathrm{f}}^{\mathrm{T}}\mathrm{R}\varphi_{\mathrm{f}}C_{\mathrm{f}}$$

整理上述公式可得

$$(I_{N_y}A_{\mathrm{c}}(k))^{\mathrm{T}}P(k)(I_{N_y}A_{\mathrm{c}}(k))-P(k)\leqslant O \tag{6-59}$$

则有

$$\tilde{x}(k)^{\mathrm{T}}(I_{N_y}A_{\mathrm{c}}(k))^{\mathrm{T}}P(k)(I_{N_y}A_{\mathrm{c}}(k))\tilde{x}(k)-\tilde{x}(k)^{\mathrm{T}}P(k)\tilde{x}(k)\leqslant O \tag{6-60}$$

根据式(6-56)以及式(6-57)推导可得

$$\begin{aligned}\Delta V(x,k)&=\tilde{x}(k+N_y)^{\mathrm{T}}P(k)\tilde{x}(k+N_y)-\tilde{x}(k)^{\mathrm{T}}P(k)\tilde{x}(k)\\ &<\tilde{x}(k)^{\mathrm{T}}(I_{N_y}A_{\mathrm{c}}(k))^{\mathrm{T}}P(k)(I_{N_y}A_{\mathrm{c}}(k))\tilde{x}(k)-\tilde{x}(k)^{\mathrm{T}}P(k)\tilde{x}(k)\end{aligned} \tag{6-61}$$

即

$$\Delta V(x,k)<0 \tag{6-62}$$

李雅普诺夫函数式(6-54)单调递减，闭环系统满足渐近稳定性。

6.3.5 仿真分析

采用离散化的超空泡航行体多胞不确定模型，设计基于 LMI 的鲁棒预测控制器。

设置仿真实验控制步长 $N=40$，为计算和绘制图像方便，预设预测域为 $N_y=3$ 即四个步长，表示每次滚动优化计算三个步长。

状态变量初值选取为 $x(0)=[0\quad 0\quad 0\quad 0]^{\mathrm{T}}$。

控制目标选取为 $x(t_\infty)=[1\quad 0\quad 0\quad 0]^{\mathrm{T}}$。

仿真结果如图 6-16 至图 6-18 所示，其中图 6-16 为航行体深度阶跃响应状态变量图像，航行体在 20 步内跟踪到阶跃为 1 的控制目标。为应对幅值达到 116 N 的滑行力扰动，控制器分别做出 1.1 rad 和-0.8 rad 角度的动作，约 15 步后航行体达到稳定状态。航行体进入稳定状态后，尾舵维持 0.9 rad、空化器偏转角维持-0.08 rad，以应对重力带来的持续干扰。

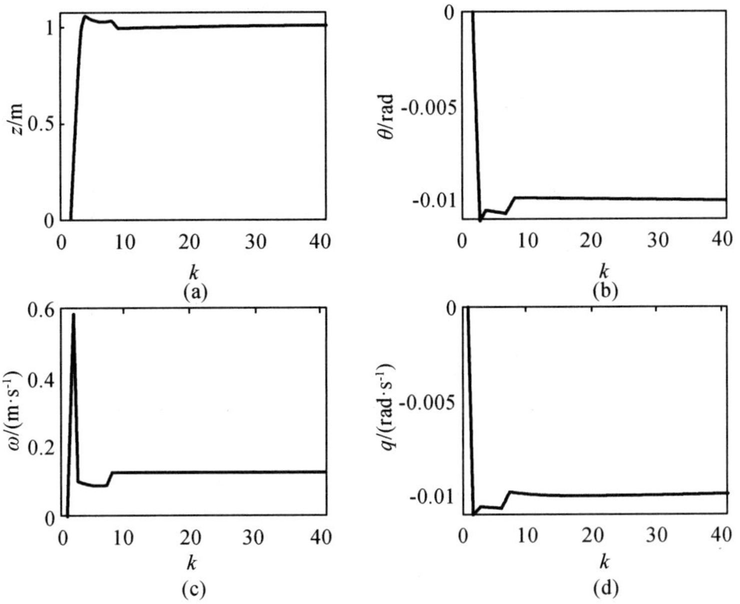

图 6-16　深度阶跃跟踪曲线

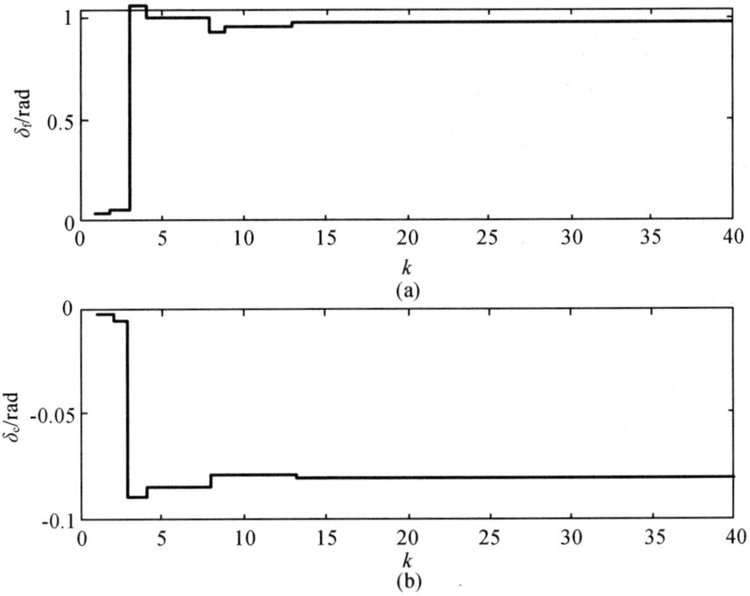

图 6-17　阶跃跟踪输入曲线

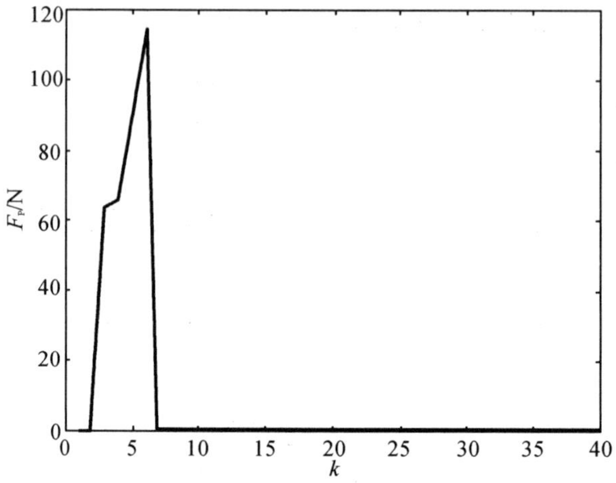

图 6-18　滑行力变化曲线

6.4　变时滞超空泡航行体控制

根据 Logvinovich 空泡独立原理,空泡中心线总是沿着空化器的弹道,并且每一个空泡的截面形态都由之前的空化器状态决定。因此,航行体尾部附着的空泡形态与此时空化器状态无关,这样在数学模型计算过程中,对航行体的受力分析会与当前时刻有一个时间滞后,这个滞后通过改变尾舵截面上的水动力及力矩影响航行体的运动行为。

研究表明时滞效应取决于航行体的运动速度、运动轨迹、航行体尺寸和几何形状。通常情况下,空化器产生一个时变的空泡半径和弯曲的空泡中心线,弯曲的空泡中心线使得空泡沿着中心线的截面在航行体尾部或尾舵部分与航行体的中心截面偏移。这个时变的偏移和空泡半径在航行体尾部产生不对称的尾部沾湿面积和滑行力,因此在滑行力的表达式中会有时滞参数的影响。

本节以航行体实时前向速度作为变量,首先考虑超空泡航行体动力学模型中的不确定性因素。然后分析模型不确定性对于时滞效应的干扰,以及对航行体姿态和系统稳定性的影响,提出一种受到多维度干扰的非线性不确定系统模型。对该模型采用 H_∞ 状态反馈控制器设计思路,仿真航行体加速情况下系统状态变量的变化过程,验证控制器性能。最后对比固定时滞模型的实验结果,分析变时滞航行体系统规律。

6.4.1　超空泡航行体变时滞模型

超空泡航行体水下控制目标多种多样,目前已经有很多不局限于纵向平面的控制研究,比如航行体转弯和航行体加速等。其研究了航行体在前向加速状态下的空泡状态变化,由于速度增加空化器前压力陡然增加,空泡将会更大,并且易于包裹住整个航行体。有人研究了航行体加速段的控制器设计方法,建立了带有速度状态变量的航行体纵向运动模型,其中考虑了速度变化引起的数学模型参数变化,但是对速度变化导致时滞参数的变化并未深入讨论。本节在加速段航行体模型的基础上,讨论航行体的动力学模型不确定性因素,并给出时滞参数的变化规律,最终给出一个变时滞超空泡航行体纵向运动模型。

1. 航行体动力学模型不确定性分析

超空泡航行体与传统水下航行体的动力学区别在于受到空泡包裹,不确定的空泡参数影响空泡形态和航行体受力,在水下可能受到包括滑行力在内的各种扰动,本节对航行体动力学模型不确定性进行分析如下。

(1) 动力学模型不确定性导致空泡形态预测不够精准

超空泡航行体在航行时附着的空泡是其最突出的特点,空泡对航行体姿态及稳定性影响很大,尤其涉及航行体尾部可能的滑行力的估算,具有强非线性的滑行力难以通过数学计算的方式完整的描述。

但在数学模型设计中,包括航行环境、周身流体等多方面因素都会导致空泡参数无法及时计算,即空泡形态是无法实时观测的,只能借助经验对主要的影响航行体受力的干扰进行理论公式的预测,高阶的公式又会使模型计算过于复杂,失去作用。因此,动力学模型公式经常以简化后形态出现,模型误差给系统带来了不确定性。

(2) 空化数变化导致模型参数不确定

空化数是描述空泡形态的重要参数之一,在本书超空泡航行体动力学模型中,空化数均以定常数给出。但水下航行体不会始终处于巡航状态,指令控制航行姿态转变也必然导致空化数的变化。并且,根据第 2 章升力系数与阻力系数等公式,空化数也会影响这些流体动力系数。目前在空化数的拟合测算上还有一定局限性,通过测量航行体深度、预估航行环境、实时垂向速度等参数间接计算空化数,无法实时并准确得到航行体空化数,进而空泡形态和流体力学系数等也不能确定,导致动力学模型参数存在不确定性。

(3) 流体动力系数的不确定性

流体动力学系数是力学研究的一项经典问题,通常该系数可以通过实验测试获得,但在实验中不可避免地会存在误差。在航行体受力分析中,航行体尾舵形态一般被简化成楔形空化器,根据浸没水中部分与空泡中心线角度差计算执行器的受力,忽略尾舵浸没深度带来的影响,产生模型的不确定性。超空泡航行体的流体动力系数与空化数等空泡特征相耦合也会带来不确定性。

(4) 超空泡自身振荡的不确定性

在 3.4 节抗饱和功能的设计和仿真实验中可以观察到,由于执行器存在约束,航行体受到干扰后产生快速的自身振荡效应,这种振荡过程不能确定导致难以建模。相关学者指出由于回注射流以及外界不定扰动,超空泡本身存在一定的脉动挤压空泡形成压力波,造成空泡形态发生纵向涨缩的振荡,影响空泡形态。这种伸缩振荡难以通过建模公式的方式进行有效的分析,结合执行器的高频振荡,不仅对航行体姿态有较大影响,甚至可能导致航行体器件损坏。所以在设计研究过程中要尽可能避免航行体出现振荡状态。

(5) 尾部流体对航行体存在未知干扰力

在舰船尾部流体力学的研究中,主要考虑对船体螺旋桨的侵蚀作用,一般认为对舰船整体稳定性影响较小。但在超空泡航行体这样的小质量高速度巡航系统,空泡尾流中的回射流和湍流也会影响航行体受力。目前,空泡尾流力学还是超空泡航行体研究的难点之一,水洞实验观察到的尾流对空泡形态的不确定影响、空泡尾部通风状态等现象难以用具体公式描述,只能作为未知干扰项作用在动力学模型中。

6.4.2 时滞参数影响分析

在控制理论中,如果不确定性参数不能被控制输入覆盖,则称这种不受控情况为不匹配不确定性系统。在航行体系统中,不确定性参数大多数都是通过影响航行体受力产生的干扰,执行器达成控制目标的过程也是通过航行体受力,不确定性可以被控制输入改变,所以航行体系统是一种匹配不确定性的控制问题。

6.4.1 节总结了航行体动力学模型的参数不确定性,对航行过程的干扰效果进行了分析。其中部分参数由于涉及空泡流机理问题,在现有技术条件下无法给出精确描述。但是匹配不确定性保证了研究航行体控制问题是存在理论依据的。

考虑线性时变时滞系统如下:

$$\begin{gathered}\dot{\boldsymbol{x}}(t)=\boldsymbol{A}\boldsymbol{x}(t)+\boldsymbol{A}_{\mathrm{d}}\boldsymbol{x}(t-\tau(t))+\boldsymbol{B}\boldsymbol{u}(t)+\boldsymbol{G}\\ \boldsymbol{x}(t)=\boldsymbol{\varphi}(t),\quad t\in[-d_0,0]\end{gathered}\tag{6-63}$$

式中,$\boldsymbol{x}(t)\in\mathbf{R}^n$;$\boldsymbol{u}(t)\in\mathbf{R}^m$ 为系统状态变量和系统输入;$\boldsymbol{\varphi}(t)$ 是系统初始条件,描述 d_0 时刻前系统状态。采用如下状态反馈控制器:

$$\boldsymbol{u}(t)=\boldsymbol{K}\boldsymbol{x}(t)\tag{6-64}$$

得到变时滞闭环控制系统如下:

$$\dot{\boldsymbol{x}}(t)=(\boldsymbol{A}+\boldsymbol{B}\boldsymbol{K})\boldsymbol{x}(t)+\boldsymbol{A}_{\mathrm{d}}\boldsymbol{x}(t-\tau(t))+\boldsymbol{G}\tag{6-65}$$

针对时变的时滞参数,以航行体前向速度为影响时滞参数的主要变化量,忽略其他不确定参数对航行体模型的影响,建立变时滞超空泡航行体纵向运动模型。

由时滞参数的定义,描述航行体空化器产生的空泡形态变化对航行体尾部的流体动力学影响的时间因素,简简起见,认为航行体在直航状态下,时滞参数如下:

$$\tau=\frac{L}{V_{\mathrm{m}}}\tag{6-66}$$

可以看出,随航行体前向速度的增加,时滞参数逐渐减小,空泡越来越容易跟随航行体。根据航行体固定长度以及速度变化范围,给时变参数 τ 设定时滞上界 τ_1,时滞下界 τ_2 如下:

$$0\leqslant\tau_2\leqslant\tau(t)\leqslant\tau_1\tag{6-67}$$

根据第 3 章对空泡形态的研究,随着前向速度增加,空化数逐渐减小,空泡变大,更容易包裹住航行体,航行体尾部刺穿空泡产生的滑行力也更难发生。

在时滞超空泡航行体 LPV 模型基础上分析速度对参数变化的影响,给出以前向速度为变量的航行体变时滞模型如下:

$$\begin{bmatrix}\dot{z}(t)\\\dot{\theta}(t)\\\dot{\omega}(t)\\\dot{q}(t)\end{bmatrix}=\begin{bmatrix}0&-V&1&0\\0&0&0&1\\0&a_{32}&a_{33}&a_{34}\\0&a_{42}&a_{43}&a_{44}\end{bmatrix}\begin{bmatrix}z\\\theta\\\omega\\q\end{bmatrix}+\begin{bmatrix}0&0\\0&0\\b_{31}&b_{32}\\b_{41}&b_{42}\end{bmatrix}\begin{bmatrix}\delta_{\mathrm{f}}\\\delta_{\mathrm{c}}\end{bmatrix}+\begin{bmatrix}0&0&0&0\\0&0&0&0\\0&ad_{32}&0&0\\0&ad_{42}&0&0\end{bmatrix}\begin{bmatrix}z(t-\tau(t))\\\theta(t-\tau(t))\\\omega(t-\tau(t))\\q(t-\tau(t))\end{bmatrix}+\begin{bmatrix}0\\0\\d_3\\d_4\end{bmatrix}\tag{6-68}$$

矩阵中具体参数如下:

$$a_{32}=2.015\ 6V^2-1.402\ 3V$$

$$a_{33}=0.0366V$$

$$a_{34}=7.894V$$

$$a_{42}=0.7245V^2$$

$$a_{43}=-0.0865V$$

$$a_{44}=-6.0728V-10.8617V$$

$$b_{31}=0.0366V^2$$

$$b_{32}=0.1674V^2$$

$$b_{41}=0.432V^2$$

$$b_{42}=-0.1337V^2$$

$$ad_{32}=1.4023V-2.0156V^2$$

$$ad_{42}=1.8444V^2$$

$$d_3=0.1612V^2-0.1221V+9.81$$

$$d_4=-0.0289V^2$$

其中,航行体模型中大部分参数都与前向速度直接相关,速度变化还会引起动力学模型的变化。

整理变参数的状态变量矩阵,得到时变时滞超空泡航行体纵向运动模型如下:

$$\begin{aligned}\dot{\boldsymbol{x}}(t)&=\boldsymbol{A}(V(t))\boldsymbol{x}(t)+\boldsymbol{A}_{\mathrm{d}}(V(t))\boldsymbol{x}(t-\tau(t))+\boldsymbol{Bu}(t)+\boldsymbol{D}\\ \boldsymbol{y}(t)&=\boldsymbol{Cx}(t)\end{aligned} \tag{6-69}$$

式中,$V(t)\in[V_{\min},V_{\max}]$。

6.4.3　仿真分析

本小节采用变时滞超空泡航行体纵向运动数学模型,使用与 6.3 节同样的状态反馈控制器进行仿真分析。对比固定时滞模型下的仿真图像,分析滑行力的变化趋势,证明设计的 H_∞ 状态反馈控制器还可以应对这种变时滞情况。

航行体前向速度受物理限制因素,根据经验给出前向速度范围如下:

$$V\in[78,\ 178] \tag{6-70}$$

本章采用 H_∞ 状态反馈控制器对变时滞模型式(6-68)进行控制,为对受时滞因素影响的非线性滑行力进行分析,设置初始仿真状态为 $\boldsymbol{x}(0)=[0\quad 0\quad 0\quad 0]^{\mathrm{T}}$,期望航行状态为 $\boldsymbol{x}(t_\infty)=[10\quad 0\quad 0\quad 0]^{\mathrm{T}}$。

假设航行体以固定加速度进行前向加速,速度变化和空化数变化通过变参数方式加入模型当中,数值仿真结果如图 6-19、图 6-20 所示。

时滞参数 $\tau(t)$ 随速度变化图像如图 6-21 所示,加速情况下时滞参数逐渐变小。对比图 6-19 与仿真图 6-8 可知,航行体速度加快后,达到深度阶跃控制目标的速度更快,在 0.8 s 内即可完成跟踪阶跃信号。根据式(6-63),前向速度加快的过程中,时滞参数 $\tau(t)$ 不断减小,由空泡独立性原理,此时航行体尾部的空泡是 $\tau(t)$ 时刻前由空化器产生的。根据空泡截面半径公式计算此时航行体尾部空泡直径约为 0.065 m,而尾部与空泡中心线深度差约为-0.02 m,空泡未能完整包裹住航行体,产生了向上的 164 N 滑行力,对比 6.9 固定时滞滑行力仿真图像,更小的时滞参数使得航行体尾部不易刺穿空泡,滑行力幅值也更小。

在对应的横坐标处分析深度状态图像可以看出,此滑行力对航行体姿态产生了极大的影响。此时由状态反馈控制器计算执行器令航行体做空化器出反向偏转 0.36 rad 动作,尾舵反向偏转 1.2 rad,0.1 s 后,航行体恢复稳定性。

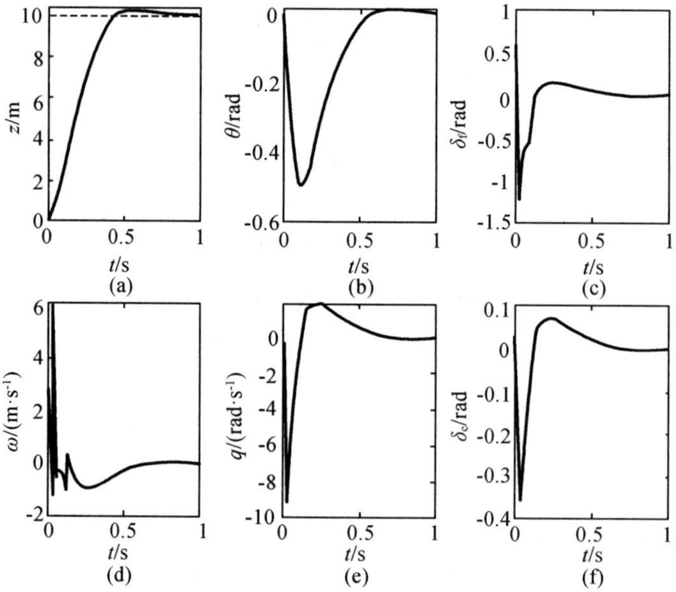

图 6-19　深度跟踪系统状态变量及输入变化

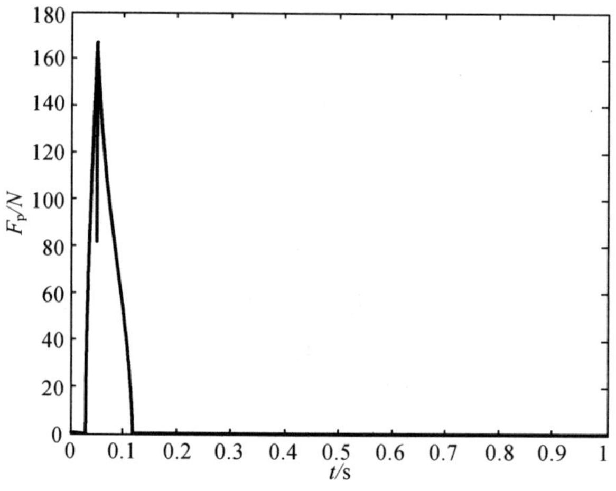

图 6-20　深度跟踪滑行力变化曲线

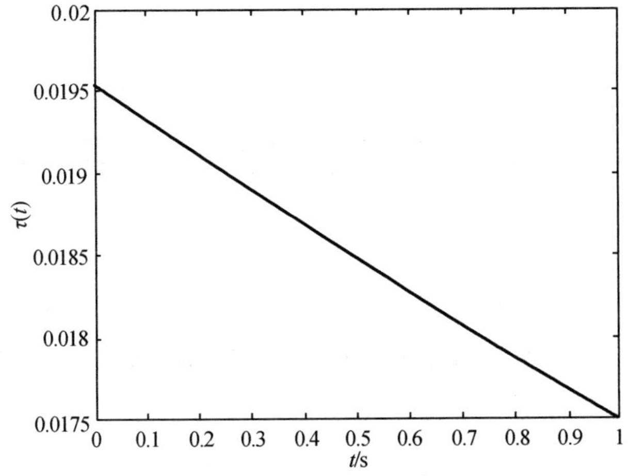

图 6-21　时滞参数变化曲线

参 考 文 献

[1] MUNTHER A H, VINCENT H, BALAKUMAR B. Stability analysis and control of supercavitating vehicles with advection delay[J]. Journal of Computational and Nonlinear Dynamics, 2013, 8(2):135-141.

[2] 高军伟. 切换系统建模、控制理论与应用研究[D]. 北京:中国铁道科学研究院,2003.

[3] 盖俊峰, 赵国荣, 高超, 等. 多胞不确定时滞系统的输出反馈鲁棒预测控制[J]. 海军航空工程学院学报, 2019, 34(5): 423-429.

[4] 陈超倩. 变空化数超空泡航行体智能控制及导引方法研究[D]. 哈尔滨:哈尔滨工业大学, 2016.

[5] 韩云涛, 许振, 白涛, 等. 基于时滞特性的超空泡航行体预测控制[J]. 华中科技大学学报(自然科学版), 2020, 48(7): 52-58.

[6] 韩云涛, 强宝琛, 孙尧, 等. 基于 LPV 的超空泡航行体 H_∞ 抗饱和控制[J]. 系统工程与电子技术, 2016, 38(2): 357-361.

[7] 强宝琛. 超空泡航行体纵向运动鲁棒控制研究[D]. 哈尔滨:哈尔滨工程大学, 2016.

[8] 韩云涛, 强宝琛, 孙尧, 等. 超空泡航行体鲁棒 H_∞ 绝对稳定控制[J]. 哈尔滨工程大学学报, 2015, 36(10): 1370-1375.

第 7 章　超空泡航行体的实验设计

7.1　超空泡航行体射弹实验与设计

超空泡航行体的跨介质实验，一般分为实验室实验和湖泊（人工仿湖泊环境）实验，但其实验方式均使用人工动力方式，为无动力小型超空泡射弹施加巨大的初试动能，使射弹在入水时能够具有产生超空泡的速度，之后对空泡形态及跨介质的控制等问题进行研究。

7.1.1　实验室射弹实验

1. 实验设施

入水实验系统可实现垂直和倾斜两种工作方式，为保证实验的安全实施，模型会被固定在导轨上，使得航行体的运动轨迹受控，避免击破容器或轨迹难以控制的问题。因此，无论射弹以哪种方式入水，导轨固定位置均可人为改变，以满足实验需求。

实验系统由基本系统和辅助系统构成。基本系统主要由导轨支架（可移动）（图 7-1）、导轨（含滑块）（图 7-2）、LED 光源及支架（图 7-3）、水箱（含底座、可移动）（图 7-4）及入水模型组成。辅助系统由高速相机、小水箱、水泵（含流量计）、气（水）管、气瓶及加速度采集模块组成，利用高速摄像机和加速度采集系统等技术手段，对不同入水角度的斜入水问题的空泡演化及结构冲击载荷演化过程进行研究，探究不同参数结构下入水的空泡和载荷的产生及发展规律。

导轨支架（支架可移动）基本系统如图 7-1 所示，导轨与导轨支架固联采用三点刚性螺栓连接，且固定点可调整。若中间固定点选取支架中心，理论上倾斜角度可以达到 10°以下，但小于 10°的角度容易滑不下去，特别是有管子的拖曳，除非用弹射器。因此倾斜角度能满足基本 30°~90°实验范围需求。选取可移动支杆固定导轨底部，可在实验中有效解决当模型下滑至底部时引起的晃动现象。当可移动支杆固定位置偏低而影响高速相机拍摄模型时，将可移动支杆向上或向右调节。导轨最长 3 m，不考虑滑块和导轨及管子拖曳阻力，理论上当垂直实验时，滑块到达导轨最底部时可达最高速度 7.67 m/s。实际速度根据导轨固定方式及滑块阻停止位置确定。

导轨支架之所以选用外部挂载方式主要考虑到气管和水管在下滑过程中，支架横梁会对管子产生阻碍。原先支架高 3 m，挂载长 3 m 的导轨进行垂直实验时可能会触及房顶。

导轨宽 40 mm，长 3 m，另可再加 1 m，经过二次连接的导轨一般当导轨水平放置使用时并不产生多大影响，但倾斜放置两段延长的导轨，在连接处会产生较大的弯曲变形，而且对于此处的固定支架也不适合安装延长了的导轨，除非导轨倾斜放置固定在具有连续地面的支架上。

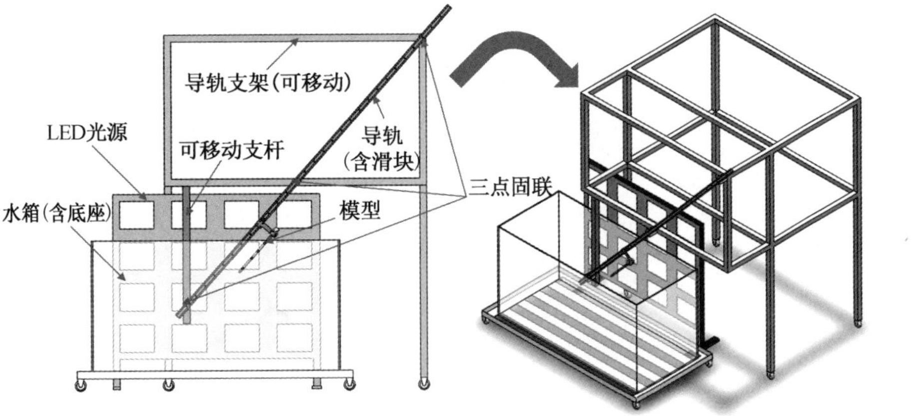

图 7-1　导轨支架(可移动)

图 7-2　导轨

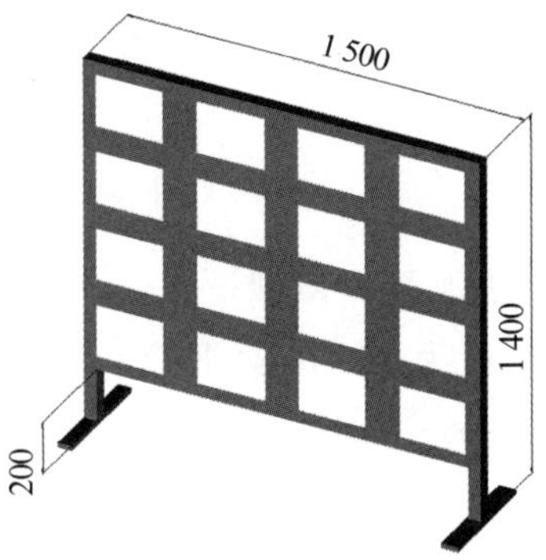

图 7-3　LED 光源及灯架(单位:mm)

水箱长 1 800 mm、宽 800 mm,高 1 000 mm(壁厚 19 mm),方便倾斜实验。

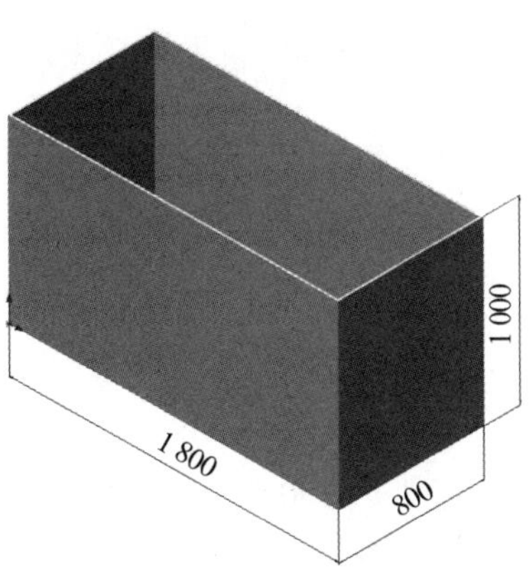

图 7-4　水箱(含底座、可移动)(单位:mm)

入水结构模型如图 7-5 所示。

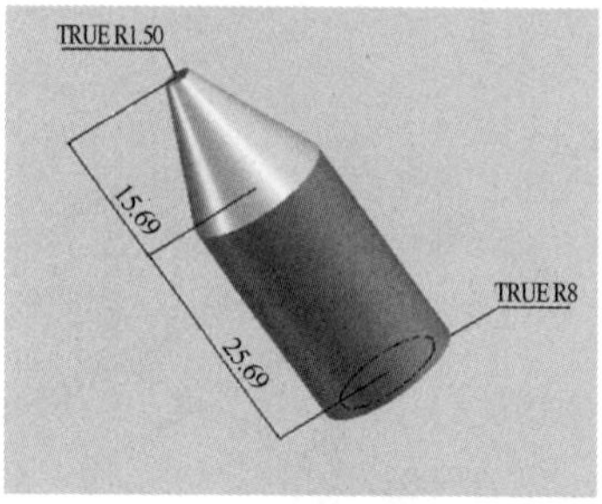

(a)锥头

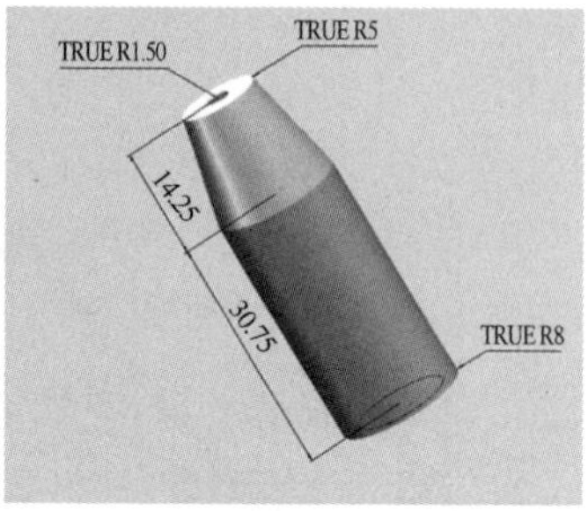

(b)平头

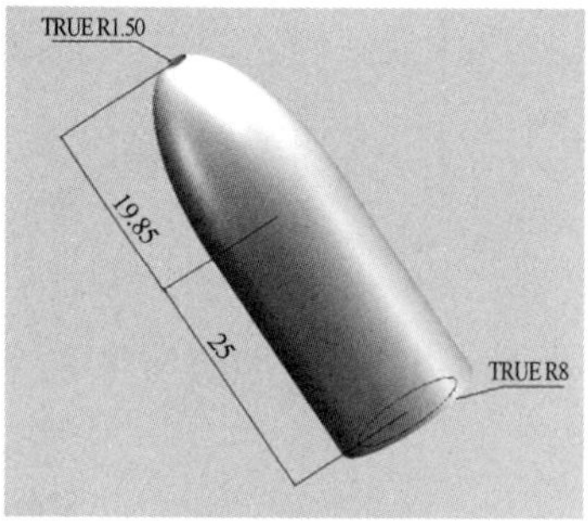

(c)球头

图 7-5　入水结构模型(单位:mm)

(1)超空泡航行体模型

模型总长度为 35 cm,由长度为 30 cm、直径为 4.6 cm 的模型前部圆柱形弹体与长度为 5 cm、直径为 8 cm 的圆柱形尾部固定装置组成,如图 7-6 所示。

图 7-6　超空泡航行体模型

2. 辅助系统

(1)高速相机

Photron NOVA S12 32G 版本。

(2)加速度采集模块

①加速度传感器(图 7-7):澄科 CT1002LS ICP/IEPE 三轴加速度传感器,频率范围 0.5~5 000 Hz,分辨率 16 位,量程 50 g,测量误差小于 5%,最大抗冲击 200 g,体积为 30 mm× 30 mm ×18 mm。

②采集卡(图 7-8):美国多功能数据采集卡,采样频率 250 kHz(MAX)。

图 7-7　加速度传感器

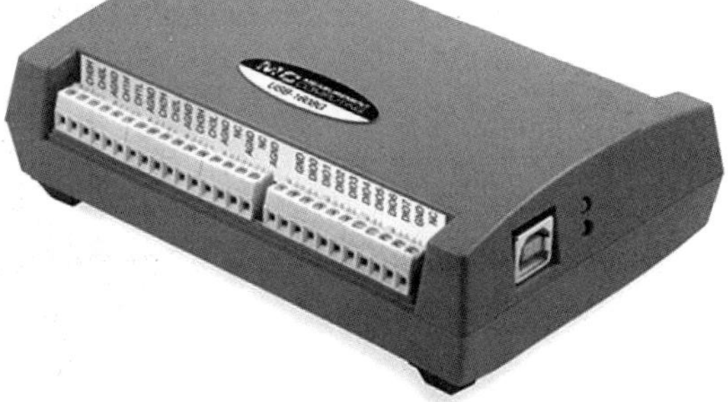

图 7-8　采集卡

③软件(图 7-9):MCC DAQami 采集分析。

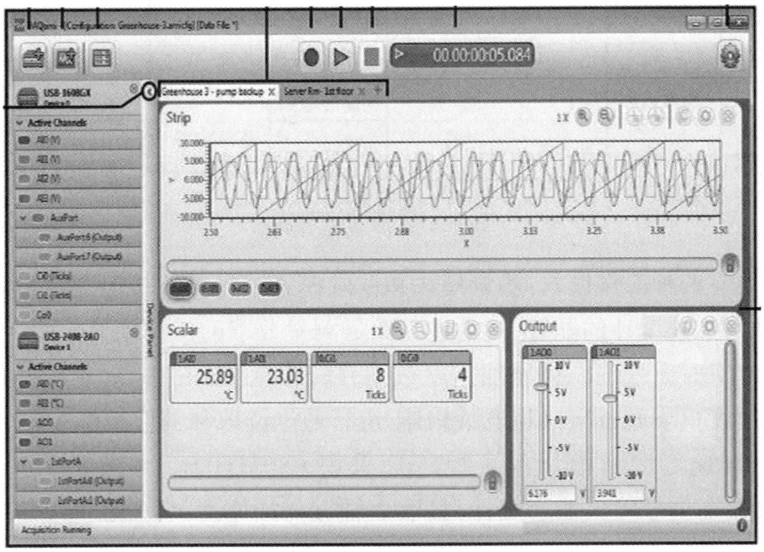

图 7-9　软件

④安装方式(图 7-10):(只需做一块固定片,通过固定片通孔与加速度计底部螺栓孔连接)量程为 50 g,不同量程体积有细微的差别,再用一个小圆柱体包起来。有约束入水的实验,可以固定在预留的加速度计孔上,一般最小的加速度芯片体积为 3 mm×3 mm×1 mm,加上外设电路顺长布置,可以做到宽度仅仅为 10 mm,不过量程只有±16 g。加速度采集做了一个内置的,而且考虑到内置、水对设备的侵蚀会减少,装在外面的寿命要短于内置的寿命。

(3)自制加速度测量模块

考虑到防水的要求,可设计空心实验模型,将加速度模块放置在模型内部并填充防水材料,此类实验可根据模型采用自行设计的加速度数据测量采集模块进行航行体的加速度测量及记录。此模块内嵌至超空泡航行体模型内部,原理流程图如图 7-11 所示。

图 7-10　安装方式

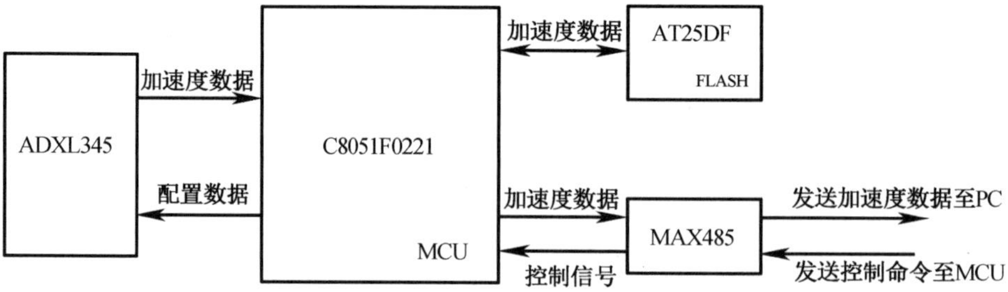

图 7-11　原理流程图

加速度模块有两种工作模式:测量模式和读取模式。当模块接电之后默认进入测量模式,单片机完成对加速度计的配置,使之进入满足测量要求的工作模式,之后从加速度芯片内部寄存器读取实时十六位二进制加速度数据并转存至 Flash 中,如存满则停止。一次实验结束后将加速度模块通过串口与电脑相连,进行数据读取和其他操作。

在实验中,加速度测量模块的主控芯片采用 C8051F021,加速度计选用 TI 公司的 ADXL345 三轴数字信号输出加速度计,只取 z 轴方向加速度数值,加速度计与单片机的连接方式为四线制 SPI 接口连接方式,数据存储采用 Flash 存储,型号为 AT25DF321A。与单片机的连接方式同样为四线制 SPI 方式,数据读出采用串口通信,由单片机读取 Flash 中存储完毕的数据经由串口收发芯片 MAX485CSA 发送至 PC 端,数据由串口助手软件接收并保存。

C8051F 系列单片机是一款低功耗、高速、超强抗干扰的新一代 8051 单片机,片内集成了 2 个 AD 模块、2 个串行通信接口。可以作为要求采集速度不是很高的采集系统的主控芯片,具有很高的性价比。ADXL345 是一款 MEMS 三轴加速度计,分辨率位高为 13 位,测量范围为±16 g。以 16 位二进制补码格式进行数字输出,外部通信总线为 SPI(3 线或 4 线)总线或 IIC 总线。ADXL345 非常适用于小型移动设备,它既可以在倾角检测中测量静态加速度,又可以测量被测物体运动或受冲击过程中动态加速度,其最高分辨率为 3.9 mg/LSB。ADXL345 还提供多种特殊检测功能:可预设阈值的活动检测、可检测任意方向单震或者双震的敲击检测和自由落体检测。自行设计的模块实物图如图 7-12 所示。

当室内实验的重力产生的速度不足以引起超空泡出现时,可以通过补充空气来实现充气空泡现象,由于实验时间短,因此一般可采用气瓶带有足够长充气管的方式进行补气。

实验效果如图 7-13 所示。

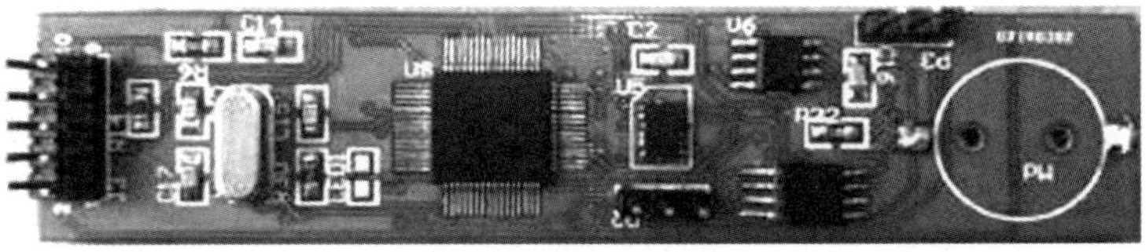

图 7-12　模块实物图

(a)

(b)　　(c)

图 7-13　实验照片

此类实验可以根据测试结果,分析了整个过程的加速度变化如图 7-14、图 7-15 所示。

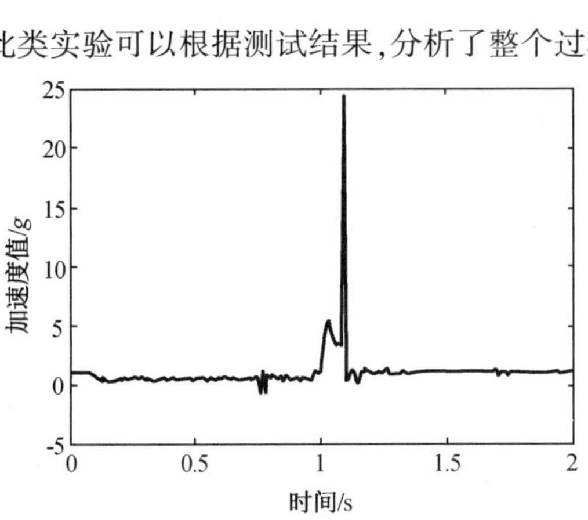

图 7-14　60°入水、25 L/s 入水全过程加速度

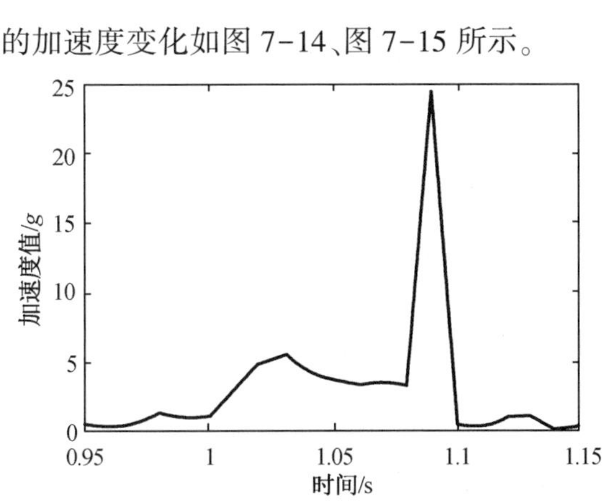

图 7-15　60°入水、25 L/s 入水瞬间附近加速度

7.1.2 外场空泡射弹实验

外场空泡射弹实验如图 7-16 所示。

图 7-16 外场空泡射弹实验图

外场空泡射弹实验基本原理与室内实验相同,区别在于入水速度的动力提供方由重力加速变为空气泡加速,此类实验由于初试动力足够,因此不需进行补气,但其运动轨迹却很难进行有效的控制,特别是由于其动力一直处于衰减状态,所以可控时间窗口很短,若要控制则需要综合运用尾翼或空化器的配合。

7.2 水洞及水洞实验相关基础

7.2.1 水洞的基本概述

水洞是一个流速和压力可以分别进行控制的水循环系统,适用于绝大多数与流体动力学相关的实验,空化现象的研究即可在水洞实验设备中进行。水洞的试验段根据实验需要可以选择不同类型,其截面有圆形的,方形的,也有矩形的。水洞的四面都有一个窗口,可从各个视角观察实验现象和进度。水洞中的试验物体是固定在支架上的,通过循环流动的水流与模型产生的相对速度来模拟试验物体的运动速度。水洞的试验段前有一个可用来提高水速和控制水流状态的收缩段,上面装有使水流循环的水泵,水泵的驱动电机可以调节水流速度。水洞上游顶部连有真空泵,通过抽气和通气调节试验段的压强(压力调节系统)。此外还有过滤系统用于保持水的清洁,控制系统可以调控水速、压力,也能调控测试系统和数据处理系统。在进行空化试验时,试验段中会产生成群的气泡。为防止这些气泡经过循环再流入试验段,水洞必须具有一定高度,以使气泡流过较长的回路和较高的压力区而消除掉,也可安装专门的容器,把气泡重溶于水中。

目前对超空泡航行体研究的相关实验主要在水洞实验室中进行,水洞只适用于一些低速的超空泡实验,比较常规的水洞平台有重力式和循环式。

循环水洞作为一种用来研究空化技术的设备,是最早一批被启用的,然而由于它存在建设成本高以及试验周期长的不足,对于一般的低流速实验很少使用,但是对于一些流速较高的流体力学的研究是非常适用的。启动循环水洞后,水泵的强大吸力可使水流在管道中循环流动,同时可分别对它自带的流速和压强操控装置进行独立操作,并记录实验数据。重力水洞的工作原理是通过流体从高处的储存箱体内放出,通过调节放出阀门的直径从而调节流体通过观测段的速度。

我国对超空泡减阻技术的研究相比于一些海军强国存在劣势,但在很多方面正在全力追赶。20世纪90年代,中国工程院院士指导多名上海交通大学的博士开展了空泡实验和相关研究。目前,上海交通大学、北京理工大学、哈尔滨工业大学、西北工业大学、哈尔滨工程大学,研究所如中国船舶重工集团公司第702、705所,都成立了相关课题小组,对超空泡的一系列问题进行了深入的研究和探讨。

上海交通大学在通气装置方面实现了水洞中人为调控通气装置的目标,在流量检测的装置和空气压缩机之间安装了一个人为调节压力的设备,并安装了两个转子流量计用来测量气流的大小,这两个流量计具有不同的测量范围。智能化的自动调控与人为的调控相比虽然调控性较弱,但是误差较小,便于应用。

哈尔滨工业大学利用循环水洞设备,得到了超空泡形态与不同通气参数之间的变化规律,以及不同通气量和不同的空泡形态下航行体的阻力系数。根据实验结果得出以下结论:当水速恒定时,空泡半径随通气率的增大呈递增趋势;阻力系数先随空泡半径的增大而增大,而后又逐渐减小;在大弗劳德数和装有大直径空化器的条件下,航行体的阻力系数与通气量呈正相关。在模拟仿真软件中,对流体产生的阻力系数和超空泡的形态进行数值模拟,得到的最终结果与真实应用效果比较吻合。

西北工业大学着手分析了航行体在人工通气的条件下,超空泡的外在表现形式以及与哪些因素有着密切的联系。当航行体在水洞中低速前进时,空泡是由空化器的下部产生的。不断地改变实验中水洞的模型类型、空泡内外的压力大小、通气量及速率以及液体流速等,来剖析空化器和通气参数的复杂关系。

7.2.2 水洞实验整体方案设计

本书主要介绍动态下尾翼与空化器运动诱导通气空泡测试实验,设计通气航行体舵面运动的水洞实验,监测舵面运动时的空泡内压和形态变化。实验中采用的实验系统主要包括水洞装置、实验模型、通气系统、舵面驱动系统、信号和图像数据采集系统,以及延时系统。实验过程中,首先开启水洞,这时延时系统监测到前方的压力,延时1s后启动高速摄像机、数据采集和通气系统;延时2 s启动舵面控制系统,舵面的运动规律通过控制板和驱动器传给电机,从而驱动舵面进行运动;同时高速摄像和采集的数据反馈回采集系统,完成整个实验。

水洞实验采用哈尔滨工程大学的重力水洞,此类型的水洞结构简单,不需要额外的动力装置提供动力驱动水流,由于没有动力设施,所以这种水洞天然无噪声污染干扰,能提供速度比较稳定的水流,运行时水由于重力从20 m高的位置流下,经过稳流变径之后进入试验段,可提供10 m/s到15 m/s的水流速度,试验段是50 mm厚钢化玻璃材质的矩形型截面管,重力水洞的缺点是有效运行时间短,所以运行时应该有效控制实验时间。重力水洞的结构图如图 7-17 所示,实物图如 7-18 所示。

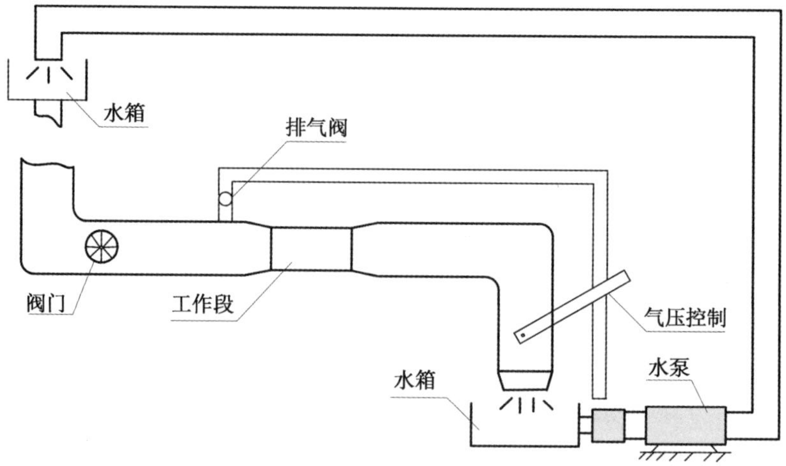

图 7-17　重力水洞结构图

图 7-18　重力水洞实物图

其具体性能指标、功能用途如下。

1. 性能指标

(1)工作段规模:400 mm×400 mm,长 3 m;

(2)水洞流速:1~11.3 m/s,共 12 个挡;

(3)稳定水流时间:t 不少于 30 s;

(4)上水箱最大蓄水量:35 mm×3.5 mm×1.7 mm=208 m^3;

(5)下蓄水池最大蓄水量:15 mm×9.3 mm×6 mm=837 m^3;

(6)上水箱标高:2 m。

2. 功能用途

(1)流体引发弹性结构的振动与声传导;

(2)流体动力学中的噪声研究;

(3)流体引发的湍流层压力阵动和尾声;

(4)流场与声场和振动三者之间的关系及影响;

(5)各类线性导流罩流体动力学和声学特点分析;

(6)声呐系统(水面舰载、浮标等)流体噪声特点分析;

(7)水下武器的振动及对噪声抑制;

(8)减震降噪技术研究;

(9)流场测量流动显示。

进行水洞实验之前需完成筹备和调试任务,如重力式水洞平台布置、航行体模型设计与加工、加压充气系统、伺服电机控制系统、压力检测系统、高速摄像机记录系统,这些环节必须有条理的相互协同配合。各系统分配框图如图 7-19 所示。

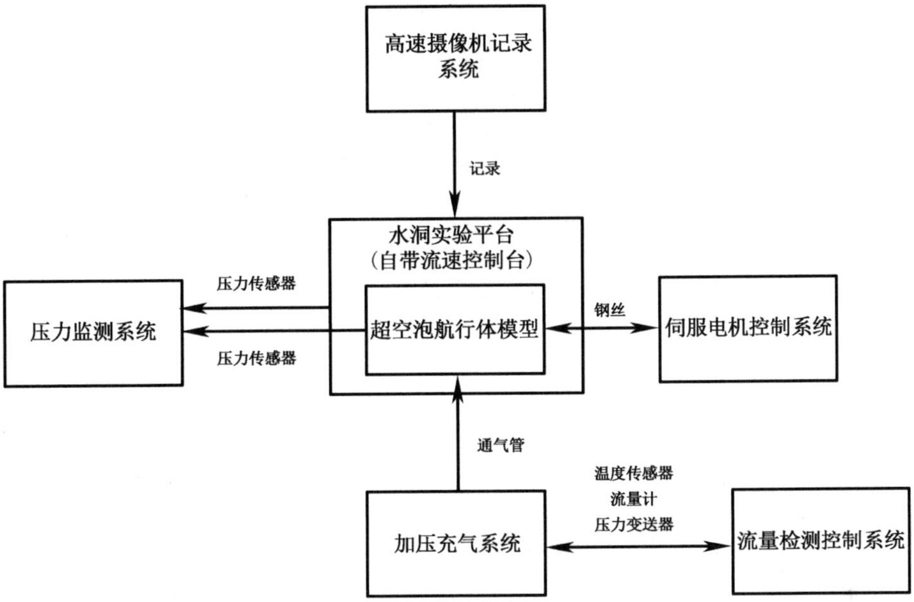

图 7-19　水洞实验系统整体框图

7.2.3　水洞实验过程

1. 重力水洞实验平台

重力水洞系统自带流速控制台,对水洞流速进行把控,可以将水阀以多种方式进行组合,在控制台上对这些组合的开关进行操作来使流体达到所需的速度。譬如,当水箱水位达到所需位置后,可选用某些水阀的组合,使实验段流体速度满足规定值。本次实验将 S1 和 S3 水阀进行组合,将流体速度控制在 9.5 m/s。水洞流速控制台如图 7-20 所示。

2. 超空泡航行体模型设计与安装

图 7-21 和图 7-22 分别设计了两种实验模型以方便研究圆盘空化器舵面和尾翼舵面两者分别对空泡形态的失稳特性的影响,该实验模型主要包括头部空化器、通气喷嘴、通气整流罩、圆锥圆柱舱段(安装尾翼与否两种),尾翼及航行体尾管,各舱段之间通过螺纹连接且中空,采用不锈钢加工而成,各个连接处都进行密封处理。

图 7-20　水洞流速控制台

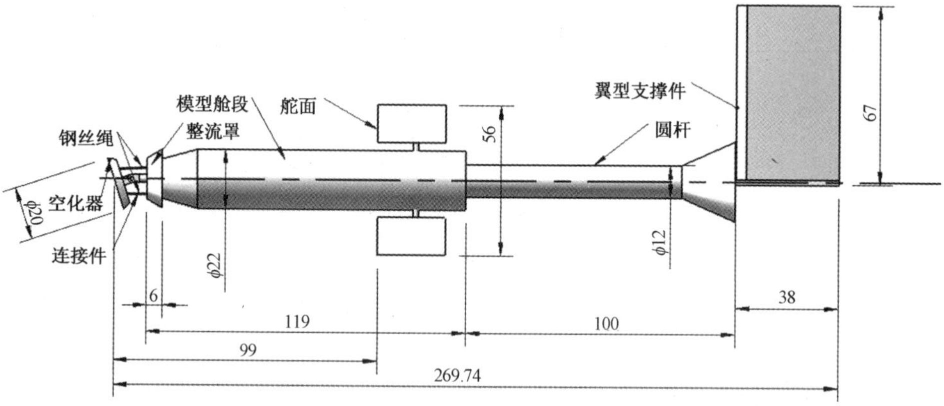

图 7-21　模型设计图(单位:mm)

图 7-22　模型设计图

模型舱段为柱体,前方有开口,内部中空,可以通气。圆柱体部分长 100 mm,上方为圆台状,通气孔开到圆台部分的前端。前方的空化器是圆盘状空化器。最大直径 $D=20$ mm,在圆台的上方有连接件。整流罩也是圆盘形,侧视图为圆台,前部整流盘间开两个小孔,用于连接钢丝,钢丝穿过模型内部与电动机相连,从而可以对空化器进行摆动控制。

如图 7-23 所示,实验选用头部带有圆盘形空化器的超空泡航行体实验模型,该模型是一个长度为 110.8 mm、直径为 19.1 mm 的圆柱体,连接金属基座处隆起,并带有直径为 15 mm 圆盘形空化器位于主体顶端。其空化器上端和底端分别引出两根钢丝缆线,穿过其自身基座后与伺服电机轴相连,由伺服控制系统上位机发送指令,对空化器舵机的偏转角进行控制,对于尾翼摆动主要通过电机驱动支撑结构的摆动杆,摆动杆再推动驱动杆来推动舵面的转动。基座内部还有一个可供压力传感器穿入的通道,方便传感器实时测量空化器头部的空气压力。

(a)　(b)

图 7-23　超空泡航行体实验模型

超空泡航行体模型(图 7-24)的固定和密封过程必须细致,否则实验过程中会出现喷水现象,具体为:注意连接模型的金属支柱底部有圆盘形的固定装置,将此装置固定于水洞盖板,用六角螺丝拧紧,两根牵引钢丝、一根通气管和压力传感器缆线分别从对应的盖板孔洞中引出,孔洞周围用胶塞和 AB 胶密封好,BE231FJ 电机也用事先设计好的固定装置安置于盖板上。

(a)　(b)

图 7-24　超空泡航行体模型

本次实验的伺服控制系统选用的主要元器件包括帕克公司的 BE231FJ 伺服电机、Aries AR-08AE 驱动器、ACR9000 控制器以及供电电源模块,它们组成了控制系统的硬件操作平台。根据官方配备的英文使用说明对各个接口进行焊接,通过使用 ACR9000 独有的编程语言,在上位机 ACR-view 6 中输入控制命令,经以太网传送至控制器,至此便可实时控制模型头部的空化器运动;最后,从上位机中记下转速等数据资料,以便后续的数据分析。

实验装置驱动特写如图 7-25 所示。

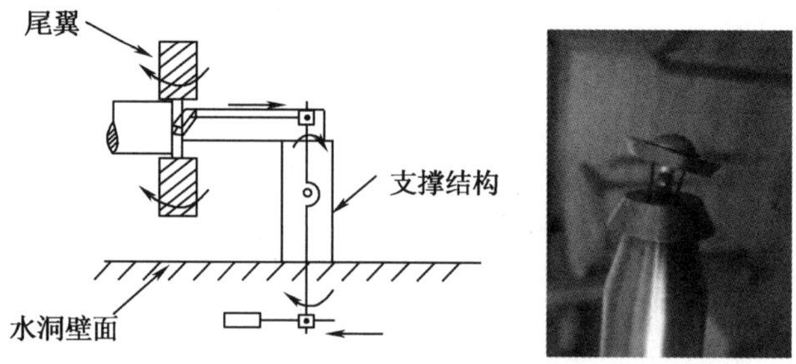

(a)尾翼　　(b)空气器

图 7-25　实验装置驱动特写

如图 7-26 所示,由于实验中在空化器的上下两端分别使用两根钢丝绳来牵引它在纵平面内摆动,使角度发生改变。显然,空化器所受作用力 F_{cav} 也会随之发生改变。不过在控制摆动的过程中,由于钢丝缆线存在柔性的问题,拉动会存在松弛现象,若要实现预定的偏转角 δ_c,松弛量的存在是不能忽视的。

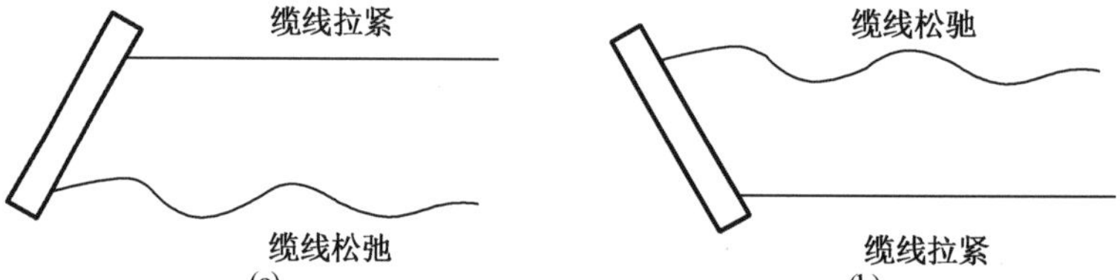

图 7-26　缆线产生松弛量示意图

伺服电机的转速是通过光电式编码器间接计量的。若电机转动一圈对应 8 000 个脉冲数,由于松弛量的原因,我们应确定实际情况下空化器在电机旋转一周的带动下其摆动角度究竟是多少,为了精准获取空化器的位置,一定要确定松弛量的大小。

为了缓解松弛量现象对系统控制的干扰,提高测量的精确性,实验开启前,将航行体模型置于自然环境中进行拉动,由于流体的黏性阻力形成的影响不大,这里可忽略不计。由于空化器逆向偏转时会受到流体阻力形成反冲,因此先操控伺服电机只上调其脉冲数,这样空化器便仅做正向旋转。由于松弛量的干扰,为使空化器的偏角看起来更加明显一些,可较大地设定偏角初值。通过将空化器的几个偏角与电机的脉冲数一一对应,得出二者之间的关系:

$$空化器正向偏角=360/8\,000\times(电机预设脉冲数-66)$$

从以上关系中能够发现,如果想令空化器的偏角达到预设值,伺服电机大概要在其预定值基础上再增加 66 个脉冲数;之后再考虑相同的影响因素(松弛量和反冲),依照以上正向拉动的方法对空化器进行反向拉紧,得到如下关系:

$$\text{空化器逆向偏角}=360/8\,000\times(\text{电机预设脉冲数}-120)$$

依据以上所得的空化器偏角与伺服电机脉冲数之间的关系,调整控制程序,用伺服电机牵拉钢丝绳进而带动空化器在纵平面内来回摆动,在这一过程中,空化器基本能够保证按照预设角偏转。

控制系统是整个水洞实验中极为关键的一个环节,后续的实验内容要以此环节为基础。下面对控制系统中的伺服电机控制系统进行阐述。

3. 伺服电机控制系统

超空泡模型头部空化器可在纵向平面内旋转,摆动范围大概±45°,空化器上下两端分别用钢丝缆线穿过金属支柱和盖板与 BE231FJ 伺服电机头部相连。当电机在合适的角度正反转时带动空化器上下摆动,但由于柔性的钢丝绳和一些胶塞密封问题,会出现松弛量使得空化器小角度摆动时不明显。由于松弛量的存在,使得实际偏转的角度与给定量之间存在一定偏差。水洞实验中,编写控制程序,实现了超空泡航行体头部空化器的需求角度、转动方式、转速及转向等的精确控制,为后期水洞实验的整体架构做必要准备。

(1)帕克 BE231FJ 无刷伺服电机

帕克 BE231FJ 无刷伺服电机由 Aries AR-08E 伺服驱动器供电,其最大扭矩可达 1.98 N · m,并内置一个每转 8 000 脉冲的正交编码器,低成本却高性能的组件产生很高的连续堵转转矩。不同于传统的伺服电机,BE 系列并没有一个单独的金属外壳。除了在制造方面的优势外,外露的铁芯可以降低热阻。允许电机产生的热量更有效地扩散到周围环境中,从而提高了峰值区域的时间和占空比。图 7-27 所为帕克 BE231FJ 无刷伺服电机。

图 7-27　帕克 BE231FJ 无刷伺服电机

(2)Aries 驱动器接口焊接及安装测试

此次水洞实验所选择的驱动器是 Aries AR-08E 伺服驱动器,驱动器相当于电机的开关,控制电机的平稳启动。其实物图如图 7-28 所示。

图 7-28　Aries AR-08E 伺服驱动器

该驱动器有四个接口模块，分别是电机输出接口、电源接口、电机反馈接口和驱动 I/O 口。其中，电机输出接口和反馈接口与伺服电机相连，电源接口接 220 V 交流电压，驱动 I/O 口负责与控制器通信。

①电机编码器反馈接口

变压器反馈、电机热开关和霍尔元件均处于 15 针电机反馈接口，此处我们用到的电机反馈接口的引脚排列如图 7-29 所示。

Signal	Pin	Description
ENC Z+ / Data+	1	Encoder Z Channel in
ENC Z– / Data–	2	Encoder Z Channel in
DGND	3	Encoder power return
+5 VDC	4	+5 VDC Encoder power
+5 VDC	5	+5 VDC Hall power
DGND	6	Hall power return
ENC A– / SIN–	7	Encoder A Channel in
ENC A+ / SIN+	8	Encoder A Channel in
Hall 1 / SCLK+ *	9	Hall 1 input
Thermal+	10	Motor thermal switch/thermistor
Thermal–	15	Motor thermal switch/thermistor
ENC B / COS–	11	Encoder B Channel in
ENC B+ / COS+	12	Encoder B Channel in
Hall 2 / SCLK– *	13	Hall 2 input
Hall 3	14	Hall 3 input

图 7-29　电机反馈接口引脚说明

②驱动器的 I/O 接口

驱动器的 26 针输入输出 I/O 接口如图 7-30 所示，使用最少一英寸一圈的差分线对。所谓差分 I/O 信号是一种光电隔离：使能输入是带有阳极和阴极均可用的光电隔离；复位输入也是带有阳极和阴极均可用的光电隔离；故障输出是集电极和发射器可用的光电隔离。驱动使能和复位输入均是光电隔离输入，当前是内部限制为 5~24 V 的输入电压控制，阳极和阴极位于不同的接口引脚。

③安装测试

完成机械与电气连接后，对驱动器测试。Aries 驱动器支持工具包含自动运行测试向导,可测试 Aries 驱动器的基本功能是否可以正常使用。测试驱动器之前,必须做到以下几点:配置驱动电动机确认已连接,在继续进行测试之前确认任何配置错误已被解决;启用驱动器;如果 Aries 驱动器连接到控制器,禁止控制器的伺服回路;如果电机被连接到一个负载,去掉负载以便它可以无负载的自由转动。测试 Aries 驱动器时,如果 Aries 驱动器已正确安装,电机将每秒旋转一周。如果电机不旋转,则布线或配置可能存在错误。首先,启动 Aries Support Tool 支持工具;其次,在菜单中单击操作系统更新,设置所选电机的型号及运行模式;最后,单击自动执行测试,查看电机是否正常运转。其测试软件界面如图 7-31 所示。

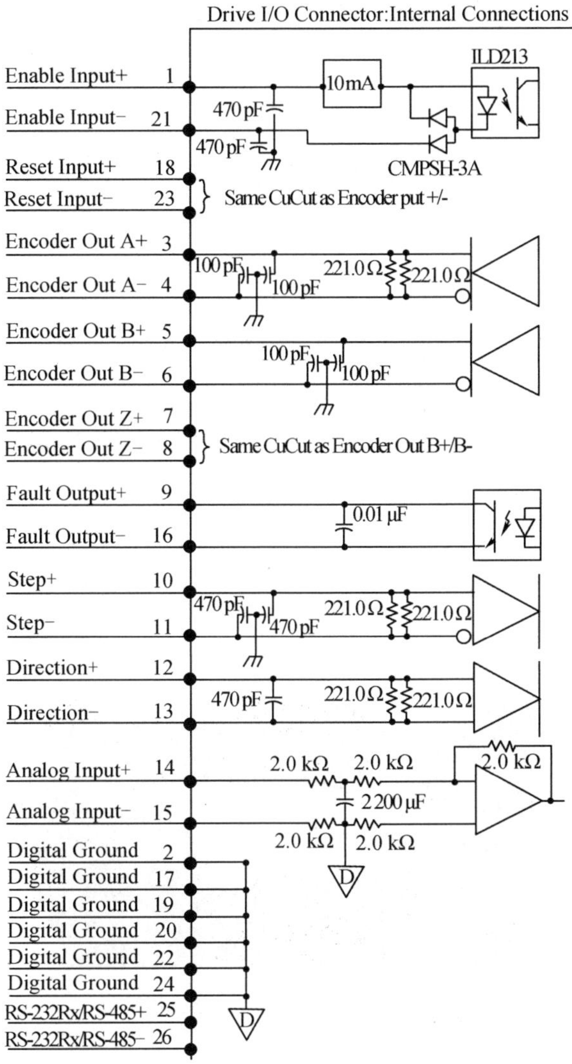

图 7-30　驱动器 I/O 接口引脚说明及内部电路

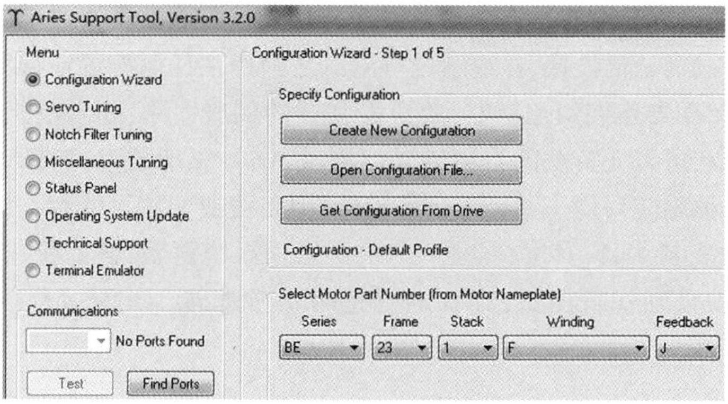

图 7-31　驱动器测试软件 Aries Support Tool 界面

(3) ACR9000 控制器及其接口

①控制器特性

控制系统设计选择如图 7-32 所示，ACR9000 控制器作为控制部分的核心器件，其主要特点如下：

a. 75 MHz 浮点运算 DSP；

b. 1~8 轴伺服或步进控制；

c. 多任务处理器的配置，24 个任务同时运行可被实现；

d. 实现 8 轴任意的组合联动、插补，最多 8 轴联动，直线、圆弧、正弦曲线等插补；

e. 强大的通信能力，RS-232/485、USB 2.0、10/100Base-T、Etherent 接口，可同时使用，通信互不影响；

f. 1 MB 用户程序存储区；

g. 24 V 光隔离 I/O，8 路 16 位在板模拟量输入可被选择，若要进行模拟量和数字量 I/O 扩展，可通过 CANOpen 实现。

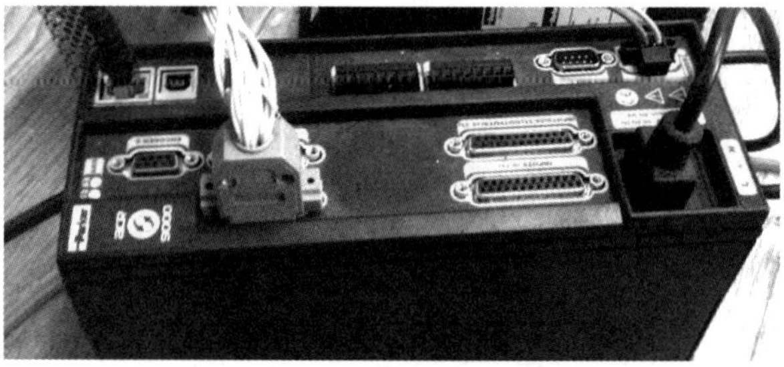

图 7-32　ACR9000 伺服控制器

②轴接口

选用的 ACR9000 控制器采用单一接口处理编码器和驱动信号——轴接口，每个运动轴都有自己的集成编码器或是驱动器接口。本部分包含接口规格、接口引脚、有关轴接口驱动器和编码器功能的信息。根据项目的需求选择具有相应配置的控制器，上方面板有二、四、六或八轴的接口，依次标记为 Axis0 至 Axis7。轴接口 0~3 的引脚说明如图 7-33 所示。

③使能接口

标有“ENABLE”设备前部的运动使能输入接口是一个可拆卸的两针光电隔离电路端子,在内部当前输入电压控制限制在 5~24 V。阳极和阴极可连接在不同的接口,在不同风格的界面内使布线的灵活性更加显著。电流必须流过任何使能输入的运动发生轴,当无效运动使能输入,立即停止所有无解加速运动的继续运行。如果电流不断输入,命令运动不发生,并且该错误信息“运动使能输入打开”将出现在终端仿真器。其使能接口电路原理如图 7-34 所示。

④通信接口

ACR9000 控制器的通信接口存在四种类型,第一种,COM1-RS232/RS422:RS232/422 共用接口,38 400 b/s 是其最大波特率;第二种,Ethernet 通信:10/100 Mb/s 的全双工工作模式可自动配置,TCP/ IP 版本 4,具备 UDP 协议,RJ-45 接口非屏蔽网线;第三种,USB:USB 2.0 全速器件,最大 12 Mb/s,自供电即不通过 USB 接口消耗电源功率;第四种,Parker I/O 扩展接口,CANopen 通信:可编程 10 kb/s~1 Mb/s,最多 4 个节点,完全网络隔离。实验中使用的是以太网通信方式,其接口引脚图 7-35 所示。

Axis Connector		AcroBASIC Direct I/O Reference			
Signal	Pin	Axis 0	Axis 1	Axis 2	Axis 3
5 VDC PWR	1	Not Applicable			
DC RETURN	2				
Encoder CHA+	3				
Encoder CHA–	4				
Encoder CHB+	5				
Encoder CHB–	6				
Encoder CHZ+	7	MRK 0	MRK 1	MRK 2	MRK 3
Encoder CHZ–	8				
5VDC PWR	9	Not Applicable			
Drive Step+	10				
Drive Step–	11				
Drive Direction+	12				
Drive Direction–	13				
Drive AOUT+	14				
Drive AOUT–	15				
Drive Fault+	16	INP 64	INP 65	INP 66	INP 67
Drive Fault–	17				
5VDC PWR	18	Not Applicable			
Drive GND	19				
Drive Enable–	20	OUT 40	OUT 41	OUT 42	OUT 43
Drive Enable+	21				
Drive Reset–	22	OUT 48	OUT 49	OUT 50	OUT 51
Drive Reset+	23				
Drive GND	24	Not Applicable			
Drive Talk+	25				
Drive Talk–	26				

图 7-33　轴 0-3 的接口引脚说明

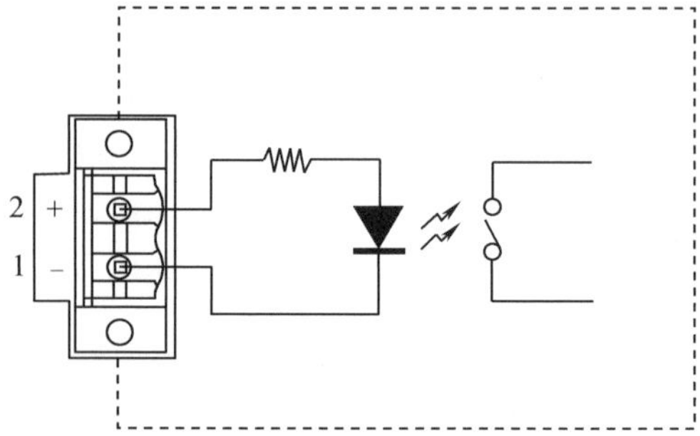

图 7-34　等效电路运动使能接口电路原理图

Signal	Pin	Wire Color
TX+	1	White with orange
TX-	2	Orange
RX+	3	White with green
*	4	Blue
*	5	White with blue
RX-	6	Green
*	7	White with brown
*	8	Brown

图 7-35　以太网接口引脚说明

(4)上位机软件 ACR-View6 配置及应用

对于 ACR-View6 上位机软件可实现如下功能:电机轴和控制系统的配置,电机试运行;用其自带语言编写运动程序,可用 PLC 梯形图程序加以辅助,可精确控制电机运行;监视电机运行状态,调试程序;PID 参数调整;通过上位机界面的示波器监视电机运行轨迹。其具体配置步骤如下:

①新建工程(图 7-36),为工程起名为 Demo1,单击"OK"

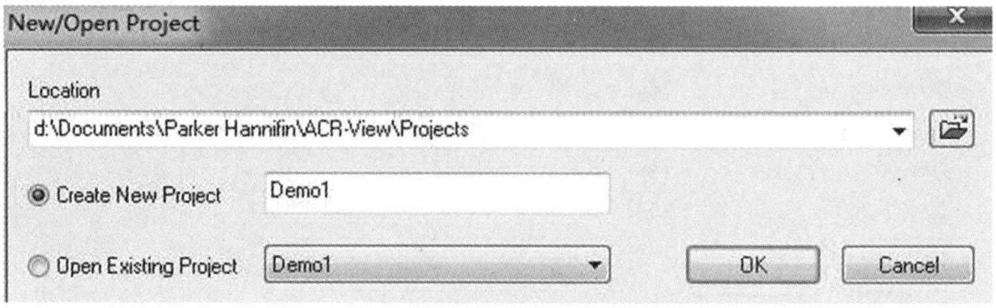

图 7-36　新建工程

针对所选用的控制器(图 7-37),选择相应的配置,之后点击"下一步"按钮

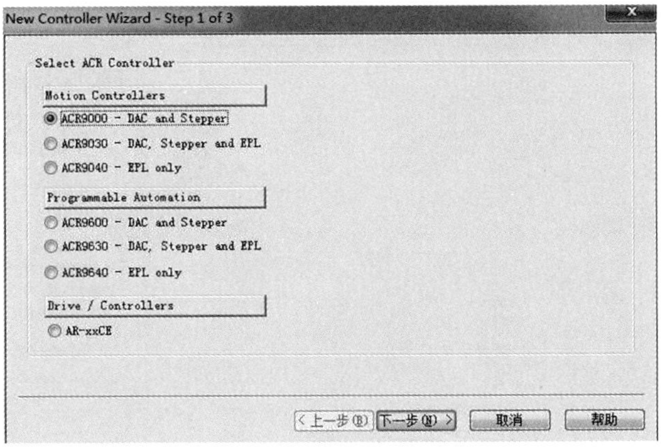

图 7-37　选择控制器型号

考虑所选用控制器的具体型号，选择相应配置（图 7-38），单击下一步按钮完成上述操作，随后进入到 ACR-View 的主界面。

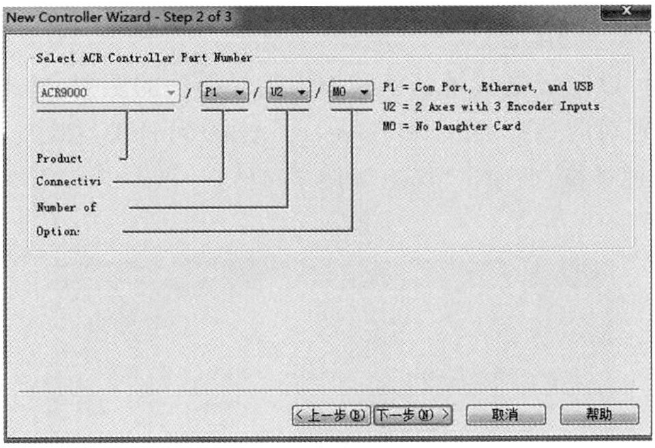

图 7-38　配置控制器接口

②与控制器连接

主机与控制器通信方式的选择，Bus 通信：利用 PCI 总线进行连接，这种方式只适合于 ACR8020 和 1505 控制卡；Serial：串口，主机串口号及通信速率匹配；Ethernet：以太网，"192.168.10.40"为 ACR9000 默认的 IP 地址（图 7-39），将主机 IP 地址与控制器设置在同一个网段中（图 7-40）；USB：主机需安装 USB 驱动程序。

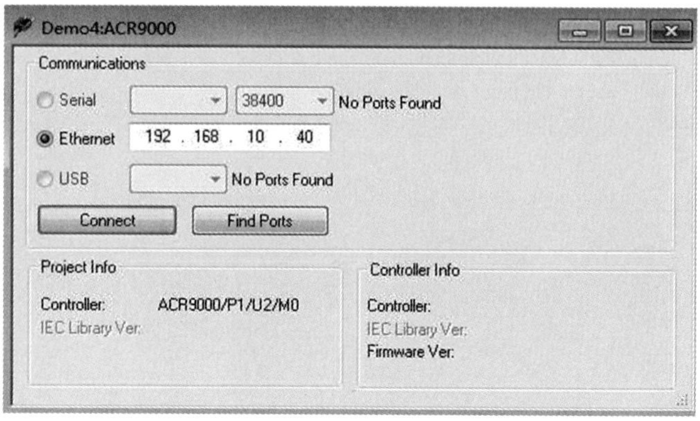

图 7-39　选择以太网通讯方式

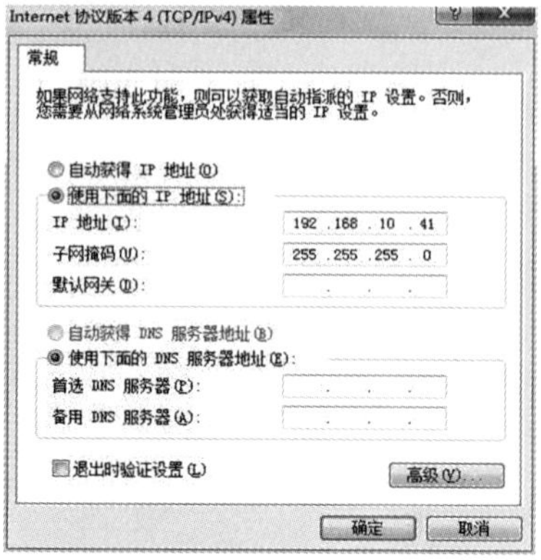

图 7-40　配置主机 IP 地址

此处要注意，通过以太网线将主机与控制器直接连接时，需使用交叉网线；或者使用直连网线，将主机和控制器分别接到以太网交换机即集线器上。

③控制器配置

单击工程树中的 Configuration Wizard。

a. 轴名称及控制信号的配置

上述对话框中，可以完成电机轴名字和输出信号类型的配置，即模拟量控制或脉冲方向控制两种类型，分别对应选择 DAC 和 Stepper。Axis0 可选 DAC0 或 Stepper0，Axis1 可选 DAC1 或 Stepper1，以此类推，后单击“Next”(图 7-41)。

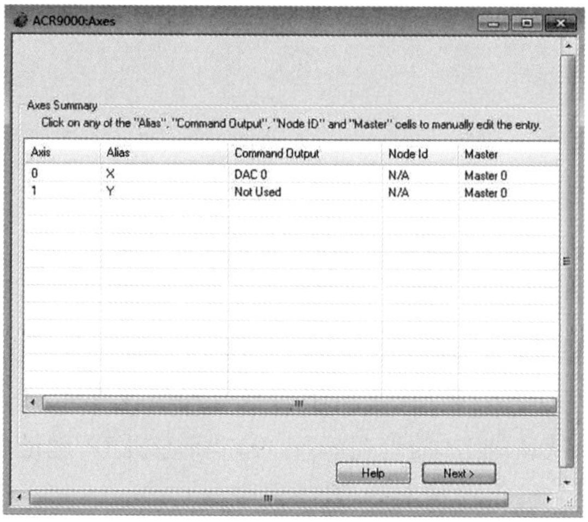

图 7-41　配置轴名称及信号

b. 单位、加速度及电机配置

如图 7-42 和图 7-43 所示，在这两个对话框中可配置用户单位，选择驱动器和电机的型号。这里非 Parker 驱动器和电机，则选择 Other 后单击“Next”。

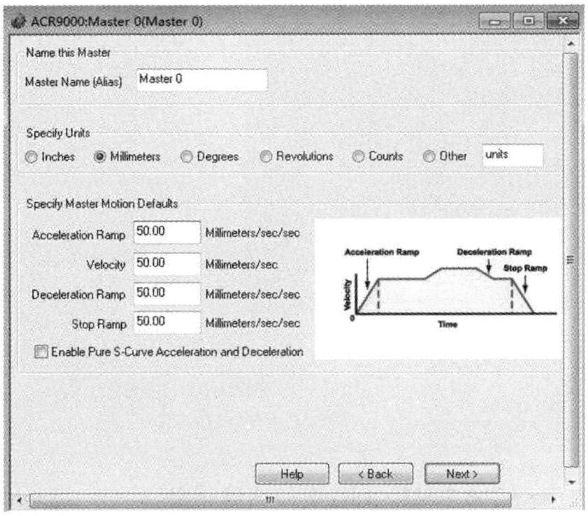

图 7-42　单位及加速度配置

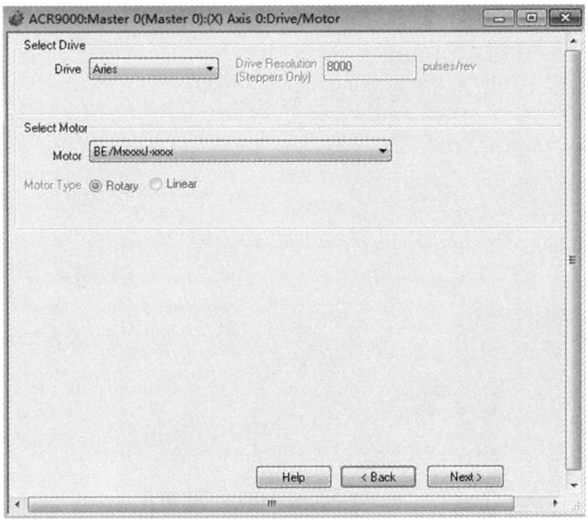

图 7-43　驱动器及电机配置

c. 反馈及轴比配置

如图 7-44 和图 7-45 所示，位置环和速度环的反馈在第一个对话框中配置，同样反馈的类型、来源及精度均在此配置，后单击“Next”。其常用反馈设备的电平通常选择为 5V TTL 差分信号，不然有可能损坏 ACR9000 反馈回路。后面的对话框中配置传动机构，根据配置上位机自动换算出轴比，后单击“Next”。

d. 限位及 PID 参数快速配置

如图 7-46 和图 7-47 所示硬件限位、软件限位和跟随误差带在第一个对话框配置，注意输入负向软限位值时前面加负号。在板 I/O 分配时，正、负向限位及回零分配，且注意 I/O 常开、常闭的选择，然后单击“Next”；后者为 PID 参数快速调整，电机动作在控制器中产生阶跃响应信号，轴刚度、响应性和稳态误差均可通过 PID 参数进行调整，后单击“Next”。

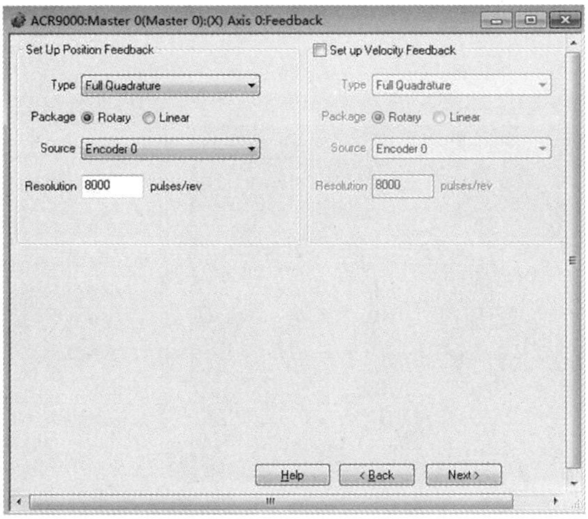

图 7-44　反馈配置

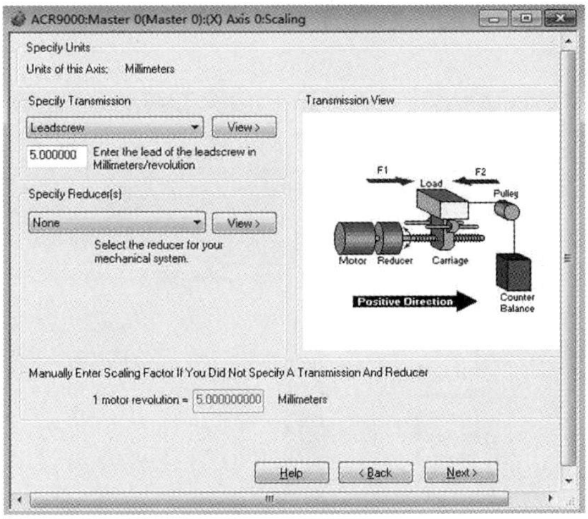

图 7-45　轴比配置

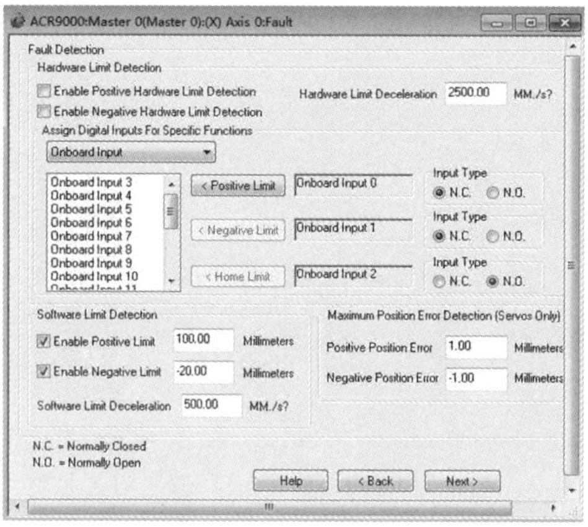

图 7-46　限位设置

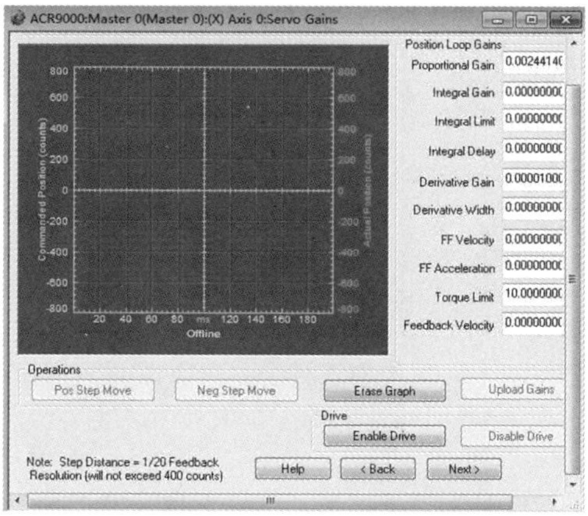

图 7-47　PID 参数快速调整

e. 程序存储空间配置

图 7-44 至图 7-47 还可进行程序存储空间、运动程序、PLC 程序、全局变量、通信缓冲区等的分配。对于主机频繁与控制器进行数据交换的应用，通信缓冲区要设置大一些，例如 4096 字节。否则，主机读取编码器数据时可能出现卡死现象。单击“Next”继续，后点击“Finish”完成配置。

④程序编辑及终端仿真器控制

如图 7-48 所示，专用运动程序编辑窗口使得运动程序的编写更加方便快捷，其使用的是 ACR 系列控制器专用语言。如图 7-49 所示，终端仿真器有可供编辑的按钮，使得控制输入操作更加方便简洁。

⑤状态面板

如图 7-50 和图 7-51 所示，状态面板上可显示所有重要信息，如：坐标系状态位，包括运动、程序状态；轴状态位，包括错误信号、限位信号；参数状态，包括位置参数、速度参数、轴信息。还可查看当前设定位置、实际位置、跟随误差等。

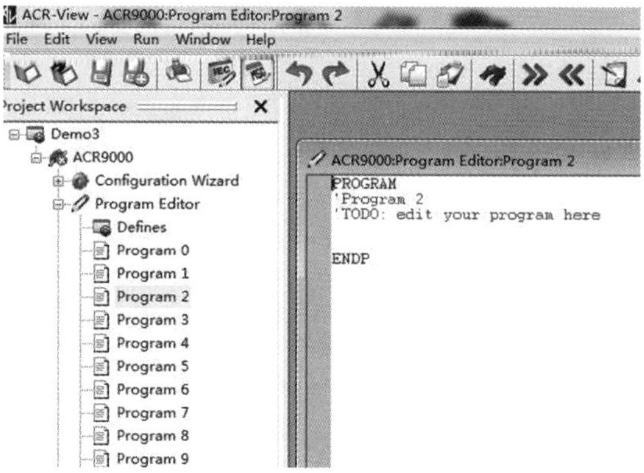

图 7-48　运动程序编辑框

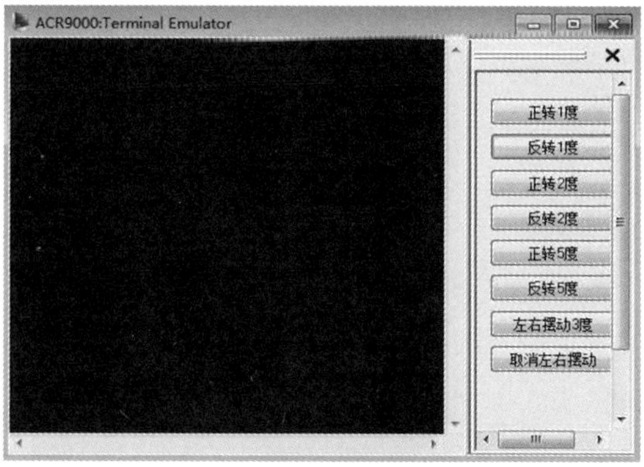

图 7-49　终端仿真器控制界面

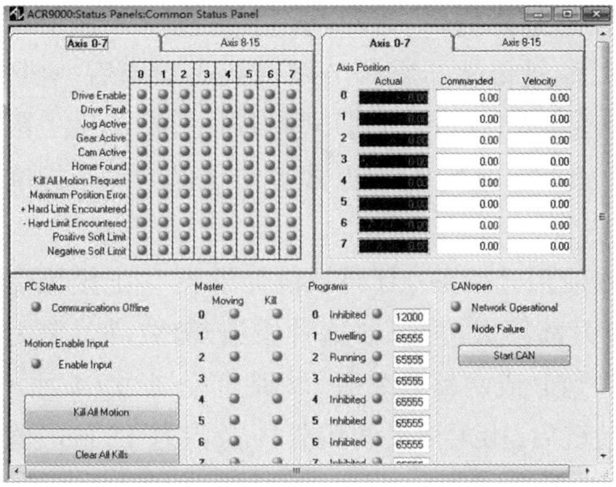

图 7-50　通用状态面板界面

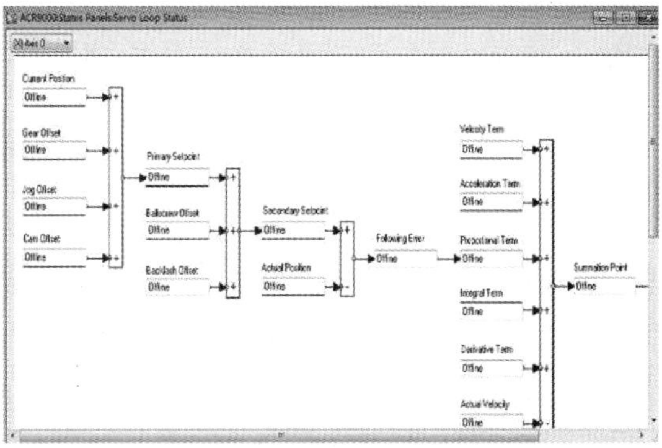

图 7-51　伺服环状态面板

4. 通气系统

通气流量要求:0~9 L/s,流量测量精度:0.01 L/s;根据实验的衍生要求:一次试验时间可持续 3 min 以上,模型内供气管出口压力小于两个大气压,二次实验间歇时间 (等待压力罐充气时间)小于 10 min,尽量减少模型进气管对模型测力干扰。对于残存干扰,可以修正到测力容许值内,考虑设备使用环境,管路和阀门及储气罐采用不锈钢材料制造。除了空压机启动和停车是手动外,系统其余全部控制在一个控制板上使用单板机进行,包括所有阀门开启,流量、压力控制和显示,实验开始和终了的截止阀启闭等。供气管路进水洞试验段时,供气管路拟分为可单独控制的两路管,从而可以提供模型上两个位置单独或同时(不同出口压力)排气。

图 7-52 是供气系统的结构布置图,图 7-53 是通气装置特写图集。空压机将气体经软管加压进储气瓶,等待压力达到额定要求,打开泄压阀,气体经过过滤器过滤掉水和油,进入干燥机冷却干燥,气体出来后,再次经过过滤到达传感器,传感器将温度、压强和流量等参数传输到控制柜的仪表上面,而气体则通过塑胶软管连接进入模型内部,从模型舱段头部流出。

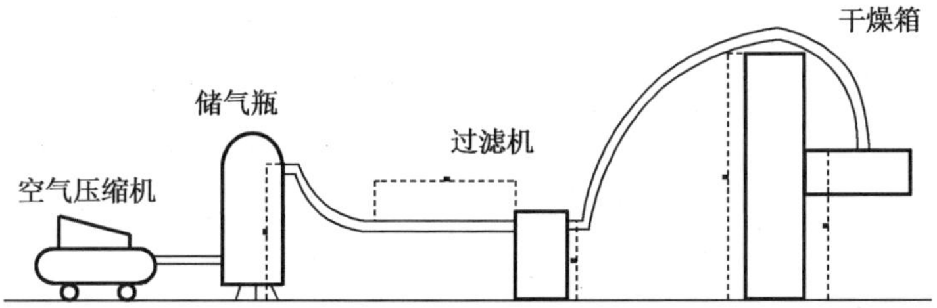

图 7-52　供气结构布置图

使用流程:气体通过减压阀控制来流压力,从开始 1.0 Mpa 下降到 0.4 Mpa,流量调节阀入口压力都保持在 0.4 Mpa 左右。这样流量调节阀调节幅度很小,可保证供给模型压力稳定在 0.2 Mpa,提高了调节精度。之后采用高精度的涡街式流量计和调节阀形成闭环控制,保证流量准确控制。

控制柜上集成了空压机开关,气体温度压强流量积算器,管路阀门。温度压强流量积算器连接流量传感器,温度传感器,压力传感器;流量传感器默认分度值到小数点后一位,流量上限 500.0 m^3/h,工作温度无限制;温度传感器默认分度值到小数点后一位,温度上限 500 ℃;压力传感器默认分度值到小数点后一位,默认单位 Mpa,正常工作压强为一个标准大气压,标况温度为 20 ℃。

关于供气管路的干扰问题,采用国内有成熟使用经验的“万向铰链伸缩器”,把模型上管路和地面钢质管路柔性分开。由于流量和压力都不大,再采取这种措施,需要满足测力需要。根据流量可计算出管路直径,从气源出口到分成两路歧管处,管路直径 1 寸(1 寸=3.33 cm),用不锈钢管。歧路不锈钢管及万向铰链后,用柔性夹线胶管内径均为 15 mm,管内流速保证满足不产生振动要求。

压力罐只需要加压到 1.0 Mpa,压力罐容积 0.83 m^3 即可保证试验时间 3 min,取 1 m^3 压力罐。即使假定气源气全放完,也只需要 8 min 就可以把罐中气体压力充到 1.0 Mpa。一般气源压力降到 0.4 Mpa 认为试验终止,模型出口压力在 0.2 Mpa,具体数值要在试验时调整。

(a)

(b)

图 7-53 通气系统及装置图集

5. 摄像系统和延时机构

该系统可以获得尾翼运动时空泡流动结构,通过图片与压力数据对比分析研究,便可以获得尾翼运动时的通气空泡流动特性。揭示操纵条件与自激回射流发展之间的关系,获得失稳的主要诱导因素。延时系统为实验室的 8 通道时间同步延时系统,延时系统的触发信号来自实验段前端的压力信号。该系统主要用来延时触发高速录像、数据采集、通气及尾翼驱动系统。

6. 高速摄像机记录系统

本次实验选用 Ph717 高速摄像机,如图 7-54 所示。为摄像机接上遥控器、监控摄像头等附属装置,同时与笔记本计算机相连在一起;组装能够稳固装置的三脚架,保证装置平稳拍摄;开启外置电源,依据实验所需,通过遥控器上的“LIVE”按钮对装置进行模式、属性等基础信息的设定,例如采集频率为 30 Hz、触发的方法、延迟时间等。并保存这些预设,调整高速摄像机的焦点距离和镜头的长短,使它完全呈现清楚的图样为止。

图 7-54　Ph717 高速摄像机

在实验开启前 2 min,完成一切对摄像系统的调试工作。点击高速摄像机的“捕获”键,拍摄空泡的形成、发展和溃灭的全部历程。经由能够直接发出操控命令的计算机软件 phantom 进行实时监控,并把全部的拍摄经过保存下来以便后续使用。该测试可以获得尾翼运动时空泡流动结构,通过图片与压力数据对比分析研究,便可以获得尾翼运动下的通气空泡流动特性,揭示操纵条件与自激回射流发展之间的关系,获得失稳的主要诱导因素及失稳机制。

7. 数据采集系统

采集系统如图 7-55 所示,采用 DH5922 动态信号系统,它具有 12 个通道,该系统主要采集模型表面的压力分布来确定空泡流动情况,特别是尾部流动情况。压力测点为 10 个,试验中测量两个压力数值,一个布置在水洞盖板上测量水洞内压力,一个布置在模型艉部采集模型表面的压力,其在超空泡形成时,测量泡内压力,该数据采集系统可以采集到和高速相机同帧的模型表面压力分布,特别是尾部压力随时间的变化,用于研究尾翼运动与回射流发展的作用机理。

8. 流量监测控制系统

通气系统的工作流程为气体经空气压缩机被送入储气罐存储,事先在通气软管内放置可感知压力、温度、流量的一系列传感器,一旦气体流经软管,PLC 可编程控制器界面将会显示当时的气温、气流量、气压以及减压阀开关状态的数据。在流量监测系统中,可以共同调整通气阀与直接发出操控命令的 PLC 控制器,最终使通气的各个指标达到预设值。

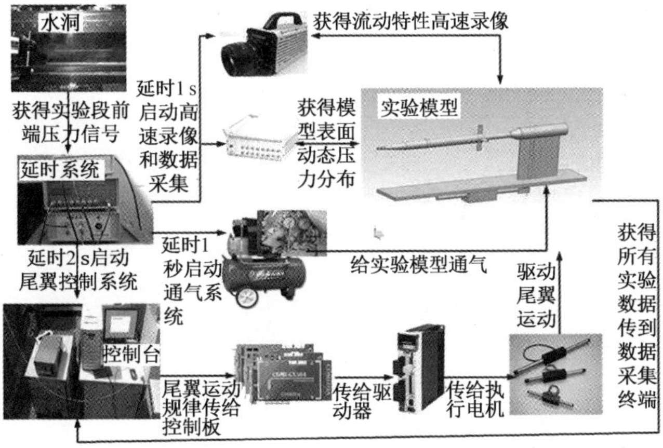

图 7-55　采集系统

图 7-56　PLC 流量监测平台

9. 压力检测系统

在进行实验准备时,在实验平台的盖板下面安装一个压力传感器用以获得环境压强,在模型头部安装一个压力传感器以获得泡内压强,图 7-57 所示的 DHDAS5922 实时信号采集平台即为实验选用的压力检测仪器,它可以实时加载实验中由压力传感器传输的信号并记录这些压力数据。

图 7-57　压力检测记录系统

首先,在计算机中开启检测软件,点击菜单项目里的"文件"选项,点击"新建项目",创立一个新的项目;根据需要设置通道变量用以掌握各个通道的信息采集状态。选择菜单项"查看 | 通道变量栏",依据压力传感器的测量区间在通道子变量中的项目栏设定单位、灵敏值、量程等数值,如图 7-58 所示。

输入通道 | 输出通道 | 转速通道

通道号	通道状态	通道标志	间隙电压	耦 合	量程范围(mV)	量程范围(EU)	上限频率	灵敏度(mV/EU)	工程单位
Ch1	√		×	DIF_DC	10000	10000	10Hz	1.0000	mV
Ch2	√		×	DIF_DC	10000	10000	10Hz	1.0000	mV
Ch3	√		×	DIF_DC	10000	10000	10Hz	1.0000	mV
Ch4	√		×	DIF_DC	10000	10000	10Hz	1.0000	mV
Ch5	√		×	DIF_DC	10000	10000	10Hz	1.0000	mV

主参数 | 测量内容 | 模态信息 | 触发参数

图 7-58　通道变量设置

再次,在绘图的窗口开启后,点击菜单栏里的设置选项,然后点击"图形属性"选项,开启图形属性的窗口,这里有"颜色、字体、线性、选项、坐标"共五项,根据需要选择相应的项目进行设置。根据实际情况，点击“选项”栏，对图形属性里的平均值、两个最值等进行设定，如图 7-59 所示。

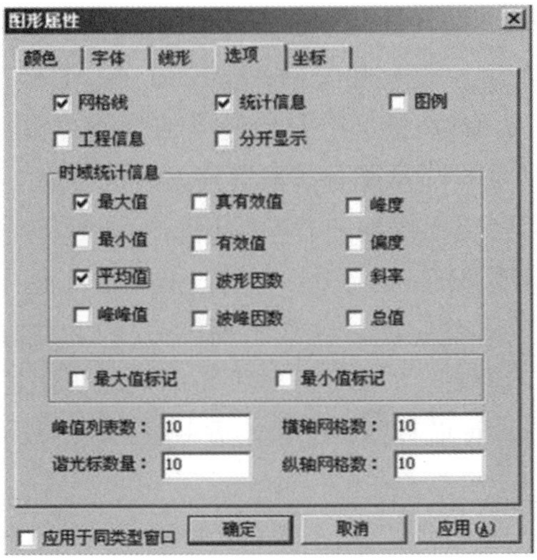

图 7-59　图形属性设置

在实验开启前 2 min，单击“检测”选项卡对盖板和模型表面两处的压力信息进行实时加载；实验完成后，单击菜单选项卡里的“文件|保存”按钮或“另存为”按钮，把监测到的数据信息以文件的方式保存下来，方便后续查验，此环节所得数据对研究超空泡形态估计十分重要。

7.2.4　实验过程

实验步骤：

(1)检查管路阀门是否打开，各路链接及出气口是否通畅。将冷冻干燥机、控制管电源接通。开启冷冻干燥机开关，注意要将控制柜的空压机开关调至关闭状态。将空压机电源线接到 380 V 的电源。使控制柜的空压机开关处于打开状态，空压机开始运转。将储气罐出气口阀门关闭，进行储气。在储气罐压力计显示到 0.8 Mpa 之前将储气罐出气阀门打开。使用控制柜旋转阀门调节最终出气口流量大小。

(2)将整套装置安装于水洞实验室当中，检测气密性，将接口处使用生胶带进行密封，最后对整套装置的气密性进行最终检查。将传感器和开关控制器的连接口按照事先设计进行安置，将控制柜开关连接到空压机，注意安全的同时将实验电路调试完毕。

(3)将塑胶通气管接到通气系统末端，适当调节管路直径至符合实验模型要求，打开压缩机，气体通入加压储气罐内，保持阀门关闭，观察压力表，使得储气罐内部压力始终处于安全气压。待压缩机达到最大压强时打开阀门，同时注意仪表，观察流量，在控制柜上面的阀门处进行适当调节，使得出口流量保持在实验要求的流量。

(4)打开水洞电源，保持水流速度不变，将模型安置于水洞内，操作模型后部的电动机，观察空泡现象，同时记录压力传感器的读数。

7.2.5 实验结果

1. 空化器和尾舵摆动的实验结果

对于不同通气流量、水速、转角和频率都进行了测量，实验数据见表 7-1，筛选舵角幅值 15°，周期 $T=1$ s 进行讨论，可以观察随着通气量增加空泡演变过程。空泡生成过程如表 7-1 所示，实验为了减少重力影响，模型带安装角，但还是可以看到明显的重力效应，随着通气量的增加，空泡开始在时序 1~3 从部分空泡逐渐发展成时序 7~9 的超空泡，这个过程中一直存在明显的回射流，回射流在尾部随着空泡增长逐渐后移冲刷到模型壁面，从而使上下边界的汇合变得激烈，有明显的射流返回到上游，形成水汽混合的云状空泡，这对空泡的稳定性是不利的。由于通气不稳定所以空泡出现震荡，产生类似于尾拍的现象，加上模型后体的不规则以及整流板的存在，空泡闭合形式不单一且变化复杂，这些都会影响到空泡的稳定，所以进行实验或者设计航行体时应该慎重考虑后体的尺寸。

表 7-1 实验空泡生成过程

时序	图像数据	时序	图像数据
1	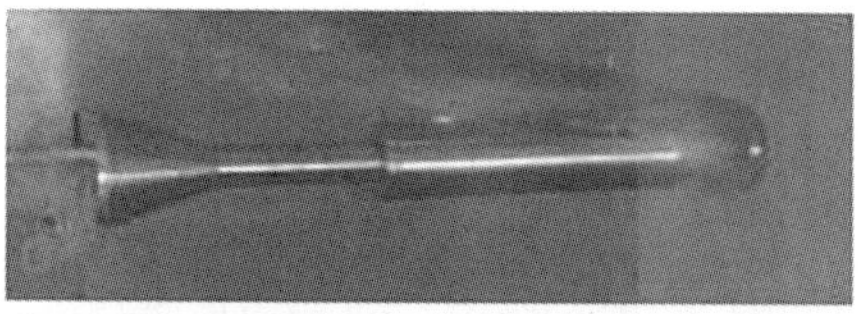	7	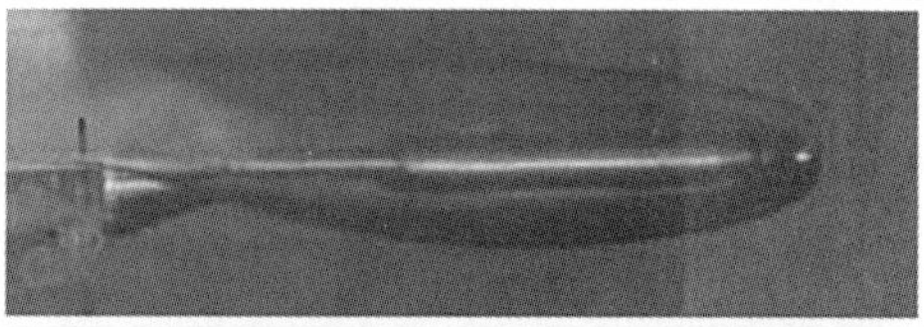
2	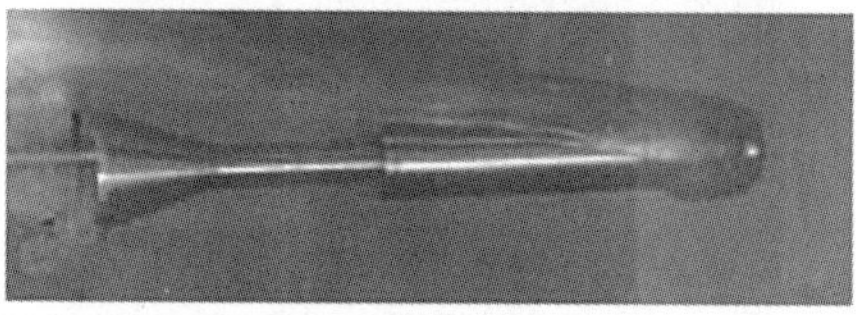	8	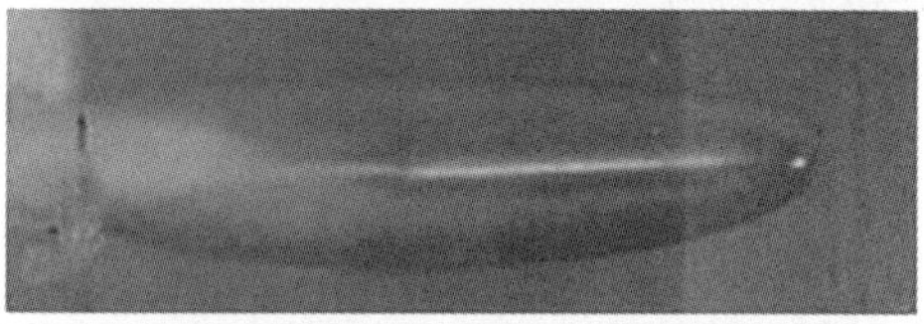
3	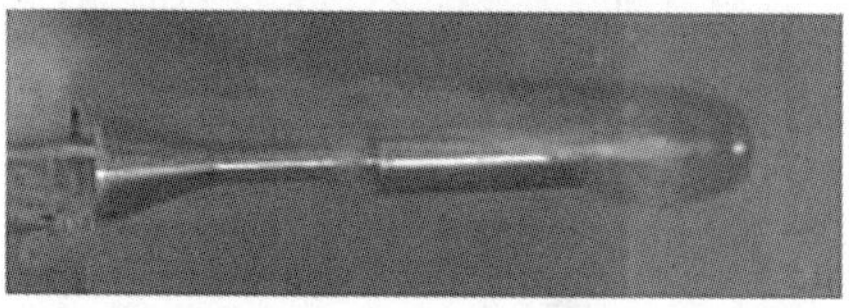	9	
4	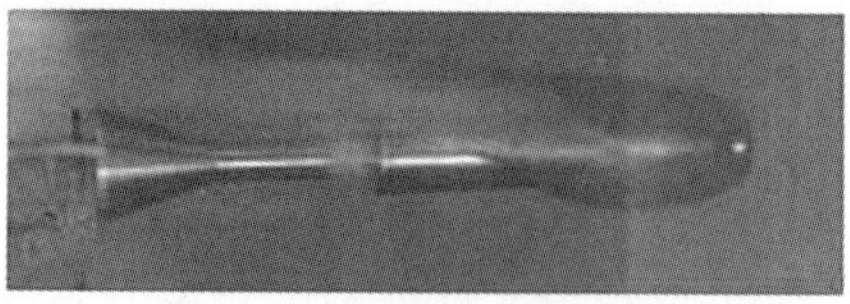	10	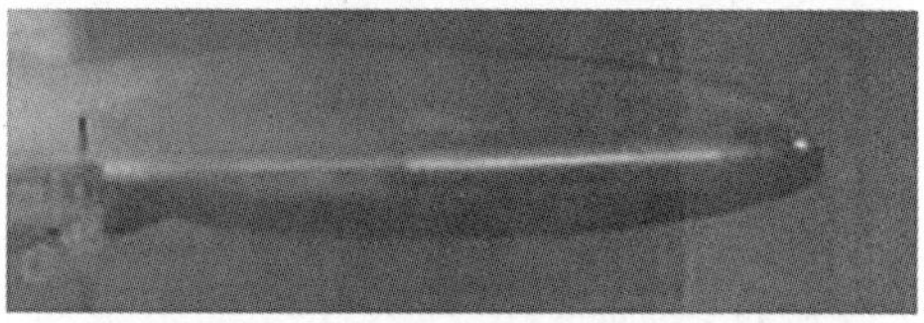
5	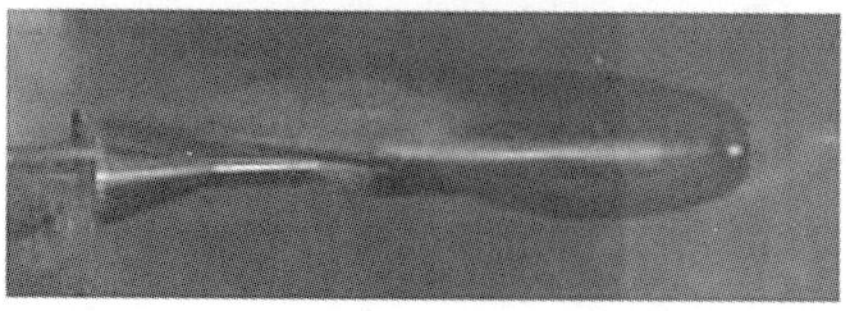	11	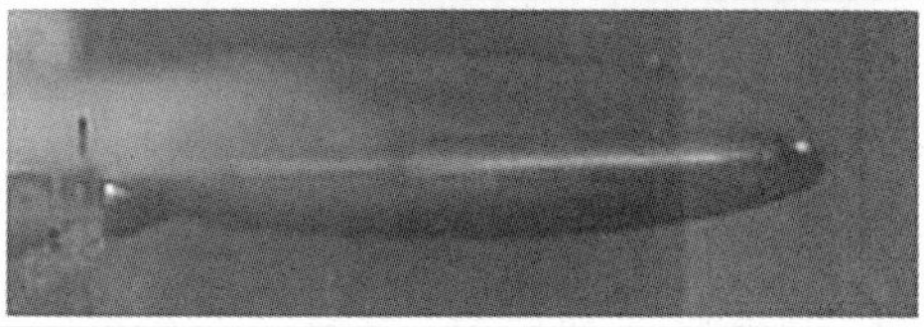

当空泡稳定时，空化器转动，表 7-2 是空泡一个周期内的图像，同样存在延迟效应，0 时刻空泡轴线在中线。当空化器转动时空泡轴线出现抖动，空泡透明度发生很小的变化，变

浑浊，说明空化器的转动对空泡内部流场造成了扰动，边界上的水汽相对速度发生变化。在 3/4T 时，空化器向上转动到最大舵角，出现明显的云状空泡，水汽混合明显，这不是单纯空化器运动造成的，而是空化器运动加剧了空泡上浮，下界面冲刷后体激烈，从而形成了较大的扰动，本模型因有持续通气，空泡会恢复到稳定，但是航行体在水下航行时，空化器转动将会造成水动力突然变化，影响弹道稳定性甚至失稳。

表 7-2　空化器摆动时的各时刻空泡形态

时序	图像数据	时序	图像数据
0T		3/4T	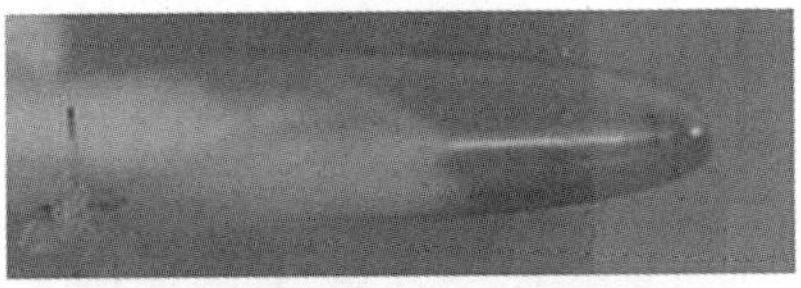
1/4T		T	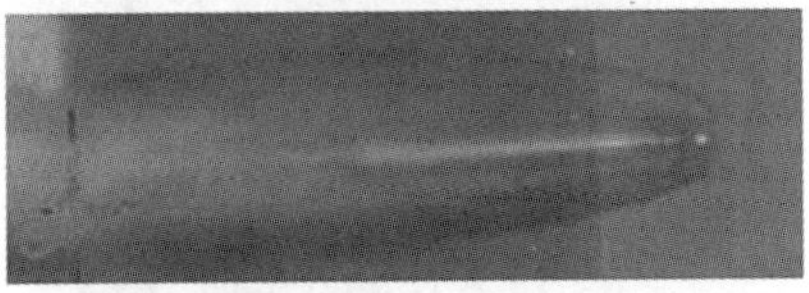
1/2T		(1+1/4)T	

已知空化器直径 $D_n = 20$ mm，对实验图像数据进行测量，获得空化器直径的像素点，计算出单位像素点对应的长度，再利用 Matlab 软件对实验数据进行图像批处理，编写程序获取空泡边界，从而测量空泡最大直径和空泡长度，以及空泡中轴偏移 h，实验空泡最大直径 64 mm，长度 285 mm，仿真结果是 $D_c = 53$ mm，$L_c = 284$ mm，获得中轴线偏移 h 与时间曲线。

2. 尾翼运动实验结果

表 7-3 是带后体尾翼摆动的空泡生成过程，随着通气系数的增加从部分空泡发展成超空泡，尾翼的存在会增加泄气量，将最大直径处向后移，拉长空泡，楔形尾翼对来流的干扰比较小，空泡形态变化效果并不明显；但是可以看到空泡边界冲刷尾翼造成的回射流，当空泡发展到一定尺寸，会产生如时序 6～8 下舵面的局部空泡，当水流经过舵面时会在舵面下游形成低压区，主体空泡的气体会从空泡界面沿翼展方向，从楔形前沿的分离区进入低压区，从而形成局部超空泡，它的产生会降低舵效，对航行体控制带来困难。在主体空泡的尾部同样产生明显的云状空泡，云状空泡随内部气体的脉动变化时而加剧时而减弱。

表 7-3 尾翼摆动空泡生成过程

时序	图像数据	时序	图像数据
1	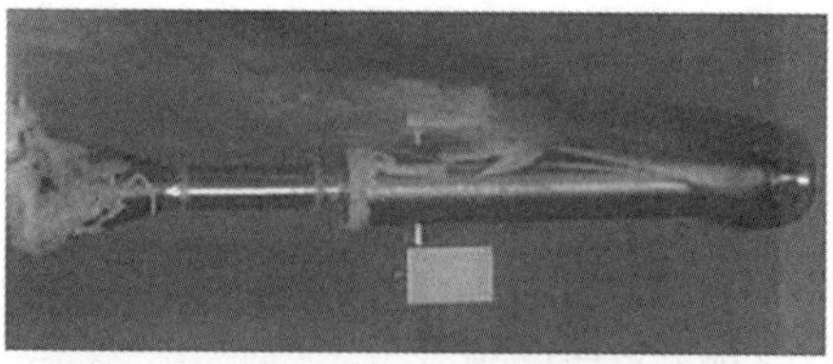	7	
2	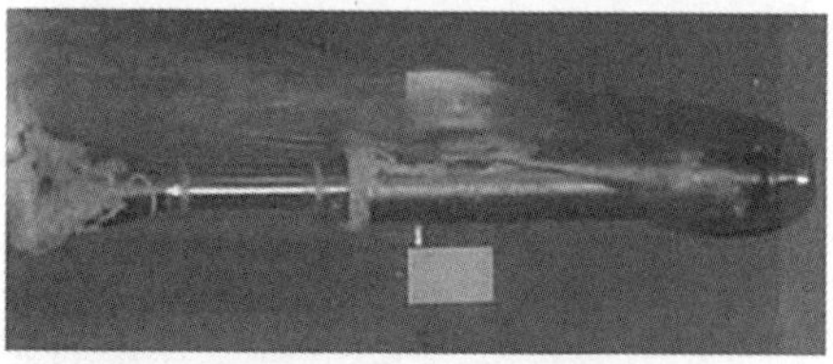	8	
3	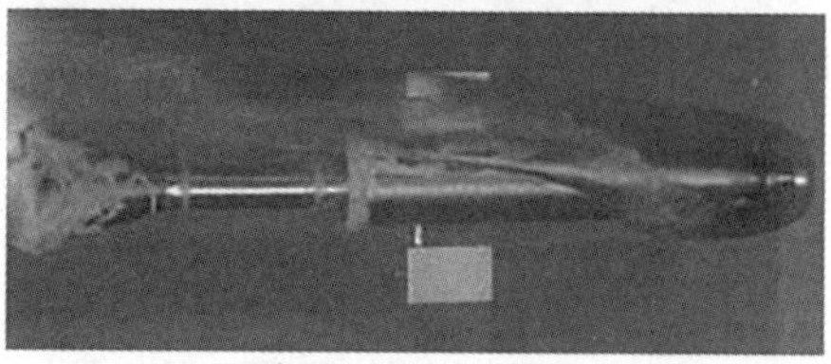	9	
4	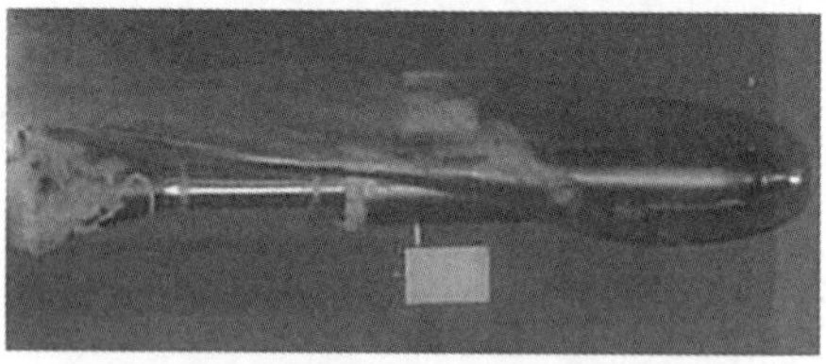	10	
5	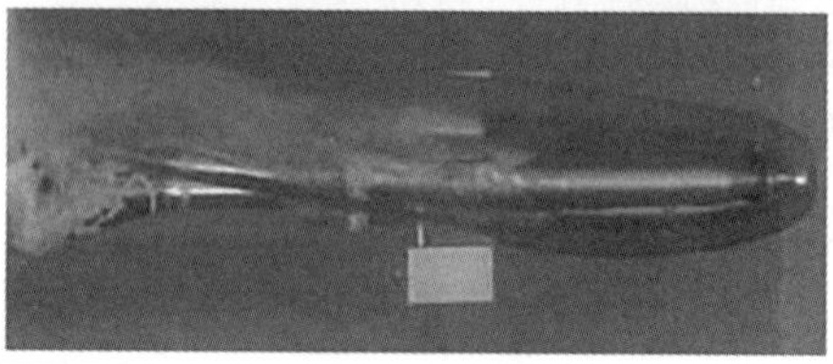	11	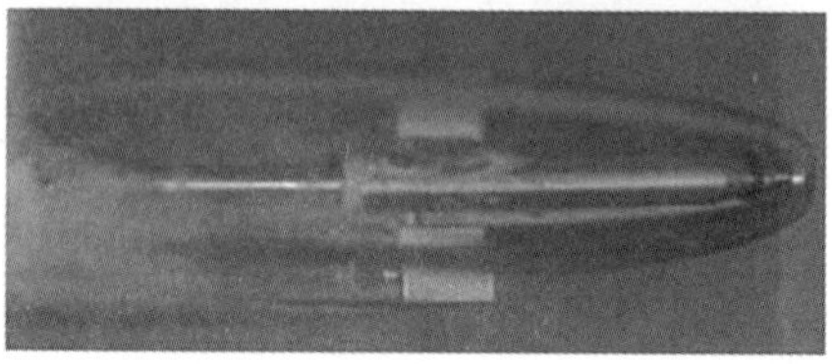

当空泡稳定之后摆动舵面，见表 7-4。舵面对主体空泡的影响可以通过云状空泡的区域进行分析，上舵在重力作用下被主体空泡几乎完全覆盖，下舵大部分穿刺主体空泡。当舵面产生攻角时，空泡前半部分一直处在透明状态，说明舵面对前部的空泡影响较小，这与仿真结果保持一致(时序 2~4 的初始压强和变化规律基本相等)；云状空泡的区域可以覆盖整个后半部分，能清晰地看到回射流向空泡内部翻涌，这在航行过程中起到消极作用；摆动过程中可以看到舵面吸力一侧的局部空泡边界也在改变，原本边界切线和弦向平行，当带攻角时($1/4T$ 和 $3/4T$ 时刻)切线与弦线产生角度，这个角度大于 45°时，局部空泡失稳，T 时刻可以看到局部空泡与主体空泡相耦合也产生了云状区域。

表 7-5 是大舵角情况下空泡失稳图，此时空泡已经完全被破坏，整个区域是激烈的水汽混合流动，类似飞机失速，此时航行体将承受很大的阻力，航行体已经不能前行，这是不允许发生的。

表 7-4　尾翼运动各时刻空泡数据

时序	图像数据	时序	图像数据
0T	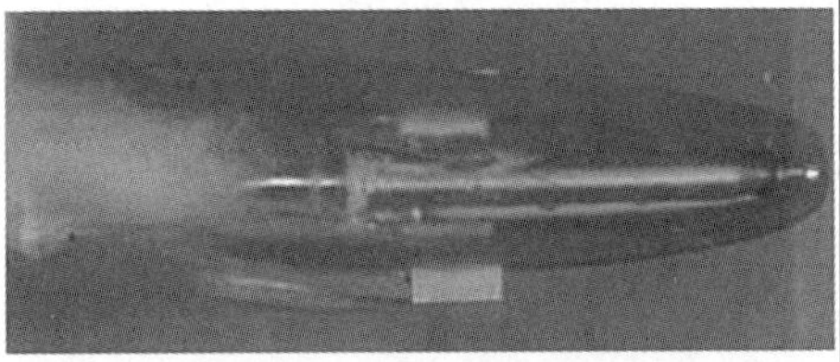	3/4T	
1/4T	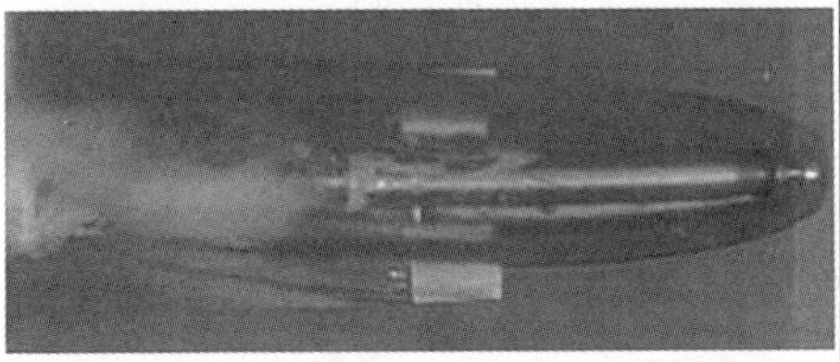	T	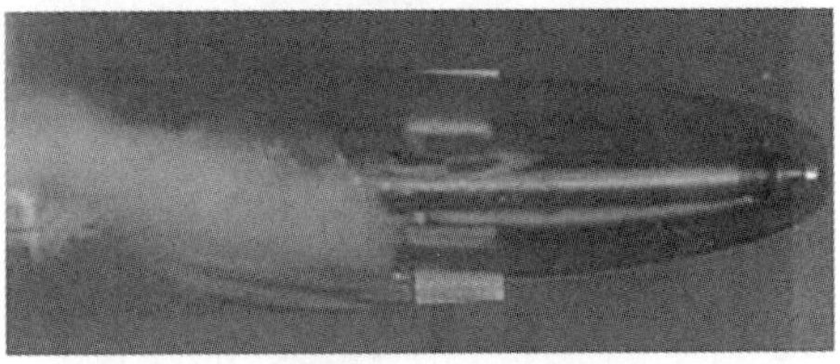
1/2T		T+	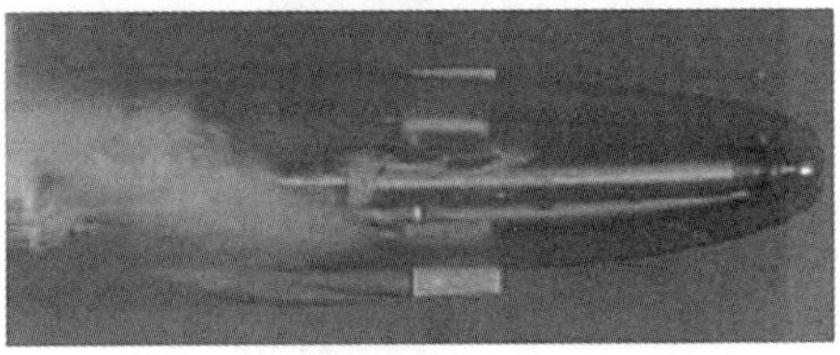

表 7-5　尾翼摆动诱导失稳数据图像

时序	图像数据	时序	图像数据
—	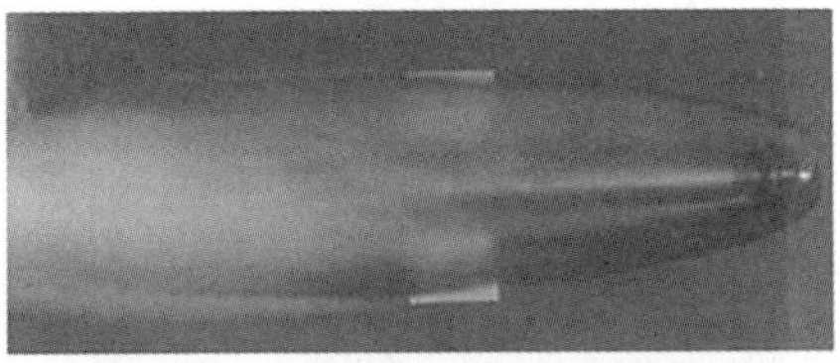	—	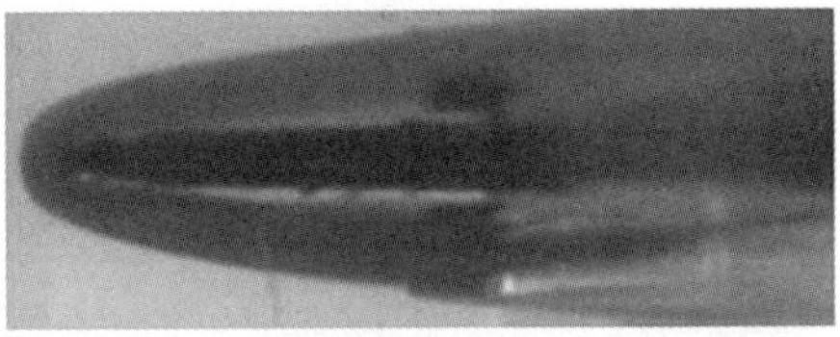
—	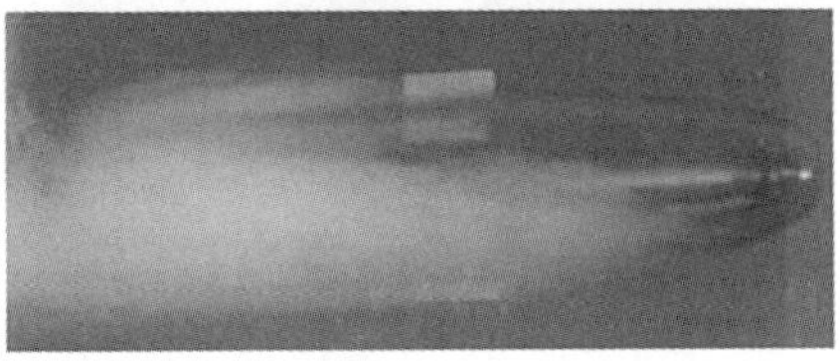	—	

7.2.6　水洞实验数据分析

从以下几个方面对得到的实验数据进行研究：通过实验段高速相机的记录，测量真实的超空泡形态，测量实际情况中的非轴对称空泡的轴线偏移量。

1. 空化数的测量

在以往的很多研究中，空化数 σ 被默认为是一个恒定值，但航行体在伴随空泡航行过程中，由于环境压强和空泡内部压强是不断发生变化的，因此空化数 σ 也将随之改变，并非恒值。根据图 7-60 和图 7-61 所示的一组由压力检测系统采集到的空泡内外电压力信息，再结合传感器的度量区间和灵敏度，便可将所获得处于不同测量通道中的平台盖板和模型表面处的电压转换成压强，转换公式为 $p_1=60/1\ 000\times U_1$ 和 $p_2=(U_2-1\ 000)/1\ 000\times 225+100$。依据以上两个公式，运用求空化数 σ 的公式确定不同时刻所对应的空化数，图 7-62 所示即为不断变化的空化数曲线。

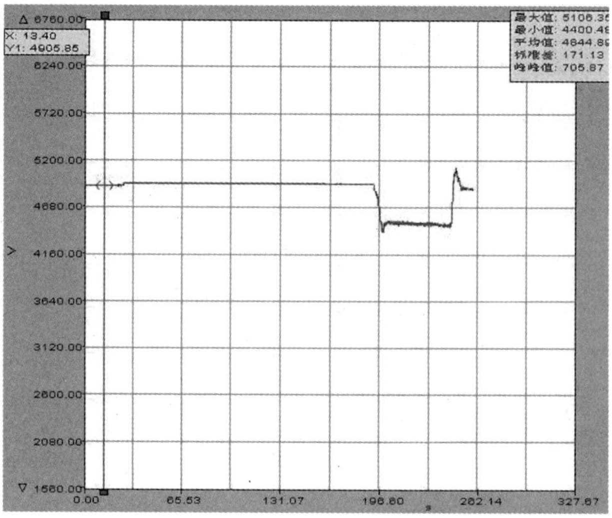

图 7-60　第一通道模型表面电压位图

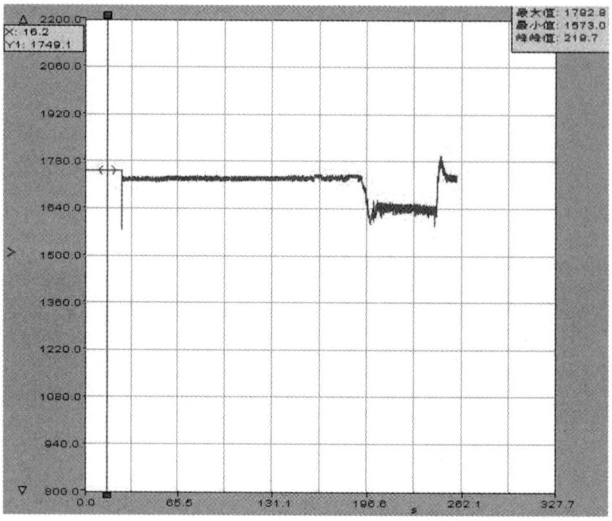

图 7-61　第二通道盖板处电压位图

引起空化数发生改变的原因种类较多，但主要来自外部环境的影响，如边界条件、压力、流体速度、流体黏性、来流状态、流体中所含气泡量等，其中流体速度与压力是对空化现象影响最为关键的因素。然而由于水中气泡含量的多少、尺寸以及散布的密集程度一般不易确定，所以在不一样的地方开展的实验，发生空化的条件和所呈现的现象也将有所不同。

尽管图 7-62 所示的空化数变化曲线是在一定的局限范围内生成的，但却真实地反映了本次水洞实验过程中的空化数变化规律，与理论建模中默认的恒定不变空化数 σ 比较，更能凸显科学实验中客观存在的现象，在工程应用中具有很大的研究价值和现实意义。

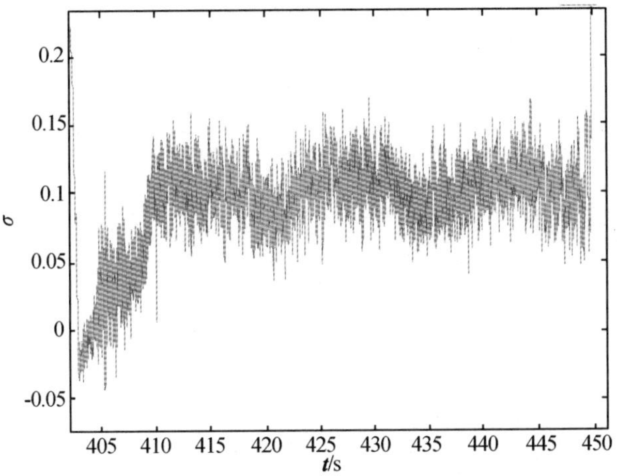

图 7-62　空化数变化曲线图

2. 浸入深度的确定

若已知在体坐标系内，航行体的俯仰角 θ 和空化器偏转角 δ_c，可计算出每一个变化时刻的偏转角 δ_c 所对应的轴线偏移量 $h_f(x)$。这里暂不考虑空化器偏转造成的空泡末端形变的干扰，取 $x=L$ 且 δ_c 从 0°开始变化，将压力稳定时计算所得的空化数代入理论公式中，即可获得客观真实的轴线偏移量，最终计算出航行体尾部的浸水深度 h'。对于 h'的真实值则利用 PicPick 度量软件，通过对摄像机记录的影像数据测量来获得，直接测量后要调整比例以跟实际长度相匹配。表 7-6 所示为由空化器偏转形成的空泡轴线偏移变化，此处只给出部分实验数据。

表 7-6　空泡轴线偏移量与空化器偏转角关系

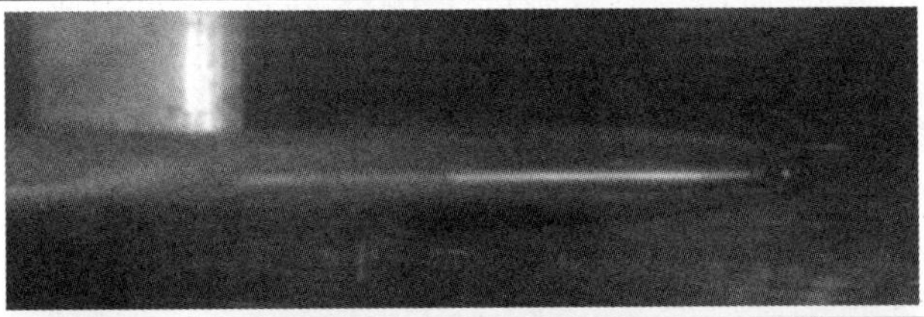	$\delta_c = 0°$
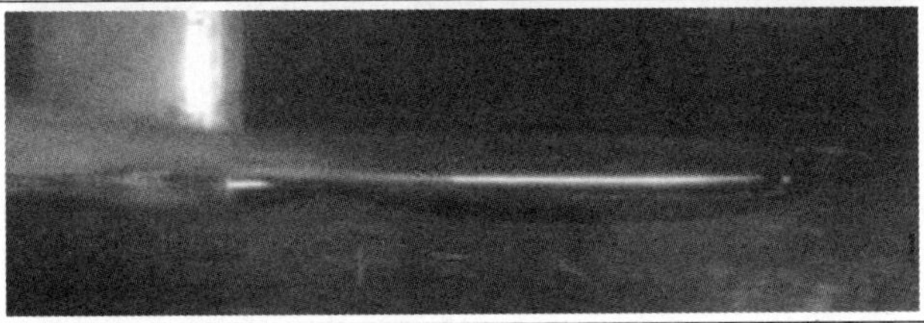	$\delta_c = 5°$

表 7-6(续)

	$\delta_c = 11°08'$
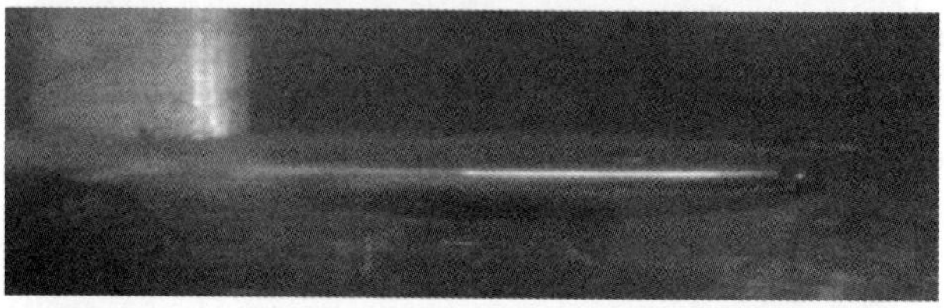	$\delta_c = 15°$
	$\delta_c = 24°40'$

3. 实验数据处理

从实验数据中任意选取一组压力数据作为研究数据，首先求出该组数据的均值和标准差，将与均值的差值大于标准差 3 倍的数值视为异常数值，进行野值筛除。再将过滤后的压力数据通过压强转换公式进行处理，计算出空化数，得到如下结果。

本次数据分析只选取时间段 60~70 s，因为此区间内压力相对稳定。由图 7-63 可见，当流体速度达到预设值时，已逐渐形成较为完整的空泡，环境压强与泡内压强都迅速下降。空泡形态基本稳定后，环境压强维持在 230 kPa 上下，泡内压强维持在 200 kPa 上下，尽管水洞的水速存在一定不稳定性，但由数据及图像可见，在 60~70 s 区间内整个实验状态是基本保持稳定的。由计算出的空化数可见，此阶段的空化数处于 0.55 附近，满足生成完整空泡的条件，如图 7-64 所示。由于此时求取的空化数波动幅度偏大且频繁变化，代入公式计算，求得的空泡形态理论值与真实值不吻合。使用视频编辑专家软件将高速摄像机记录下来的相应时间段的视频转换为帧图片，再使用 Photoshop 软件测量图片中航行体模型尾部的空泡半径和空化器转动角度，最终得到空泡形态理论计算值和实际测量值的对比如图 7-65 所示。

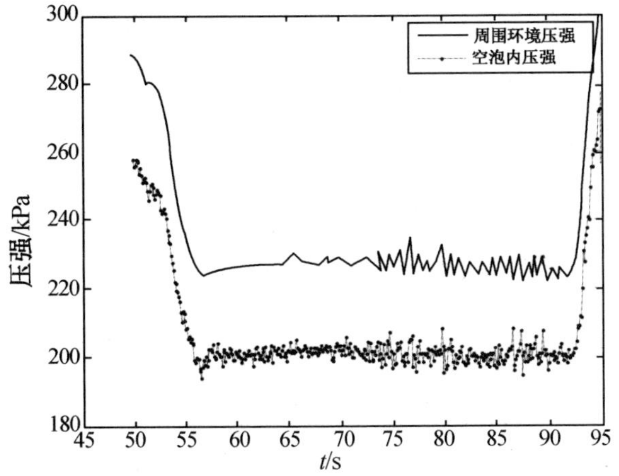

图 7-63　空泡内、外压强

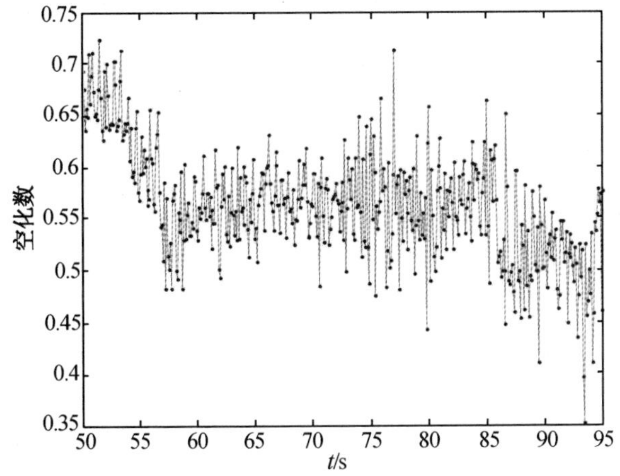

图 7-64　空化数

由 7-65 图可见,空泡半径的理论计算值与实际测量值之间存在一定的误差,这些误差作为一群离散点与实时变化的空化器攻角之间也存在一一对应的关系,如图 7-66 所示。

利用 PicPick 工具对高速摄像机所获得的实验数据进行量度,结合曲线拟合方法,在 Matlab 环境中,即运用最小二乘法绘制出实际所得的浸入深度 h'_c 和空化器偏转角 δ_c 对应的拟合关系曲线,再与理论计算所得的超空泡模型的浸入深度 h' 随空化器偏转角 δ_c 变化的曲线对比,空泡的轴线偏移与尾舵无关,所以此处可将实验值与理论值对比。二者对比的结果如图 7-67 所示,可得 $h'_c(\delta_c)=kh'(\delta_c)$ 关系式,其中 k 近似等于 0.91。

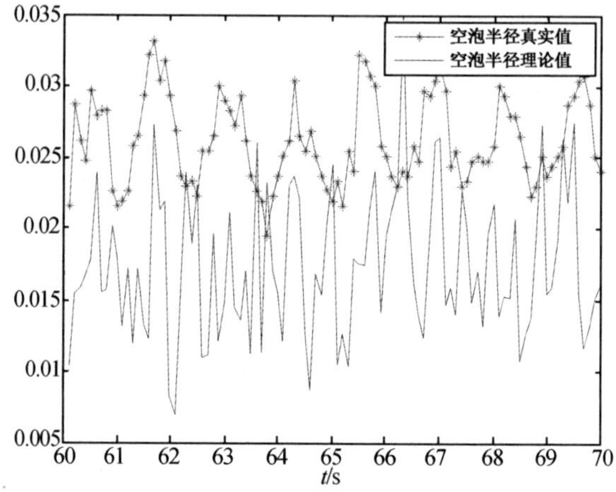

图 7-65　超空泡形态理论值与真实值对比图

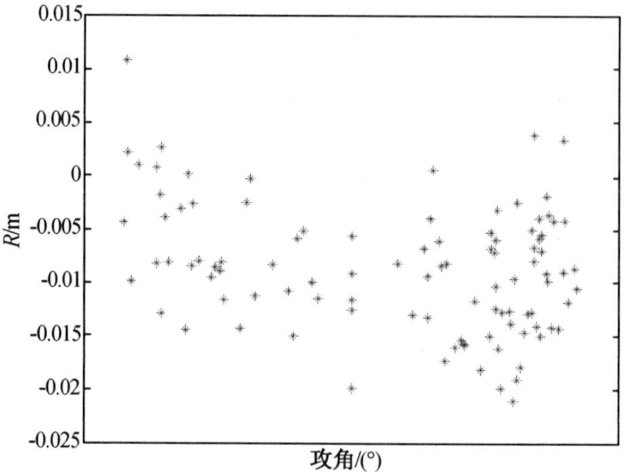

图 7-66　超空泡形态误差与攻角关系图

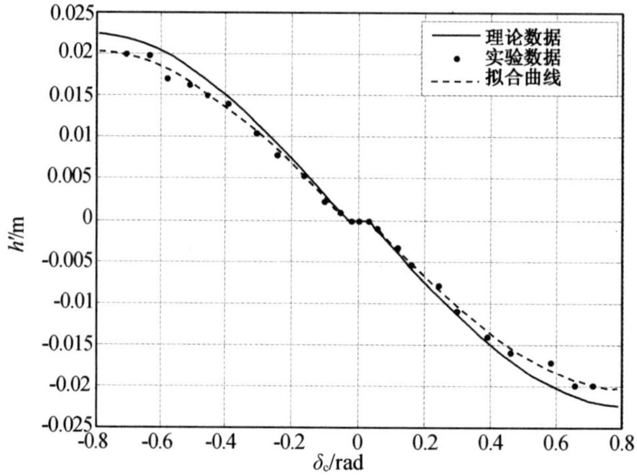

图 7-67　h'随 δ_c 变化的理论曲线与实验拟合曲线对比

参考文献

[1] 白涛,吴振,刘建芸,等. 基于水洞实验的超空泡航行体纵向运动控制[J]. 哈尔滨工程大学学报,2017,38(7):1006-1014.

[2] 白涛,蒋运华,韩云涛. 基于水洞实验的超空泡形态的动态估计研究[J]. 工程力学,2017,34(11):249-256.

[3] 白涛,蒋运华,韩云涛. 基于混合扩展卡尔曼滤波的超空泡航行体变深运动控制研究[J]. 兵工学报, 2017,38(10):1980-1987

[4] 白涛,吴振,陈若谜. 基于单片机的伺服电机控制系统设计[J]. 智能工业与信息安全,2015, 34(24):1-7

[5] 张丙辛. 超空泡航行体高速入水模型改进及入水轨迹控制的研究[D]. 哈尔滨:哈尔滨工程大学,2022.

[6] 宋俊凯. 舵面有限调节条件下的超空泡航行体定深运动控制[D]. 哈尔滨:哈尔滨工程大学,2021.

[7] 王冠. 超空泡航行体运动控制中的空泡形态估计研究[D]. 哈尔滨:哈尔滨工程大学,2018.

[8] 吴振. 基于水洞实验的通气超空泡航行体的控制研究[D]. 哈尔滨:哈尔滨工程大学,2016.